I0796254

La philosophie est une réflexion pour qui toute matière étrangère est bonne, et nous dirions volontiers pour qui toute bonne matière doit être étrangère.

Georges Canguilhem

Pieter Bruegel
Le Tableau ou la Sphère infinie

dans la même collection

Pierre Cassou-Noguès, *Une Histoire de machines, de vampires et de fous*, 2007.
Guillaume le Blanc, *Les Maladies de l'homme normal*, 2007.
Jean-Michel Salanskis, *Territoires du sens*, 2007.
Alexandru Dragomir, *Banalités métaphysiques*, 2008.
Mauro Carbone, *Proust et les idées sensibles*, 2008.
Olivier Schefer, *Variations nocturnes*, 2008.
Alexandru Dragomir, *Cahiers du temps*, 2010.
Christophe Genin, *Kitsch dans l'âme*, 2010.
Roberto Diodato, *Esthétique du virtuel*, 2011.
Mauro Carbone, *La Chair des images : Merleau-Ponty entre peinture et cinéma*, 2011.
Michel Malherbe, *D'un pas de philosophe en montagne*, 2012.
Pietro Montani, *Bioesthétique. Sens commun, technique et art à l'âge de la globalisation*, 2013.
Jean-Philippe Pierron, *Mythopées. Un portrait de la modernité tardive*, 2014.
Marc Berdet, *Chiffonnier de Paris. Walter Benjamin et les fantasmagories*, 2015.
Michael J. Sandel, *Contre la perfection. L'éthique à l'âge du génie génétique*, 2016.
Andrea Pinotti, *L'empathie. Histoire d'une idée de Platon au posthumain*, 2016.
Fritz Heider, *Chose et medium*, 2017.
Emin Boztepe, *Philosophie des arts martiaux modernes*, 2017.
Chantal Jaquet, *Philosophie du kôdô 香道. L'esthétique japonaise des fragrances*, 2018
Laurent Bove, *Pieter Bruegel. Le tableau ou la sphère infinie. Pour une réforme théologico-politique de l'entendement*, 2019.

Laurent BOVE

Pieter Bruegel
Le Tableau ou la Sphère infinie

pour une réforme théologico-politique de l'entendement

Ouvrage publié avec le soutien de l'UMR 5317 – IHRIM (Institut d'histoire des représentations et des idées dans les modernités), sous la tutelle du CNRS, de l'ENS de Lyon, des universités Lumière-Lyon 2, Jean-Moulin-Lyon 3, Jean-Monnet-Saint-Étienne et Clermont Auvergne.

VRIN

Matière Étrangère

Directeurs de collection :
Bruce Bégout et Étienne Bimbenet

Imprimé en France
ISSN 1961-8336
ISBN 978-2-7116-2881-0
www.vrin.fr

Pour Thomas (7 ans), terrorisé par Bosch…
mais réjoui par Bruegel

Bosch, Brueghel, Arcimboldo,
Carrières de Lumières, Les Baux-de-Provence,
1 er septembre 2017

Voici que je vous envoie comme des brebis au milieu des loups ;
montrez-vous donc prudents comme les serpents
et candides comme les colombes.
Matthieu 10, 16

avant-propos

L'œuvre de Pieter Bruegel l'Ancien [1] est abordée dans cet ouvrage, d'abord, du point de vue du promeneur qui, du Louvre au musée des Beaux-Arts de Bruxelles, Anvers, Vienne, Londres, Berlin, Naples ... a été ravi (oui, *ravi*, c'est-à-dire saisi de ravissement, *rapté* en quelque sorte) par le rayonnement intense et singulier qui émane des peintures du peintre flamand.

Nous abordons, aussi, l'œuvre de Pieter Bruegel en philosophe. Non pas par une dérisoire revendication de spécialité (de l'œil et / ou de l'esprit), mais parce que l'on peut effectivement expérimenter, face aux panneaux peints ou aux dessins de Bruegel, que ce promeneur-là – le philosophe que nous pouvons être tous – est réellement celui qui est appelé et même construit par la puissance truculente de l'œuvre. Une œuvre avec laquelle nous sommes, comme par une main socratique, conduits, à la fois à-faire-corps et, dans un même mouvement, à prendre une distance avec le domaine fictionnel qu'elle traite et qu'elle expose. *Pour voir* – à travers le miroir de ses magnifiques constructions théologico-politiques – quelque chose qui est de l'ordre de la vérité et/ou du réel lui-même *en vérité*. C'est ainsi que Bruegel nous convie à aller de la plus grande gratuité du rire et du jeu à la plus sérieuse des méditations philosophiques que le jeu pictural de la forme et de la couleur puisse envelopper. Avec la

1. Nous adoptons l'orthographie BRUEGEL qui est celle de la signature du peintre, à partir de 1557-1558, alors que les œuvres qui précèdent cette époque – quand elles sont signées – le sont sous le nom de Brueghel, orthographe que conserveront les deux fils du peintre.

représentation du corps de ses enfants-qui-jouent, de ses estropiés-qui-dansent, de ses monstres grimaçants et souriants… avec le corps de la peinture elle-même, comme aussi avec notre propre corps affecté par la force majeure de ses créations, Bruegel invite à une très singulière communion – qu'on peut qualifier d'eucharistique – selon laquelle voir, sentir, imaginer et penser sont devenus chez lui, par lui et en lui – l'œuvre peint –, une seule et même chose. Une chose qui n'est pas, en vérité, une chose mais un mouvement : celui, « réel », d'une puissante participation (d'un prendre-part) à une réalité totale, surabondante et lumineuse, qui est, elle-même, ce processus singulier par lequel les choses sont à nouveau à voir, à penser et, d'une certaine manière aussi, indéfiniment toujours-à-faire. Ce mouvement a un nom : *Renaissance.* Car la réalité à laquelle l'œuvre de Bruegel invite aujourd'hui son observateur est à la fois celle, historiquement située, d'une plongée passionnante dans son propre temps (le XVI e siècle flamand des Anciens Pays-Bas), mais aussi celle ouverte, universelle – au cœur de la domination théologico-politique et de ses images – de l'exigence toujours renouvelée des hommes qui s'efforcent de comprendre, d'imaginer et de construire ensemble, leur salut et leur liberté.

Ainsi, l'acte de peindre est-il, chez Bruegel, un acte de nature authentiquement philosophique, qu'il nous convie non seulement à reconnaître comme tel, mais aussi à saisir et à prolonger singulièrement. Si, par acte philosophique on entend, comme son contemporain Montaigne[1], la radicalité éthique d'un effort de compréhension et de reconstruction du monde et de nous-mêmes, en vérité, dont la sagesse et la liberté d'esprit sont l'enjeu[2]. La voie

1. À quelques années près, Bruegel (né vers 1525) et Montaigne (né en 1533) ont quasiment le même âge. Bruegel, mort en 1569, ne connaîtra cependant pas les *Essais* dont la première édition est de 1580.

2. Cet ouvrage est construit à partir des matériaux d'un séminaire de philosophie de Master 2 et d'École doctorale donné à l'UFR Philosophie, Sciences Humaines et Sociales de l'université d'Amiens, auxquels se sont ajoutées des contributions présentées

que Bruegel à travers ses peintures et ses dessins nous invite alors à emprunter est celle d'une profonde réforme théologico-politique de l'entendement.

à différents colloques. L'ensemble, qui garde globalement la forme et l'esprit d'un séminaire de recherche, a été prolongé et refondu dans l'économie de l'écriture du présent ouvrage sans être modifié quant au fond. Je tiens ici à chaleureusement remercier mes étudiants qui, par leurs questions et leurs remarques et les discussions passionnantes que nous avons eues ensemble, face aux tableaux et aux dessins de Bruegel, ont contribué à l'élaboration de ma lecture.

Les Jeux d'enfants, 1560, Huile sur bois, 116 × 161 cm. Kunsthistorisches Museum, Vienne.

introduction

Soit au Kunsthistorisches Museum à Vienne devant le grand panneau *Les Jeux d'enfants*. Observons, d'abord, deux curieux détails du tableau. Deux détails significatifs de l'acte de peindre de Pieter Bruegel.

Remarquons, en effet, la disposition des quatre bérets jetés au sol, à droite du panneau : ce sont trois taches noires de peinture en triangle (presque isocèle) qu'accompagne une tache rouge au-dessous de la pointe inférieure du triangle. Les quatre bérets dessinent ensemble, sur fond de couleur verte, la forme d'un visage : le visage d'un homme, d'un animal peut-être, ou encore d'un sympathique monstre qui fait un clin d'œil en tirant la langue [1] … Cette image qui est à découvrir – puisqu'elle ne se donne pas explicitement comme l'un des jeux représentés –, et qui ne peut se révéler qu'au hasard de notre observation selon une apparition fugitive, amusante et inattendue, est sûrement, de la part de Bruegel, l'objet d'une pure plaisanterie [2]. C'est, en quelque sorte *aussi* un jeu, celui de l'enfant qui est dans l'artiste, au cœur même de la peinture des jeux d'enfants. Et un jeu dans la plus pure de ses expressions : soit, une action qui n'a pas d'autre but qu'elle-même, ou seulement

1. Bruegel a dessiné un béret à l'envers pour l'œil droit et un béret à l'endroit pour l'œil gauche : ce qui donne un effet de clin d'œil.

2. Cette pure plaisanterie, dans *Les Jeux d'enfants*, n'est pas une exception. On remarquera la même touche d'humour visuel (que Bruegel laisse à son spectateur le soin de découvrir) dans plusieurs des dessins et des tableaux de l'artiste.

pour but le seul plaisir qu'on éprouve à la faire ou à la donner à voir, en toute liberté; donc, sans aucune contrainte sinon celle de son désir. Un désir lui-même sans objet, puisque c'est un désir qui ne désire rien que lui-même. Bruegel propose ainsi, à l'insu du spectateur du tableau, un jeu de découverte : le spectateur est venu voir une représentation des jeux d'enfants et il va rencontrer, par hasard, le pur plaisir du jeu – chez l'auteur même du tableau. Une gratuité du plaisir du jeu ou un pur plaisir à jouer que Bruegel, sans doute, souhaite, aussi, nous communiquer, non seulement par sa peinture des jeux d'enfants mais, peut-être aussi par son œuvre picturale, en général. Il y a en effet, dans la découverte du plaisir de la contemplation, un enjeu majeur. C'est ce qu'avait déjà signalé, un siècle plus tôt, Leon Battista Alberti dans son *De Pictura*[1]. Car c'est par ce pur plaisir, cette libre délectation, que peut s'ouvrir la distance entre le spectateur et la peinture. Par la seule émotion spontanée, le spectateur que nous sommes est comme absorbé par la peinture; par la liberté qu'octroie le plaisir face au tableau (*delectatio* ou *voluptas*), le spectateur devient, au contraire, cet observateur avisé dont le ravissement s'amplifie avec le libre exercice de la pensée que lui permet sa distance. Un observateur philosophe ou ce témoin du monde qu'appelle et produit l'acte de peindre de Pieter Bruegel[2].

1. Leon Battista Alberti, *De Pictura. La Peinture*, texte latin, traduction latine, version italienne, édition de Thomas Golsenne et Bertrand Prévost, revue par Y. Hersant, Paris, Seuil, 2004, p. 30-32 de l'Introduction et, pour le texte même d'Alberti, livre II, 28, p. 110-113 et II, 40, 140-141. *Cf.* aussi l'article de Daniel Arasse, « Alberti et le plaisir de la peinture : propositions de recherche », *Albertiana* vol. 1, 1998, qui insiste particulièrement sur cette invention du « plaisir » en peinture, qui fait du texte d'Alberti un texte majeur de la modernité.

2. En découvrant cette pure plaisanterie de Bruegel au cœur des *Jeux d'enfants*, l'observateur contemporain ne peut pas ne pas penser à la photo que le 14 mars 1951, le photographe Arthur Sasse, arracha d'Albert Einstein lors de son soixante-douzième anniversaire, alors que celui-ci quittait la fête donnée en son honneur près de l'université de Princeton. Le savant écrira en 1953 (en dédicace à un ami journaliste à qui il offre le cliché, « Albert Einstein qui tire la langue ») : « Ce geste que vous aimerez, parce qu'il est destiné à toute l'humanité »... En 1955, quelque temps avant sa mort, Einstein

Le second détail se trouve dans le coin droit du tableau où l'on voit une fillette qui gratte une brique rouge... Si l'on considère, après avoir balayé du regard l'ensemble du panneau, qu'il n'y a pas véritablement, sur ce tableau, d'enfant qui joue seul (sauf une exception sur laquelle nous reviendrons dans le commentaire consacré aux *Jeux d'enfants*) on peut s'interroger sur l'étrange activité de la fillette... Que fait-elle effectivement? Quel est son jeu? Et avec qui joue-t-elle? Lorsqu'on remarque que c'est immédiatement sous l'image de cette fillette que se trouve la signature du peintre – BRUEGEL 1560 – on peut alors imaginer, raisonnablement, que cette fillette qui gratte la brique d'argile rouge pour la réduire en poudre, prépare, tout simplement, les pigments pour le tableau de Bruegel que nous sommes en train de contempler... Et que c'est donc, avec l'artiste, qu'elle joue (à la marchande, peut-être, si l'on en croit la balance qui est posée sur la table à sa droite) ; comme aussi, par cette image et sa signature, Bruegel, lui-même, joue avec nous... C'est le second clin d'œil de l'artiste ; plus complexe dans sa signification. Car Bruegel semble vouloir nous dire que la peinture est, non seulement, un plaisir pur, comme un jeu d'enfant, mais que le jeu en question est aussi un jeu très sérieux. Il exige, en effet, de stricts équilibres et une forme de tempérance[1] : équilibre entre les masses de couleurs d'abord qu'il faut tempérer; et aussi entre les formes; puis entre les masses de couleurs et les formes (d'où

reviendra sur ce geste qu'il explique ainsi : « j'ai toujours eu de la difficulté à accepter l'autorité et ici, tirer la langue à un photographe qui s'attend à une pose plus solennelle, cela signifie que l'on refuse de se prêter au jeu de la représentation, que l'on refuse à livrer une image de soi conforme aux règles du genre ». On pense aussi à la version picturale multipliée que donnera en 1980 Andy Warhol de la photo de Sasse.

1. Dans la série des *Vertus* et sur son dessin dédié à *La Tempérance* de 1560 (plume et encre brune, 22,5 × 29,5 cm, Museum Boijmans Van Beuningen, Rotterdam), Bruegel représente – en bas à droite – un peintre de dos qui, avec sa palette, travaille sur une grande toile, placée sur un chevalet, en s'aidant d'un appui-main. Que la peinture puisse exprimer la vertu de tempérance – aux côtés de l'astronomie, la géométrie, l'arithmétique, la grammaire, l'architecture, l'art de la guerre, la dialectique, la rhétorique, la musique... – cela nous renvoie, sans doute, à cette exigence de précision, de mesure et d'équilibre évoquée par la balance dans *Les Jeux d'enfants*.

l'image symbolique de la balance qui jauge de ces difficiles pesées). Nous apprenons par là aussi que la peinture est un jeu qui ne se joue pas seul. Il y a un amont et un aval du jeu : l'activité artistique et ludique est prise et comprise dans une activité coopérative, une activité sociale et même économique qui est celle de la cité. La cité d'Anvers, sans doute, où Bruegel a alors son atelier, et dont un critique a reconnu, sur le panneau peint, l'hôtel de ville et aussi, en haut à droite du panneau, le clocher caractéristique de la cathédrale Notre-Dame.

Bruegel vit, en effet, dans une période d'explosion des arts et du commerce des œuvres d'art. L'italien Ludovico Guicciardini, qui a visité Anvers en 1567 – et qui fera, à cette occasion, l'éloge de Bruegel – note dans son ouvrage sur les Pays-Bas, *Descrittione di Tutti i Paesi Bassi*[1], qu'il y a au moins cinq mille marchands d'art dans la cité (ce qui paraît exagéré, mais le chiffre est, en lui-même, significatif)[2].

Le tableau *Les Jeux d'enfants* ouvre donc la voie d'une réflexion sur la nature même de l'acte de peindre, non seulement dans ses rapports aux jeux d'enfants (ce qui est le sujet même du tableau), mais aussi dans son rapport au social et à l'économique; et, plus largement encore, à l'histoire qui, nous allons le voir, traverse tragiquement l'œuvre peint de Pieter Bruegel.

De l'histoire ou des histoires, petites et grandes, c'est, d'abord, Karel Van Mander qui en parle dans son *Livre des peintres, Vies des*

1. L'ouvrage, traduit en français et édité par l'imprimerie Plantin, paraîtra à Anvers, en 1582, sous le titre *Description de tous les Pays-Bas autrement appelés la Germanie inférieure ou Basse Allemagne*, par messire Louis Guichardin.

2. C'est « à partir de 1550 », note Manfred Sellink qu'Anvers est parvenu à devenir « le centre d'impression de gravures et de livres le plus influent, Christophe Plantin et Hieronymus Cock s'imposant comme les principaux représentants de la première génération d'éditeurs », *Bruegel. L'Œuvre complet, peintures, dessins, gravures*, Gand, Ludion, 2007, p. 20. Bruegel connaît Jérôme Cock depuis 1552, pour qui il travaillera ensuite à des projets d'estampes pour sa maison d'édition « Aux Quatre Vents », dès son retour d'Italie (en 1554-1555).

plus célèbres peintres des Pays-Bas et d'Allemagne[1]. Un ouvrage publié en 1604, soit trente-cinq ans après la mort de Pieter Bruegel en 1569.

La notice de Van Mander, intitulée « Pierre Breughel de Breughel, Excellent peintre », nous apprend que :

> Les œuvres de Jérôme Bosch avaient fait l'objet spécial des études de Brueghel et, qu'à son tour, il fit beaucoup de diableries et de sujets comiques, si bien qu'on le surnomma Pierre le Drôle [Pier den Drol][2].

Bien que Van Mander indique aussi les « épisodes rustiques » et même « émouvants » qui sont l'objet de l'art de Bruegel, sa présentation insiste, plus particulièrement, sur les « épisodes comiques » de ses productions ainsi que sur le réalisme de ses peintures de « paysans pris sur le vif ». Et l'œuvre de Bruegel – comme celles de Rabelais ou de Cervantès – est alors tenue, en ces temps, pour une œuvre plaisante et d'accès facile.

Dans l'histoire de la réception, et ce jusqu'aux différentes grandes monographies contemporaines, la « drôlerie » des peintures de Bruegel a été majoritairement interprétée, selon diverses modulations, comme le moyen, en dernière analyse, d'un projet moralisateur[3]. *Les Jeux d'enfants* sont alors eux-mêmes perçus

1. Le texte original de Karel Van Mander, *Het leven der doorluchtige Nederlandsche en Hoogh duytsche Schilders*, inséré dans son *Het Schilder-Boeck* (publié à Haarlem en 1604), a été d'abord traduit en français par Henri Hymans en 1884-1885. Nous donnons cette traduction qui a été rééditée par V. Gerard-Powell, avec introduction et notes sous le titre, *Le Livre des peintres* (en deux volumes, Paris, Les Belles Lettres, 2002). Nous citons ici le tome 1, *Vies des plus illustres peintres des Pays-Bas et d'Allemagne*, « Pierre Breughel de Breughel », p. 187-192.

2. *Ibid.*, p. 188.

3. Sur cette interprétation, la liste des commentateurs serait fort longue. L'édition de Roger H. Marijnissen, *Bruegel. Tout l'œuvre peint et dessiné*, (avec la collaboration de P. Ruyffelaere, P. Van Calster, A.W.F.M. Meij) établit une liste sur « L'interprétation de l'œuvre depuis le XVIe siècle » jusqu'en 1986 ; Anvers, Fonds Mercator, 1988 ; trad. du néerlandais, C. Krings, J. Rossbach, M. Vincent, Paris, Fonds Mercator, Éditions Charles Moreau, 2003, p. 43-54.

comme l'expression de l'agitation insensée des hommes, une expression de ce que l'on nommait au XVIe siècle le *theatrum mundi*, sur lequel et pour lequel la vie humaine n'a pas plus de consistance qu'un rêve éveillé … ou qu'un jeu d'enfant. C'est naturellement n'accorder alors à l'activité du jeu qu'un sens exclusivement négatif, symbole d'un monde agité, devenu déraisonnable depuis que ce monde a été *mis à l'envers* par le péché d'Adam. Bruegel serait ainsi, après Jérôme Bosch, un peintre de la théologie de la « chute » ou de la « seconde nature » dans laquelle l'homme serait alors jeté. Cette interprétation transforme le pur plaisir du jeu qu'enveloppe, comme nous l'avons indiqué, l'art de peindre – tel que Pieter Bruegel, lui-même, le revendique – en un tout autre type d'affect marqué, lui, par la négativité de la critique religieuse et morale, à savoir la raillerie. L'affect de raillerie (ou de moquerie), que Bruegel souhaiterait alors partager avec son spectateur, va dominer ainsi, sur plusieurs siècles de réception, l'expression de la peinture du « monde renversé ». Et c'est ainsi, globalement, une « philosophie négativiste et pessimiste » que les commentateurs nous suggèrent de lire dans *Les Jeux d'enfants*, comme nous y invitent encore aujourd'hui plusieurs critiques.

Nous montrerons l'erreur qu'il y a à suivre cette voie interprétative qui confond finalement Pieter Bruegel avec un de ses premiers et plus puissants inspirateurs, Jérôme Bosch. Certes, à l'instar de Bosch, Bruegel peint aussi des monstres, des estropiés, des infirmes… Mais la différence essentielle et radicale, c'est que l'un (Bosch) peint (ou croit peindre…) la corruption de la nature humaine (marquée par le péché et le vice qui pervertissent et déforment, jusqu'à la monstruosité, les rapports rationnellement proportionnés du corps humain), tandis que l'autre (Bruegel) peint, au contraire – et au premier abord paradoxalement – dans les mêmes personnages, les perfections de cette même nature, c'est-à-dire une puissance d'exister, d'agir, d'imaginer, d'affirmer le réel, sa matérialité, sa corporéité puissante, singulière, multiple… Quand l'un (qui ne quittera guère la cité médiévale de Bois-le-Duc) est le peintre – certes extraordinaire – et le penseur d'un imaginaire et d'une époque qui est sur le point de s'éteindre, l'autre est un peintre de la jeune et puissante ville d'Anvers, flèche de la modernité de la Renaissance du Nord ; une métropole marchande qui connaît une très forte croissance en de nombreux domaines et qui connaît également, non sans un certain orgueil, sa puissance économique, politique et intellectuelle. Comme l'écrit Manfred Sellink, un facteur est décisif pour bien comprendre Bruegel : c'est son insertion dans la ville d'Anvers,

> cette métropole marchande à vocation internationale, qui avait connu une croissance explosive et qui possédait une vieille et solide élite aristocratique, une classe de marchands de plus en plus consciente de son pouvoir économique et politique, un groupe relativement important d'artisans et d'artistes jouissant d'une formation poussée – imprimeurs, peintres, graveurs, sculpteurs, etc. – et un réseau croissant d'érudits et d'humanistes européens attirés par des éditeurs tels que Christophe Plantin (actif à Anvers à partir de 1548-1549) [1].

Et Bruegel fréquente effectivement le réseau d'érudits et d'humanistes autour de l'imprimerie Plantin qui réunit les esprits les plus avancés de son époque, des esprits résolument tournés vers l'avenir [2]. Là est le grand foyer actif de la Renaissance du Nord. L'ami proche de Bruegel, le géographe Abraham Ortelius, dira – sous forme d'éloge après la mort du peintre, mais sans préciser le fond de sa déclaration – qu'il y a, dans l'œuvre de Pieter Bruegel, « plus de pensée que de peinture » [3]. La peinture de Bruegel « pense », en effet. Et cette pensée en acte est fort éloignée de celle qu'enveloppent et qu'enseignent les tableaux du peintre de Bois-le-Duc. Ainsi, même à travers les corps monstrueux et infirmes de

1. M. Sellink, *Bruegel*, *op. cit.*, p. 23.

2. L'imprimerie de Christophe Plantin (vers 1520-1589), « Au Compas d'Or », sera la plus grande productrice d'ouvrages au cours du XVIe siècle.

3. L'*Album amicorum* d'Abraham Ortelius, a été traduit en français par J. Puraye dans *De Gulden Passer* 45 (1967) et 46 (1968), et publié en édition fac-similé à Amsterdam en 1969.

Bosch – que Bruegel reprend à son compte, comme, par exemple, sur le tableau du Louvre, *Les Mendiants* de 1568 – Bruegel peint la puissance, l'activité, voire la perfection même de ces corps. Il peint et il pense quelque chose que Bosch ne pouvait ni penser, ni peindre, en son temps et de son propre point de vue : soit la positivité même et la productivité puissante de la vie du monde renversé, sa truculence[1]... Ce que pense la peinture de Bruegel, c'est d'abord cela, un retournement positif de ce qui a été imaginairement renversé

Les Mendiants, 1568, Huile sur bois, 18,5 × 21,5 cm. Le Louvre, Paris.

1. C'est ainsi que C.-H. Rocquet peut écrire : « Le regard que nous posons sur l'œuvre de Bosch n'est plus celui de Philippe II en son oratoire, mais plutôt celui de Bruegel. Bruegel spectateur le plus attentif du monde de Bosch, et dans l'œuvre duquel il semble que revive et se réforme celle de Bosch. Mais quelle métamorphose ! Bruegel, c'est Bosch ayant laissé le livre de Job pour le *De natura rerum*. Ici émerge un autre espace humain ; ici commence un autre temps » ; « Bosch (Jérôme) », *Encyclopædia Universalis*, vol. 3, Paris, 1976, p. 452.

– une forme de redressement farouche de la vie, une *résurrection* en quelque sorte (et nous verrons l'importance que ce thème prend dans son œuvre) – soit la perfection ou la puissance même (et non plus la perversion) de la nature (et de la nature humaine) après la chute – ou la positivité de ce que la tradition avait désigné sous le philosophème de « seconde nature »[1]. En effet, après son acception latine strictement théologique, chez Augustin et les Pères de l'Église – une acception négative que la peinture de Jérôme Bosch allait pousser jusqu'à son acmé sublime –, la seconde nature allait, au temps de Bruegel, entrer, avec les *Essais* de Montaigne, dans le champ et le langage de la modernité par extension (voire retournement tendanciel) de son sens : du sentiment mortifère de la corruption de l'être vers celui de ses perfections (c'est-à-dire de ses puissances de faire, d'agir, de créer)… Et la revendication de sa légitime jouissance. Montaigne n'écrit-il pas que « c'est une absolue perfection et comme divine que de savoir jouir loyalement de son être »[2] ? De l'augustinisme sombre et époustouflant de Jérôme Bosch à l'« épicurisme »[3] paisible d'un Montaigne, la signification de la seconde nature s'était donc, en moins d'un siècle, quasiment retournée. L'œuvre de Bruegel s'inscrit dans la transition indéfinie de ce retournement qui est celui d'une renaissance[4] – une

1. À propos de la notion de « seconde nature » et son histoire, *cf.* B. Ogilvie, *La seconde nature du politique. Essai d'anthropologie négative*, chap. III, Paris, L'Harmattan, 2012, p. 59-84.
2. Michel de Montaigne, *Essais*, Livre III, 13, édition d'Alexandre Micha (dont nous modernisons l'orthographe), Paris, GF-Flammarion, tome 3, p. 327.
3. Il ne s'agit pas de faire de Montaigne, comme de Bruegel, des épicuriens au sens strict. L'épicurisme, auxquel ils participent tous deux en leur temps, est plus une manière de sentir et d'affirmer le réel dans sa positivité – un hédonisme ou un épicurisme « au sens large » en quelque sorte – qu'une adhésion à la philosophie épicurienne en tant que telle ; l'expression « épicurien au sens large du mot » vient de Simone Fraisse dans « Montaigne et les doctrines épicuriennes », *Actes du VIIIe Congrès de l'Association Guillaume Budé*, Paris, Les Belles Lettres, 1969, p. 684.
4. Transition « indéfinie » puisque l'histoire des idées retrouvera, dans la première moitié du XVIIIe siècle, cette figure théorique du retournement du sens de la seconde nature, cette fois-ci entre Vauvenargues et Pascal. Nous avons exploré ce thème : L. Bove, *Vauvenargues ou le Séditieux. Entre Pascal et Spinoza, une philosophie pour la seconde nature*, Paris, Honoré Champion, 1re éd. en 2010, 2015.

renaissance traversée, chez le peintre anversois, par le thème christique de la résurrection des corps dont il multiplie le sens en le métaphorisant comme dans *Le Printemps* ou *Les Jeux d'enfants*… Revenons au « vieux maître »[1], Jérôme Bosch. Pierre Francastel insiste, en historien-sociologue, sur le grand foyer de mysticisme qu'était Bois-le-Duc entre le XVe et le XVIe siècles, siège des Frères de la vie commune. Jérôme Bosch est alors, dans la cité du Brabant, un des principaux dignitaires, membre fortuné de la confrérie Notre-Dame par laquelle le peintre a accédé au patriciat. Et, commentant une de ses œuvres les plus célèbres, le *Chariot de foin*[2], Francastel nous invite à déchiffrer la vision du maître : celle d'un monde dominé par l'illusion, la vanité et la tromperie : « Tout est foin. L'esprit se leurre, s'imaginant à chaque instant avoir saisi des réalités »[3], quand l'imagination est, en vérité, la seule reine et la seule réalité du monde… Alors que Bruegel *affirme* absolument la création et, dans ses grands paysages, la sublime beauté de la consistance et de la vérité du monde, Bosch nie, au contraire

> pour sa part, radicalement, la création. Inspiré par la mystique de son entourage, il considère que le monde n'est qu'un rêve de Dieu – à moins qu'il ne soit, trop souvent, une tromperie du démon. L'imagination n'a pas de limites; elle transfigure tout ce qui nous touche, puisque aussi bien nous ne sommes que fantasmes d'une vision divine. Comme le monde est le lieu du combat entre Dieu et le diable, nous ne savons jamais si nous ne sommes pas la proie de ce dernier. Tous nos actes sont suspects, pervers. Suivant les mots de la *devotio moderna* répandus par les Frères de la vie commune, la seule manière d'entrer en contact avec Dieu, c'est le silence, la fuite, la solitude, la forêt, l'isolement, la prière.

1. Expression de Domenicus Lampsonius, citée par Karel Van Mander, *Le Livre des peintres* I, *op. cit.*, p. 192.

2. *Le Chariot de foin* est une huile sur bois datée de 1500-1503; 135 × 100 cm, musée du Prado à Madrid.

3. P. Francastel, *Bruegel*, Paris, Hazan, 1995, p. 206.

> Or, même dans la forêt, le sage retrouve la tentation. C'est le tourment de l'attraction du vide. Toute construction d'un univers est donc une tentation [1].

Et le vide de nature de la seconde nature ne pourra se combler qu'imaginairement par les illusions de l'activité et de ses vaines constructions. C'est déjà le « divertissement » pascalien... Le monde de la seconde nature de Bosch, c'est ce rêve de Dieu dans lequel le démon et la mort mènent, dans l'illusion du présent et de la présence, une vie humaine : une vie dominée par la tentation. Entre la plénitude, au présent, de l'activité intense et commune du jeu comme du pur contentement qui l'accompagne (celui de l'amour intellectuel de la création et d'une vie ressuscitée), *et* le « nihilisme » de la leçon de vanité déréalisatrice du *Chariot de foin*, l'opposition est totale. Les manières de sentir et de penser de Bruegel et de Jérôme Bosch sont, de ce point de vue, aux antipodes. Le monde boschien de la chute, c'est le monde d'une vie à l'ombre de la mort, d'une vie où c'est réellement la mort et le diable qui génèrent une vie humaine. C'est le monde sensible des corps dont l'imagination est la puissance constitutive essentielle. Car dans le monde de la seconde nature, c'est le désir et/ou l'imagination qui constituent l'essence même de l'homme; un monde qui semble déserté par la transcendance et par ses valeurs; un monde sans finalité où règnent la nécessité du hasard, de la force et des rapports de force... Dans ce monde de la seconde nature, le désir humain est bien un désir de néant! Saint Augustin écrivait que ceux qui ne vivent pas en Dieu sont *nihili homines*, « les hommes du néant » [2]. Mais dans le récit de la fantastique mort imagée de la radicalisation

1. *Ibid.*, p. 210.

2. La notion de « nihilisme » n'apparaîtra qu'au XVIIIe siècle. La notion indique bien cependant ce qu'Augustin – puis ses successeurs – entendaient quand ils envisageaient que la vie des hommes, en dehors de Dieu, est celle des *nihili homines*, les « hommes du néant »... L'expression se trouve dans le chapitre XI du *Livre de Saint Augustin, De Vera Religione, De la véritable religion*, texte latin et trad. A. Arnauld, Paris, chez Antoine Vitré, 1647, p. 13.

augustinienne – qui est celle qu'expose génialement Jérôme Bosch sur ses panneaux peints –, ce sont *tous* les hommes qui, par la chute, ont perdu la vie « en » Dieu pour devenir, comme dans un songe divin hanté par le diable, *nihili homines.*

Le puissant paradoxe de la seconde nature, c'est que ce triomphe de la mort puisse générer, *aussi*, des formes de vie : une vie multiple et variée, pleinement « humaine », qui, avec ses misères, allait découvrir aussi ses puissances : puissance d'agir, de créer, de construire sur ce vide même de la seconde nature... Et finalement de renaître, en ce monde et par ce monde, malgré tout. Cette caractéristique, propre à la seconde nature, qui dit aussi par là son ambivalence, pouvait déjà se lire dans le système de l'imagerie grotesque de l'œuvre de François Rabelais où la mort et la résurrection sont indissociables dans ce tout que forme la vie [1].

C'est sur ces puissances de résurrection des corps qu'insistera, plus particulièrement aussi, l'œuvre peint de Pieter Bruegel. Mais avec une extrême lucidité et dans la plus grande vigilance. Bruegel examine, en effet, les nombreuses duperies, les multiples pièges et le vide par lesquels l'énergie de la persévérance d'une vie humaine peut être captée et dans lesquels les hommes vont, effectivement, indéfiniment se perdre en travaillant pour leur servitude comme s'il s'agissait de leur salut. C'est par ce biais de la capture effective de la puissance de la vie – les dispositifs de domination que la peinture de Bruegel va s'efforcer de connaître, de faire connaître et de déjouer – qu'il nous faut comprendre la filiation profonde et complexe de Bruegel avec Jérôme Bosch. Une filiation sur le terrain de la duperie que les deux œuvres ont, à leur manière, exploré. Une filiation qui s'est, cependant, construite chez le peintre d'Anvers *indépendamment* et même *contre* l'imaginaire théologique boschien. Car le monde de Bosch est déjà, aux yeux de Bruegel,

1. M. Bakthine, *L'Œuvre de François Rabelais et la culture populaire au Moyen Âge et sous la Renaissance*, traduit du russe par A. Robel, Paris, Tel-Gallimard, 1970, p. 60. Rabelais avait publié son *Pantagruel* en 1532; *Gargantua* en 1534; le *Tiers Livre* en 1545; le *Quart Livre* en 1548 (pour les onze premiers chapitres), puis la suite en 1552; le *Cinquième Livre* en 1562 pour *L'Isle sonnante* et 1564 pour la totalité.

pris et compris dans les rets du vaste dispositif théologico-politique d'une domination à laquelle la pensée et la peinture de Bosch n'ont pas échappé. Un dispositif auquel la peinture et les personnages de Bruegel, quant à eux, résistent dans leur affirmation.

Contrairement, en effet, au peintre de Bois-le-Duc qui réduit l'activité humaine à un rêve éveillé, les personnages de Bruegel s'imposent d'abord à nous par une activité aussi parfaite qu'elle peut l'être, libre de toute corruption. Même dans le plus grand dénuement, ces personnages ne semblent pourtant manquer de rien. Et il ne leur manque rien en effet : ce sont de grands vivants. Même humbles ou monstrueux, ils sont absolument ce qu'ils sont, pleins et parfaits en leur genre. Et c'est cette présence, puissante, d'une insistance de l'être, d'une pure persévérance *dans l'être*, qui n'a – comme dans le jeu d'enfant – pas d'autre but qu'elle-même (et que le plaisir entier d'être-là, dans la jouissance indéfinie de son activité [1]), qu'expriment les personnages de ses nombreux dessins et tableaux [2]. Ils n'expriment pas, comme chez Bosch, un universel désir de néant, mais, bien au contraire, un puissant et singulier désir d'être, et seulement d'être. Un désir, en quelque sorte, absolu, sans objet! Ou un désir de rien, c'est-à-dire libre de tout objet comme de toute séduction. Et l'artiste ne cessera jamais de produire et

1. Cette pure jouissance de l'être a quelque chose de lucrécien (un équivalent de la *pura voluptas* du *De Rerum natura*, IV, 1081), à cette différence philosophique près que Bruegel (comme son contemporain Montaigne), peint, dessine et pense aussi une perfection de la jouissance « en mouvement »; alors que pour les épicuriens, il n'y a de « pure » jouissance qu'« en repos ». Mais, nous l'avons déjà signalé, c'est au sens large – un sens que le XVI e siècle acceptait car il en faisait lui-même usage – que l'on peut parler de l'« épicurisme » de Bruegel.

2. On ne peut pas ne pas penser à Montaigne qui aurait pu écrire « quand je danse, je danse; quand je joue, je joue »... Et qui écrit effectivement, dans ses *Essais* III, 13, *op. cit.*, p. 319 : « Quand je danse, je danse; quand je dors, je dors; voire et quand je me promène solitairement en un beau verger, si mes pensées se sont entretenues des occurrences étrangères quelque partie du temps, quelque autre partie je les ramène à la promenade, au verger, à la douceur de cette solitude et à moi. Nature a maternellement observé cela, que les actions qu'elle nous a enjointes pour notre besoin nous fussent aussi voluptueuses, et nous y convie non seulement par la raison, mais aussi par l'appétit : c'est injustice de corrompre ses règles » ...

de reproduire, significativement, des dessins et des peintures qui exposent les activités vivantes et prégnantes du jeu. Ou le présent même d'une vie qui résiste absolument. La vie du temps du désir sans objet : jeux de Carnaval, jeux de kermesses, jeux d'enfants ou jeux d'hiver sur la glace[1]. Des activités qui, du plus simple plaisir entier des enfants qui jouent, nous conduiront, *en vérité*, aux plus hautes considérations sur la constitution et la consistance du monde, et au contentement infini que nous pouvons expérimenter – en contemplant les tableaux de Bruegel – à le connaître, à agir en lui, à le penser et à l'aimer. Nous sommes alors, aux antipodes des croyances et du temps de la corruption de Jérôme Bosch. Même si – mais dans la vérité effective et tragique des choses –, chez Bruegel aussi, comme chez le maître de Bois-le-Duc, la mort et ses multiples pièges ne se tiennent jamais loin.

Ainsi, le dessin *Prudentia* (*La Prudence*, 1559)[2] enseigne, par la présence d'un cercueil, que la mort survient « comme un voleur dans la nuit »… Et nous vivons effectivement sous le surplomb de la mort. Comme, dans *Le Trébuchet*, ces personnages qui jouent sur fond d'un paysage hivernal. Des hommes, des femmes, des enfants qui glissent et patinent joyeusement sur une rivière gelée et qu'un effondrement soudain de la couche de glace (qu'annonce, près d'eux, un trou béant) pourrait engloutir[3]… De même que

1. Cf., *Scène de patinage devant la porte Saint-Georges à Anvers*, Gravure de Frans Huys, d'après Pieter Bruegel, de 1558. Burin, 23,1 × 29,3 cm, New York, The Metropolitan Museum of Art.

2. Plume et encre brun foncé, 22,5 × 29,8 cm, Musées Royaux des Beaux-Arts de Belgique, Bruxelles.

3. *Cf.*, également, dans *L'Adoration des mages dans la neige*, de 1567 (huile sur bois, 35 × 55 cm, Sammlung Oskar Reinhart « am Römersholz », Winterthur), où un jeune enfant – au bas du tableau – glisse sur une petite luge en bois très près, derrière lui, d'un trou dans la glace qu'il ne voit pas et dans lequel des hommes sont venus – indifférents et pris par leur occupation – puiser de l'eau. Seule, une femme, sur le bord, semble pressentir le drame. Dans la *Scène de patinage devant la porte Saint-Georges à Anvers*, l'effondrement de la glace et le drame se sont déjà produits. En haut à gauche du dessin – dans une scène minuscule – un homme se noie.

sur la rive, le piège du trébuchet s'abattra sans pitié sur les oiseaux venus joyeusement trouver, au milieu du manteau de neige hostile qui recouvre tout comme la mort, un secours, une pitance, enfin [1]. Le feu pourrait s'abattre, tout aussi soudainement, sur la cité de Naples qui a construit une immense et forte digue circulaire pour se protéger de la mer mais qui vit sous la menace constante du Vésuve face auquel elle ne peut rien, et dont Bruegel peint la bouche incandescente et les lourds nuages noirs qui planent au-dessus de la ville [2]. Cette proximité absolue de la vie comme de la mort, caractérise l'univers de Bruegel : une affirmation positive, puissante, et même joyeuse de l'être-là, sur l'horizon du triomphe de la mort [3]... qui est aussi celui du vide de la seconde nature. Et de son innocence sans raison. Car les activités, les joies et les peines d'une vie humaine, Bruegel va les exposer au sein de l'immense et majestueuse beauté d'une Nature éternelle, aussi puissante qu'indifférente dans son impassibilité : une Nature que sa peinture va élever au rang de la divinité. Bruegel panthéiste? La question a été posée et nous la reprendrons à nouveau. Car, au sein même de la splendeur naturelle, la mort est, chez Bruegel, aussi pure et innocente que la vie; elle fait intégralement partie du pacte avec une Nature-Mère que Lucrèce évoquait sous la forme, à la fois païenne et sacrée, de la *Venus genetrix* : la Mère de toutes choses. Chez Bruegel comme chez Lucrèce, en effet, la mort triomphe de tout. Et l'on a pu, non sans raison, rapprocher *La Peste d'Athènes*

1. *Le Trébuchet*, huile sur bois, 37 × 55,5 cm, Musées Royaux des Beaux-Arts de Belgique, Bruxelles. On trouve ce même piège, représenté de manière minuscule, dans *Les chasseurs dans la neige*.
2. La *Vue de la baie de Naples* est une huile sur panneau de 42 × 47 cm, attribuée à Bruegel (Galleria Doria Pamphilj, Rome) ; c'est une œuvre qui n'est ni signée ni datée.
3. Et/ou du triomphe du temps : *Le Triomphe du Temps* est une gravure éditée par Philippe Galle en 1574 d'après un dessin de Bruegel qui a été perdu. L'estampe est une composition allégorique qui combine de manière complexe des éléments mythologiques à la tradition iconographique des *Trionfi* de Pétrarque, *cf.* J. Müller, *Das Paradox als Bildform : Studien zur Ikonologie Pieter Bruegel*, München, Wilhelm Fink Verlag, 1999, p. 172-178.

du *Triomphe de la Mort*[1], mais il nous faut souligner aussi combien le « tout » pourtant, continue, sereinement, éternellement. C'est sur cette puissante insistance de la vie, cette persévérance, cette résistance, au principe de chaque être qui, *au fond*, ne peut et ne doit rien craindre, que mise absolument Bruegel. Le monstre infernal qui dévore toutes choses, devant lequel s'agite follement la *Dulle Griet*, nous fixe d'un œil enfantin et innocent, aussi pur en effet que le joyeux clin d'œil que nous adresse l'artiste dans *Les Jeux d'enfants*. L'horrible, le terrifiant, la peur, peuvent être vaincus par le rire puissant qui transforme le plus effroyable en « joyeux épouvantail »[2]. Car l'Adversaire, la négation réelle de la vie, la véritable mort, est ailleurs. À hauteur d'homme.

1. C.-H. Rocquet, article « Bruegel L'Ancien (Pieter) » de l'*Encyclopædia Universalis*, vol. 3, p. 640.
2. M. Bakhtine, *L'Œuvre de François Rabelais*, *op. cit.*, p. 48, 50, 56-57, 60, 77.

chapitre 1
l'art de peindre en période de persécution

le « mordant » du jeu ...

Le témoignage de Karel Van Mander nous reste très précieux. Au-delà de son commentaire, somme toute sommaire du comique bruegelien, il nous a livré aussi plusieurs indications utiles – d'autant plus utiles que Bruegel n'a lui-même rien laissé comme écrits. Van Mander raconte, en effet, plusieurs anecdotes sur la vie du peintre qui résonnent comme autant de propositions pour l'interprète. Ainsi apprenons-nous que Bruegel détestait la fausseté et que son exigence de vérité le détermina à abandonner un projet de mariage avec une servante, avec qui « il vivait maritalement », car celle-ci était une « incorrigible menteuse »[3]. Une exigence de vérité qui se garde bien, pourtant, de la triste austérité du moralisateur ou du prêtre, en s'exerçant encore sous la forme du jeu voire de la plaisanterie. C'est ainsi, raconte Van Mander, que Bruegel fit avec sa servante

> cet accord, qu'il marquerait tous ses mensonges sur une taille qu'il choisit de belle longueur. Si la taille venait à se remplir, le projet de

3. Karel Van Mander, *Le Livre des Peintres* I, *op. cit.*, p. 188.

> mariage serait absolument abandonné, ce qui eut lieu avant qu'il fût longtemps[1].

Dans sa vie quotidienne, Bruegel était donc aussi un joueur. Van Mander raconte qu'il aimait se déguiser en paysan pour participer, avec son ami Franckert, aux fêtes populaires ou à des mariages campagnards, « offrant des cadeaux comme les autres convives et se disant de la famille de l'un des conjoints »[2]. Van Mander poursuit sur les facéties du peintre en déclarant que

> Bruegel était un homme tranquille et rangé, parlant peu mais amusant en société, prenant plaisir à terrifier les gens, ses élèves notamment, par des histoires de revenants et des bruits surnaturels[3] !

Amour joyeux de la vérité, d'une part, et désir de jouer et de se jouer (en les démystifiant), de la tristesse et de la terreur des superstitions qui accablent l'esprit des hommes d'autre part, Van Mander nous livre là, comme en passant, le portrait d'un vivant puissant, à l'esprit fort dont la joyeuse et « épicurienne »[4] liberté (ou le libertinage de pensée) se manifestait, également, précise-t-il, dans son travail d'artiste. Comment pouvait-il en être autrement ?

1. Karel Van Mander, *Le Livre des Peintres* I, *op. cit.*, p. 189.
2. *Ibid.*, p. 188. Hans Franckert (dont Van Mander indique qu'il était « marchand » et qu'il avait commandé au peintre « de nombreux tableaux »), était lui-même inscrit, depuis 1546, à la guilde des peintres d'Anvers.
3. *Ibid.*, p. 189.
4. L'épicurisme de Bruegel, comme celui de Montaigne, se repère aussi dans la considération, dans le sillage du *De Rerum natura*, des malheurs que cause la religion. André Comte-Sponville cite, à ce propos, le fameux « *Tantum religio potuit suadere malorum* » de Lucrèce (I, 101, « Tant la religion put conseiller de crimes ») qui se trouve dans les *Essais*, II, 12 (p. 521 C de l'édition de Pierre Villey, rééditée sous la direction de V.-L. Saulnier, Paris, P.U.F., 1978), dans son étude, « Montaigne et Épicure, Grandeur et limites de l'hédonisme », conférence donnée au colloque *Le Plaisir des modernes. Épicurisme et pensée morale de la Renaissance à nos jours*, G. Paganini et J. Ch. Darmon (dir.), IEA et ENS Paris, 8-9 avril 2016 ; Actes à paraître aux éditions Hermann.

Van Mander nous apprend ainsi que Bruegel avait dessiné beaucoup d'images accompagnées d'inscriptions, mais que jugeant ces images « trop mordantes, il les fit anéantir par sa femme pendant sa dernière maladie, dans la crainte qu'elle n'eût à en souffrir »[1]. Et l'auteur des *Vies des plus illustres peintres* nous révèle que, « Par son testament, il léguait à sa femme un tableau où l'on voit *une pie perchée sur un gibet* et dont la signification était qu'il vouait les méchantes langues à la hart »[2].

Arrêtons-nous sur l'anecdote. Nous allons, par elle, être introduits au cœur puissant de l'œuvre. Le dernier grand tableau de Bruegel dit peut-être, en vérité, bien autre chose que l'interprétation peu convaincante (coupée d'une étude effective de l'ensemble de sa production) qu'en donne bien trop rapidement son premier biographe et critique! Bruegel ne procèderait-il pas, en effet, dans son dernier tableau, à un jeu lui-même très « mordant » ? Un jeu qui qualifie et exprime, en vérité, la singularité philosophique de toute son œuvre qui consiste, justement, à produire un dispositif pictural ludique apte, dans son expérimentation même (celle du plaisir du spectateur devenu observateur), à cesser de fonctionner sur le mode fictionnel de l'image pour laisser parler la réalité puissante d'un discours qui porte sur la vérité effective des choses ...

1. Karel Van Mander, *Le Livre des Peintres* I, *op. cit.*, p. 191. Bruegel laissait à sa mort deux jeunes enfants, de quatre et un an seulement – qu'il voulait sans doute aussi protéger – qui deviendront peintres à leur tour sous les noms de Pieter Brueghel le Jeune, dit d'Enfer (1564-1638) et Jan Brueghel, dit Breughel de Velours (1568-1625). À propos des reproductions des tableaux de Pieter Bruegel par son fils Pieter Brueghel le Jeune, cf. *L'Entreprise Brueghel*, P. van den Brink (dir.), Bonnefanten-museum, Maastricht, Ludion-Flammarion, 2001.

2. Karel Van Mander, *Le Livre des peintres* I, *op. cit.*, p. 189.

La plupart des critiques ne s'engagent guère sur la signification de *La Pie sur le gibet*, en soulignant essentiellement la maturité et la maîtrise alors atteintes par le maître dans son dernier grand tableau. Rares sont, en effet, les commentateurs qui se risquent à une interprétation politique comme le fait Michael Gibson qui voit dans cette peinture un « vœu » profond du peintre qui n'a pas

La Pie sur le gibet, 1568, Huile sur bois, 45,9 × 50,8 cm, Hessisches Landesmuseum, Darmstadt.

été exaucé par l'histoire (nous sommes, rappelons-le, en 1568 et le duc d'Albe ne sera remplacé seulement qu'en 1573...). Bruegel représenterait, en effet, la célébration du *départ* du duc d'Albe et de la fin de sa tyrannie. S'il n'y a plus de pendu sur le gibet, c'est, dit-il alors, parce qu'on ne pend plus et que le duc a quitté les Flandres... C'est pour cela que les paysans festoient et qu'un

> chieur solitaire [...] se soulage en cet endroit pour exprimer son sentiment le plus profond en un langage universel et intemporel : Je te méprise, puissance de la contrainte et de la mort ! Toi tu n'es plus, mais moi je suis toujours là ! [1].

Lecture évidemment vraie quant à la révolte et au désir de voir la tyrannie s'éloigner – un désir au présent, que Bruegel exprime non seulement par la danse des paysans mais aussi par cette « révolte anale primaire » [2] de celui qui, comme dans *Les Proverbes*, « chie sur le monde » (« *hij schijt op de wereld*, dit la locution populaire ») [3], ce monde qui n'est que celui de l'injustice et de la domination [4] –, mais lecture néanmoins insuffisante car bien trop globale : le tableau n'a pas été analysé dans son détail. Rose-Marie et Rainer Hagen avancent également une signification historique immédiate : les « commérages » redoutés et condamnés par Bruegel devraient être mis en relation avec les « dénonciations » religieuses et politiques sur lesquelles « le duc d'Albe avait édifié son régime de terreur » [5]. Une interprétation qui, au premier abord, pourrait paraître, là encore, pertinente si plusieurs éléments du tableau – qui ne sont pas placés là par hasard – ne demeuraient, dans cette autre perspective, sans signification. Il s'agit de l'aspect, tout à fait caractéristique, de la roche sur laquelle a été planté le gibet ; du crâne de cheval à ses pieds placé dans une cavité ; et d'une croix érigée en contrebas.

Pour expliquer ces « détails », nous suggérons une lecture de *La Pie sur le gibet* du point de vue d'un jeu de langage, très pratiqué en Flandres au temps de Bruegel : celui des concours de rhétorique. Car il nous apparaît que c'est plutôt, en vérité, le mordant démystificateur de la dérision populaire des rires et des

1. M. Gibson, *Portement de Croix. Histoire d'un tableau de Pierre Bruegel l'Aîné*, Paris, Noêsis, 1996, p. 31.
2. *Ibid.*
3. *Ibid.*
4. *Ibid.*, p. 31-32.
5. R.-M. et R. Hagen, *Pieter Bruegel l'Ancien, vers 1525-1569. Paysans, fous et démons*, Köln, Benedickt Taschen, 1994, p. 81.

jeux de Carnaval, mais aussi le mordant d'autres jeux, parfois plus intellectuels et sûrement plus dangereux – jeux oratoires, ceux-là, pratiqués au sein de chambres littéraires – que pourrait bien prolonger, de fait, mais transposés *en peinture*, la dernière grande œuvre de Pieter Bruegel.

Il faut préciser, à propos de ces joutes oratoires – tenues pour des « joyaux du pays » (les *Landjuwelen*) – qu'elles étaient organisées par les chambres de rhétorique et qu'on les appelait effectivement des « jeux » (*spelen*). Les chambres de rhétorique, très nombreuses et très appréciées au XVIe siècle, étaient étroitement associées à la guilde des peintres, comme c'était le cas à Anvers pour la célèbre chambre la « Giroflée » (*De Violieren*) associée à la guilde de Saint-Luc. Et ces jeux avec le langage, qui associaient le spectacle théâtral et la peinture, étaient souvent l'occasion, lors des fêtes publiques ou privées, d'une critique des pouvoirs politiques et religieux (à partir de jeux de mots, symboles, métaphores et allégories...). C'est ainsi qu'en 1539 la ville de Gand organisa, durant trois semaines, ses joutes autour de la question : « Quelle est la plus belle consolation du mourant? ». Et la majeure partie des pièces alors présentées, de nature allégorique, furent des violentes satires de l'Église catholique, de ses indulgences, des moines et du pape; des pièces qui furent interdites par Charles Quint, dès leur première tentative d'édition. Par la suite, sous Philippe II, beaucoup de chambres deviendront de véritables foyers d'hérésie, ou du moins des lieux favorisant la critique de la domination espagnole. Les jeux rhétoriques publics allaient ainsi subir la censure, de sévères répressions et finalement la totale interdiction [1].

Or le tableau, *La Pie sur le gibet*, peut être lu dans la perspective de ces jeux oratoires. C'est la voie interprétative que nous proposons. Bruegel n'a-t-il pas simplement, en peignant *La Pie sur le gibet, incarné* dans son panneau peint à l'intention de la sagacité, à la fois

1. É. Coornaert, « Les chambres de rhétorique en Flandre », communication à l'*Académie des Inscriptions et des Belles-Lettres*, vol. 114, n. 2, année 1970, p. 195-200.

ludique et herméneutique, de ses admirateurs, un *mot d'esprit*? En effet, la représentation, sur une hauteur au-dessus d'un bourg, d'un gibet sur lequel une pie est posée, et, vers lequel monte une joyeuse troupe qui vient danser là, précisément, au son de la cornemuse, pourrait être considérée comme l'équivalent de l'estrade de théâtre où venaient s'exercer les talents persifleurs des chambres de rhétorique[1].

De ce point de vue, et dans ses rapports avec un savoir conscient/inconscient partagé par l'élite intellectuelle de l'iconographie chrétienne et de ses symboles, *La Pie sur le gibet* c'est alors ... le Christ sur la croix. La pie sur le gibet incarne, en vérité, la Crucifixion! Par un simple mot d'esprit, incarné dans l'image, Bruegel file, en effet, joyeusement, une métaphore qui déplace le sens d'un propos aussi impie que séditieux. La pie désigne bien, en effet, le bavardage inutile (le jacassement) que l'homme pieux oppose habituellement au Logos divin et à la véracité de la Parole divine[2]. Mais Bruegel ose appliquer, lui, directement, le symbole au Christ. Ou, du moins, à l'image du Christ du christianisme en tant que le christianisme est devenu religion de pouvoir (au même titre, aux yeux de Bruegel, que la religion de Mahomet et l'Empire ottoman qui menaçaient alors l'Europe chrétienne[3]). La pie c'est

1. Ces estrades où pouvaient s'exercer ces jeux sont connues de Bruegel. Le peintre dessine une de ces scènes de jeux rhétoriques pour une des estampes de la série des « Vertus », *La Tempérance*. On voit également une estrade de ce type sur la gravure de Jérôme Cock, d'après Pieter Bruegel, *La Kermesse de la Saint-Georges* (gravure à l'eau forte et au burin, 33,2 × 52,3 cm, Joannes et Lucas van Doetecum, Bruxelles, Bibliothèque Royale Albert Ier, cabinet des Estampes).

2. M. Feuillet, *Lexique des symboles chrétiens*, Paris, P.U.F., 2004, p. 88. Notons que, dans *La Fuite en Égypte* (tableau de 1563), deux pies sont posées sur les branches dénudées du petit arbre sur lequel a été aménagé un abri de bois pour la statue d'une idole. Bruegel associe donc bien la présence de la pie au culte des dieux de la superstition.

3. Nous reviendrons sur cette menace et sur cette identification, chez Bruegel, du christianisme et de la religion musulmane. Les deux religions, dans leur logique de guerre et de domination, se retrouvent, en effet, explicitement mises en rapport d'identité dans un dessin, *La Colère*, que nous commenterons.

ici le discours mensonger, théologico-politique, d'une Église qui a véritablement vidé la Parole vivante de l'Écriture de ses effets salvifiques au seul profit des effets de domination sur les esprits et sur les corps. Les paysans peuvent ainsi jouer, faire de la musique, danser et même déféquer sous le gibet, car c'est – du moins sur la peinture de Bruegel – la crucifixion de la tyrannie chrétienne (sous la figure du Christ de l'Église catholique) que ces paysans flamands fêtent sur le tableau [1]. Une crucifixion heureuse donc, à laquelle le gibet lui-même, participe avec humour en esquissant un pas de danse au sommet de son Golgotha ! Il faut remarquer, en effet, la torsion, bien peu naturelle et amusante, que Bruegel a imprimée aux deux jambages du gibet qui esquissent ainsi, bien qu'avec difficulté (ce qui rend l'intention de l'effort plus risible encore) le même mouvement rythmé que les deux personnages côte à côte qui, sur le versant de la colline, engagent, eux-mêmes, un pas de danse à l'unisson, en observant un trio de danseurs, sous le gibet, dont la ronde est bien plus endiablée. Et l'on retrouve ici le Bruegel très malicieux des *Jeux d'enfants.* Car c'est bien, aussi, la forme du crâne (du Golgotha donc) qui apparaît clairement sous le gibet pour un observateur un peu attentif : le gibet est donc bien la croix du supplice du Christ… et la pie, le Crucifié.

En regardant mieux, on verra que Bruegel, fidèle à l'iconographie de la Crucifixion, a peint non seulement, légèrement plus bas, une des deux croix réservée à l'un des deux larrons (l'autre croix, vers nous, aussi basse sur l'autre versant de la colline, pouvant être considérée comme hors cadre), mais aussi, au pied du gibet, « dans une cavité rocheuse » [2], le crâne d'Adam. Mais ce crâne est ici devenu celui

1. « Danser sous le gibet », signifiait alors « ne pas vouloir voir le danger ou ne pas le craindre » ; « chier sous le gibet », voulait dire aussi, « se moquer des autorités et de la mort », R.-M. et R. Hagen, dans *Pieter Bruegel l'Ancien*, *op. cit.*, p. 81-82.

2. La précision est donnée par Michel Feuillet dans son *Lexique*, *op. cit.*, p. 39. Or Bruegel place le crâne de cheval précisément devant la cavité orbitale de son « Golgotha » (le « crâne » en hébreu).

d'un cheval, c'est-à-dire le symbole de la domination[1]. On peut donc logiquement penser qu'au discours de la théologie chrétienne du péché originel (Adam) et de son rachat par le sang du Christ (la Croix), Bruegel a voulu substituer la vérité historique et effective de la chose : c'est l'ambition de domination du christianisme qui est le véritable péché, la véritable faute; une passion qui se rencontre particulièrement chez ceux qui brandissent l'image de la passion du Christ et sa mort sur la croix pour justifier et assouvir leur désir de domination[2]. Notons, enfin, que la croix n'apparaît finalement qu'assez rarement dans les dessins et sur les tableaux de Bruegel. Sa présence discrète, mais significative, accompagne essentiellement le symbole du monde (l'orbe surmonté de la croix représenté plusieurs fois) ou – comme c'est le cas dans *Le Portement de croix* – la croix sous laquelle chute le Christ est incluse avec les multiples gibets dans la répression généralisée des dissidents calvinistes et de tous ceux (même catholiques) qui réclament la liberté religieuse : en toutes ces images, la croix apparaît ainsi directement associée à la domination théologico-politique. Sa dimension rédemptrice, corrélative de la codification théologique du péché originel, est, de fait, absente de l'œuvre[3].

1. *Ibid.*, p. 28 : « Le cheval – [...]. Il est lié à la guerre. Il est le propre d'un peuple dominateur »...
2. On trouve déjà, dans *Le Prince* de Machiavel, cette manière de ramener l'idée de faute ou de péché, du plan de la théologie spéculative à la réalité effective de la chose, soit à l'activité historique réelle et à ses effets : ainsi Savonarole, écrit Machiavel (chapitre XII, 9, p. 117), après l'entrée victorieuse de Charles VIII en Italie, avait raison de déclarer que « nos péchés en étaient la cause; mais ce n'étaient [précise-t-il] pas du tout ceux qu'il croyait, mais ceux que j'ai racontés »; nous utilisons la traduction de Jean-Louis Fournel et Jean-Claude Zancarini, texte italien établi par Giorgio Inglese, Paris, P.U.F., 2000.
3. Nous n'avons trouvé qu'une seule œuvre où la Croix est totalement indépendante de la problématique de la domination : c'est une grisaille, *La Dormition de la Vierge* (de 1564) qui était destinée à son ami Ortelius (on aperçoit de dos, le haut d'un Christ crucifié posé sur un coussin au bas du lit de la Vierge qui lui fait face). Pour plus de précisions sur la signification théologico-politique que Bruegel attribue au globe surmonté de la croix, voir notre analyse de *Elck ou Un Chacun*, *infra*, p. 53-59 et « *La verità effettuale della cosa* », p. 80-82.

Cette lecture, qui a sa logique, ne nous paraît, cependant, pas tout à fait suffisante. Au-delà de l'histoire immédiate et du destin dominateur de l'Église catholique (*via* l'Espagne de Philippe II) ici dénoncés, c'est, cependant aussi une autre question, autrement décisive, de nature théologique cette fois, que Bruegel fait, selon nous, fortement résonner. Une question singulière et inquiète dont on va voir qu'elle traverse et anime l'ensemble de l'œuvre. La question : *Qui est le Christ?*... Une interrogation qui pourra se dire, aussi, sous cette autre forme : *Où est le Christ?* Interrogation que nous retrouverons quand, sur ses tableaux, la figure du Christ sera, soit physiquement minuscule voire invisible, soit cachée au sein d'une multitude (comme c'est le cas, par exemple, dans *Le Portement de Croix*, *La Prédication de Jean-Baptiste* ou *La Parabole du semeur* où Jésus ne se distingue et ne se repère quasiment pas), soit déplacée de sa propre représentation traditionnelle vers d'autres plus étranges figures symboliques (comme c'est le cas dans *L'Adoration des mages* ou encore dans *Les Jeux d'enfants* ou *Le Printemps*)...

Nous retrouverons ces questions. Et nous comprendrons alors combien, depuis Van Mander, les critiques se trompent sur la signification de la dernière œuvre de Bruegel, même si, par l'anecdote sur le souhait du peintre de voir détruire ses dessins à sa mort, Van Mander a, à juste titre, su souligner l'opposition politique de l'artiste aux autorités en place et à leur façon de gérer la crise religieuse. Car *La Pie sur le gibet*, ne fait qu'exprimer, de manière prudente et secrète, à la manière des *Landjuwelen*[4] les plus

4. Bruegel connaissait très bien ces joutes rhétoriques puisque, comme nous l'apprend Michael Gibson, son tableau de 1562, *Margot l'enragée* (ou la Dulle Griet), serait directement inspiré par une de ces compétitions entre rhétoriciens, sur le thème « Griet qui pille devant l'Enfer », une joute organisée à Anvers, en 1561. Bruegel donnerait donc, dans son tableau, sa version picturale du thème du concours de rhétorique qui a eu lieu quelques mois auparavant dans la ville où il exerçait. Le titre-thème de cette compétition anversoise est d'ailleurs celui que reprendra significativement Karel Van Mander quand il évoquera le tableau de Bruegel (Walter S. Gibson, *Pieter Bruegel and the art of Laughter*, Londres, Berkeley et Los Angeles, 2006, p. 127 ; cité par L. Silver,

« mordants », ce que plusieurs des dessins et des tableaux de Bruegel exprimaient déjà assez clairement – et de façon plus directe – depuis nombre d'années.

Ces quelques rapides réflexions sur l'art de peindre en période de persécution nous conduisent, à présent, à préciser les circonstances historiques, extrêmement périlleuses, dans lesquelles Bruegel a effectivement travaillé.
Son œuvre se construit, en effet, au cœur d'une période de violents affrontements religieux suivis d'un soulèvement général des Provinces des Pays-Bas (où s'était répandue la réforme calviniste) du fait de l'inflexibilité, du dogmatisme et de la répression sanglante conduite par l'Espagne catholique de Philippe II. Une Espagne particulièrement intolérante et dominatrice qui multiplie les gibets, et au nom de laquelle le duc d'Albe entrera, en 1567, dans les Anciens Pays-Bas pour rétablir l'ordre et les dogmes de la vraie religion, avec une violence inouïe. C'est « Hitler au XVIe siècle. Unissons-les », écrit Pierre Francastel[1].

Bruegel, trad. J.-Ch. Pharamond et F. Paul, Paris, Citadelles & Mazenod, 2011, p. 167). Dans le *Portement de croix*, Michael Gibson précise qu'Anvers comptait quatre *rederijker kamers* (chambres de rhétorique) et que Bruegel dut d'autant plus suivre de près le *Landjuweel* d'Anvers de 1561 « que son ami Hans Franckert et son premier *employeur*, le graveur Jérôme Cock, faisaient tous deux partie de *La Giroflée* (*De Violeren*), la plus prestigieuse chambre de rhétorique anversoise, affiliée, depuis 1480 à la confrérie de Saint-Luc. Cock était l'un des régisseurs les plus populaires et surtout, il fut l'un des cinq commissaires du fatidique *Landjuweel* ». Michael Gibson poursuit en rappelant la répression qui s'en suivit : le *Landjuweel* de 1561 ayant largement pris parti pour la Réforme, le duc d'Albe reviendra, sept ans plus tard, sur cette affaire, et le bourgmestre, Antoine van Straelen, qui n'avait pas su mettre un frein à ces excès, sera décapité sur la place publique – il « avait, en effet, été *hoofdman* (président) de ces *Giroflées* dont son propre beau-frère était le "Prince". Plus proche de Bruegel, Jérôme Cock et ses collègues commissaires durent sentir le vent du boulet », *op. cit.*, p. 27-29. Ajoutons qu'Abraham Ortelius – qui était inscrit depuis 1547 à la Guilde de saint Luc comme enlumineur de cartes géographiques – était lui-même membre des *Violeren* d'Anvers, *cf.* J.-M. Besse, *Les Grandeurs de la Terre. Aspects du savoir géographique à la Renaissance*, Lyon, ENS Éditions, 2003, p. 266-268.

1. P. Francastel, *Bruegel*, *op. cit.*, p. 161.

Bruegel est alors à Bruxelles où il vit avec la jeune Mayken – fille de son ancien maître Pieter Coeck Van Aelst – avec laquelle il s'est marié en 1563. Dans les premières semaines qui suivent l'arrivée du duc d'Albe,

> on pend ou brûle vifs, sur la seule place de Bruxelles, quelques milliers d'opposants [...]. On brûlait les riches et on confisquait leurs biens pour payer les troupes espagnoles vivant sur le pays. Les ordres étaient précis en cas de sac d'une ville : tuer tous les hommes et noyer les femmes [1].

Et c'est sur la Grand-Place de Bruxelles que seront exécutés les comtes d'Egmont et de Hornes (membres de l'ordre de la Toison d'Or et du conseil d'État qui entourait Marguerite de Parme, la gouvernante générale des Pays-Bas jusqu'en septembre 1567). Le comte Egmont avait, en 1565, pacifiquement tenté une ambassade à Madrid pour y présenter les doléances des Pays-Bas, avec quelques espérances, mais finalement en vain ; avant, dans un dernier geste de confiance et d'espoir, d'accueillir (avec beaucoup de naïveté politique cependant) le duc d'Albe... qui les fit arrêter avec le comte de Hornes puis exécuter, sur ordre de Philippe II, le 5 juin 1568. Plus lucide sur le rigorisme et l'intransigeance du Roi d'Espagne et de son bras armé (le duc d'Albe), le comte de Nassau et prince d'Orange Guillaume (dit le Taciturne) avait, quant à lui, quitté Bruxelles pour rejoindre ses terres d'Allemagne afin de se préparer à la guerre, imposée par l'Espagne aux protestataires protestants dont il allait devenir le Chef.

À l'arrivée du duc d'Albe à Bruxelles, le 22 août 1567, Bruegel a aux alentours de quarante ans (on ne connaît pas, en effet, l'année exacte de sa naissance). C'est durant cette époque, extrêmement troublée – qui a vu, depuis 1565, le début de la révolte, la furie iconoclaste de l'été 1566, l'abdication de Marguerite de Parme après l'arrivée du duc d'Albe à la tête d'une armée de plus de dix

1. P. Francastel, *Bruegel*, *op. cit.*, p. 161.

mille hommes, l'instauration du tribunal spécial du Conseil des troubles qui multipliera les procès et les exécutions – que Bruegel peindra *Le Massacre des innocents, Le Triomphe de la mort*, et aussi *Le Dénombrement de Bethléem* ; un tableau dont on verra qu'il traite aussi – sur fond de paysage glacé où l'on égorge les cochons – de la collecte des impôts…

dessiner et peindre : pour une « réforme de l'entendement »

Pieter Bruegel avait vu le jour dans les années 1525/1530 dans une contrée des Anciens Pays-Bas (peut-être à Brueghel dans le Brabant d'après Van Mander) – une région devenue aujourd'hui néerlandaise, limitrophe de l'actuelle Belgique. Il a vécu de 1540 à 1562 à Anvers (où il est inscrit aux *Liggeren* – la guilde Saint-Luc d'Anvers, dont il a été nommé « franc maître » en 1551 –), puis il est venu travailler, sept années durant, à Bruxelles où il s'est marié et où il est mort, en septembre ou décembre 1569.

Son œuvre peint (avec ses dessins) se situe donc au tout début d'une période extrêmement importante de l'histoire des Pays-Bas (et de l'histoire de l'Europe) qui va, après plusieurs années de troubles dans les Flandres espagnoles, du soulèvement des Gueux durant l'année 1566[1] (soit trois ans avant la mort de Bruegel), à l'assassinat, un siècle plus tard en Hollande, des Régents de la République, les frères de Witt, en 1672 à La Haye ; assassinat qui est l'évènement qui signe la fin de ce que l'on a appelé la « vraie

1. C'est le 5 avril 1566, à Bruxelles, que la noblesse du Parlement, conduite par Henri de Bréderode et Jean de Marnix, demanda à Marguerite de Parme (la demi-sœur de Philippe II qui gouverne alors les Pays-Bas) de mettre un terme aux persécutions religieuses contre les calvinistes. En méprisant cette revendication qu'il qualifie de requête de gueux – une qualification que les protestataires, aussi bien protestants que catholiques, allaient reprendre à leur compte –, le comte Charles de Berlaymont donnait ainsi son nom à la puissante Révolte qui allait se développer contre l'Espagne et ses représentants aux Pays-Bas.

liberté » de la nouvelle République des Provinces-Unies, avec la prise du pouvoir par Guillaume III (le nouveau stathouder) et l'hégémonie cléricale de ses alliés calvinistes disciples de Vœtius[1]. À cette date, de 1672, c'en était réellement fini de la liberté politique et religieuse au nom de laquelle les Anciens Pays-Bas étaient, plus d'un siècle plus tôt – au temps de Bruegel – entrés en rébellion contre l'Espagne catholique... Dans le camp même des anciens protestataires calvinistes, vainqueurs d'une guerre de libération qui avait duré quatre-vingts ans, l'intolérance religieuse et politique avait de nouveau gagné la partie...

Au-delà de l'échec d'une histoire dont il n'a connu dans la seconde moitié du XVIe siècle que les prémices, cette défaite intellectuelle et politique de l'acte de révolte – pris dans l'aliénation spéculaire d'un Un divisé en deux (où l'Un et l'Autre sont *en vérité* le Même) – hante et nourrit profondément la réflexion métaphysique, politique et picturale de Pieter Bruegel l'Ancien. Une réflexion qui se développe sur l'horizon tragique du *Triomphe de la Mort* et/ou de la folle révolte de *La Dulle Griet* (une révolte qui se jette délibérément dans la bouche de l'Enfer...[2]).

1. En 1648 le Traité de Westphalie consacrera l'indépendance des Provinces-Unies. La guerre d'indépendance aura duré quatre-vingts ans. Dans la nouvelle République hollandaise, deux personnages jouent un rôle essentiel : le Pensionnaire, secrétaire permanent du Conseil des Régents, et le stathouder qui, héritier de l'ancien gouvernement local des Habsbourg, est, comme Chef de la famille d'Orange – qui a joué un rôle décisif dans la conduite de la guerre de libération –, chargé de la défense militaire du Pays. Après la mort de Guillaume II, le 6 novembre 1650 (alors que son fils, le futur Guillaume III, n'est pas encore né), les Provinces-Unies se retrouvent sans stathouder, laissant ainsi la nouvelle République (libérée de toute menace monarchique) prendre tout son essor. Les tensions entre les deux têtes de l'État reprendront avec de nouveaux affrontements religieux, internes au calvinisme, quand, à la République (plus libérale en matière religieuse), s'opposera le désir monarchique de Guillaume III, soutenu par les calvinistes les plus durs (adeptes de la théocratie) et une populace fanatisée. À la faveur de la défaite contre la France imputée à la République et à ses Régents, Guillaume III va retrouver le stathoudérat. Il laissera les frères de Witt se faire massacrer par la foule et, à l'occasion de l'émeute, s'emparera du pouvoir.

2. L'entrée de l'Enfer représentée par l'immense gueule ouverte d'un horrible monstre est une image médiévale traditionnelle que Bruegel n'hésite pas à reprendre, avec ironie,

Quelque vingt ans plus tôt, Nicolas Copernic avait été lui-même pris au piège de l'impératif (à la fois religieux et politique) de choisir *un* camp, *son* camp. Et le chanoine catholique et savant polonais avait finalement choisi de s'en tenir à ses travaux et de *refuser la guerre* entre catholiques et protestants, en faisant publier, chez les catholiques à Dantzig, le *Premier Exposé sur les révolutions des orbes célestes* de sa théorie de l'héliocentrisme par un disciple réformé, Rheticus (alors que Luther avait violemment condamné ses écrits) ; puis, Copernic adressera, en 1543, son œuvre maîtresse, les *Révolutions des orbes célestes*, au pape Paul III – à qui il dédicacera sa préface –, tout en ayant fait éditer l'ouvrage, au cœur même de la Réforme, à Nuremberg… C'était sa manière de répondre, *en savant*, au piège du choix. Bruegel, quant à lui, qui savait sans doute que les œuvres du grand Érasme – qui avait aussi voulu rester indépendant, libre et fidèle à un idéal de concorde et de paix universelle – avaient été brûlées en même temps que les livres de Luther à Milan, en cette même année 1543, refusera, comme Copernic en son temps, de choisir « un » camp, tout en continuant cependant, avec opiniâtreté et lucidité, d'affronter, *en peinture*, le tragique de la réalité dans laquelle il était jeté. Et il continuera à dessiner et à peindre *en regard des évènements* en livrant ses tableaux à des amateurs d'art et à des collectionneurs plus intéressés, sans doute, par la dextérité de l'artiste et la beauté de ses productions que par la pensée critique que développait une œuvre qu'ils étaient – pour l'essentiel – condamnés à ne pas comprendre[1]. En

en référence à Jérôme Bosch, dans la *Dulle Griet*, comme déjà dans ses dessins comme *Le Jugement dernier* (de 1558) et *La Descente du Christ aux limbes* (de 1561), pour des estampes commandées par Jérôme Cock.

1. Bruegel (c'est une hypothèse) pouvait, sans doute, être tenu par ses admirateurs pour un érasmien qui, comme son maître, était resté fidèle au catholicisme et bien décidé, comme son maître aussi à la fin de sa vie, à rester indépendant des affrontements religieux (ce qui lui aurait assuré alors une certaine tranquillité et la protection de sa création). On connaît plusieurs de ses commanditaires : Nicolaes Jongelinck, qui était un riche marchand d'Anvers, possédait, en 1566, seize tableaux de Bruegel ; Jean Noirot, directeur de la monnaie d'Anvers possédait, à la vente de ses biens en 1572, cinq œuvres

consacrant son premier tableau à *La Parabole du semeur*[1] (signé et daté de 1557), Bruegel avait pourtant, mais indirectement, prévenu ses futurs « lecteurs ». Comme le paysan de la parabole qui sème ses graines à la volée, l'artiste sait que quelques-unes seulement de *ses* graines fructifieront en rencontrant une bonne terre. Comme pour l'enseignement évangélique, rare est, en effet, la rencontre de celui qui entend la Parole et la comprend (Matthieu 13, 23). Beaucoup de graines seront picorées par les oiseaux de passage – ceux qui, spontanément, riront avec frivolité ou se moqueront devant les personnages des tableaux – tandis que d'autres graines encore tomberont sur un sol épineux ou pierreux (elles ne rencontreront que jalousie, colère ou indifférence)... Bruegel le sait. Il sait qu'il en ira, pour son œuvre, comme des bons grains de la parole divine. Si Bruegel pense ainsi qu'il ne peut pas agir dans l'immédiat ni sur l'immédiat d'une histoire dont les forces contraires tendent à s'identifier dans la violence et la surdité[2], il pense, néanmoins, qu'au

du peintre ; le géographe Abraham Ortelius, possédait une grisaille ; le cardinal Antoine Perrenot de Granvelle, archevêque de Malines – qui a été conseiller à la Cour auprès de Marguerite de Parme jusqu'à son éviction en 1564 – possédait aussi, plusieurs tableaux du maître (Granvelle s'était opposé, en 1558, au Pape qui avait condamné les œuvres d'Érasme ; et, comme l'écrit Charles de Tolnay, « Celui qui aimait Érasme, devait aimer Bruegel », *Pierre Bruegel l'Ancien*, Bruxelles, Nouvelle société d'éditions, 1935, p. 11). Les acheteurs sont tous d'un milieu riche, de religion catholique et (pour la plupart) proches de la Cour. Ce qui explique sûrement, en partie, que Bruegel ait été protégé par ceux qui appréciaient ses œuvres ; mais ce qui explique aussi son extrême prudence. Bruegel se concentre sur son travail en se tenant à l'écart des évènements. C'est peut-être par le milieu professionnel et familial de son ancien maître, Pieter Coecke van Aelst (dont il épousera la fille), que Bruegel a pu rapidement être connu et apprécié des gens de Cour, amateurs d'art. Pieter Coecke, dont l'atelier était célèbre et florissant, avait été nommé, peu avant sa mort en 1550, peintre de la Cour par Charles-Quint. Mais Bruegel ne sera jamais, quant à lui, un peintre de Cour.

1. Huile sur bois, 73,7 × 102,9 cm, Timken Art Gallery, San Diego.

2. Comme le note Catherine Secretan : « beaucoup demeuraient méfiants à l'égard du zèle des réformateurs qui risquait bien de prendre la relève du fanatisme romain. Seulement il était difficile de protester contre le gouvernement espagnol sans épouser, au moins en partie, la cause des calvinistes », *Les Privilèges, berceau de la liberté. La Révolte des Pays-Bas : aux sources de la pensée politique moderne (1566-1619)*, Paris, Vrin, 1990, p. 23. Et sans doute Bruegel, en toute liberté d'esprit, fait-il partie de ceux-là.

cœur de la tourmente, dans et par son travail de peintre, il peut, du moins, préserver sa propre lucidité, et qu'il peut aussi témoigner pour ceux qui, un jour, entendront. Et qu'il est ainsi possible, sans quitter son atelier de peinture, de continuer à « semer » pour les hommes de l'avenir.

Et, dans les Anciens Pays-Bas, les différentes formes de résistance à l'intolérance et à l'oppression déboucheront bien, finalement, après plusieurs décennies de luttes, sur la construction effective d'une nouvelle entité historique plus ouverte, plus libre pour les esprits et pour les corps : un nouvel État, les Provinces-Unies, qui allait assurer à ses citoyens de nouvelles et réelles libertés. Pas pour très longtemps, malheureusement, il est vrai…

À la fin d'un processus historique qui avait été, en effet, réellement émancipateur mais qui se refermait, une fois encore, sur la victoire de l'intolérance des nouveaux maîtres et le triomphe de la mort, c'est un philosophe juif d'Amsterdam dont la famille avait, elle-même, fui, en son temps la péninsule ibérique et les persécutions de l'Inquisition catholique, qui allait analyser, dans son *Traité politique*, les raisons de l'échec de la nouvelle République des Provinces-Unies, tout en élaborant – appuyé sur l'expérience et la raison – les moyens concrets qu'il aurait fallu mettre en œuvre pour préserver la nouvelle liberté commune qui avait été, alors, réellement acquise au prix de longues années de combat et beaucoup de sang versé.

Cette période historique – d'environ un siècle –, de la Révolte à la scission et à la construction d'un nouvel État, période aux dimensions théologico-politiques constitutives, a donc ainsi été accompagnée et réfléchie, de manière critique, dès ses commencements, puis à sa conclusion, par deux œuvres, picturale et philosophique, majeures.

Dans *sa conclusion* l'œuvre, dans la seconde moitié du XVIIe siècle, du philosophe Baruch Spinoza (né à Amsterdam en 1632, mort à La Haye en 1677) qui a participé activement à la défense de la liberté d'expression aux Provinces-Unies (une revendication essentielle qui, sous la forme plus restreinte de la liberté de croyance, était au principe même de la Révolte des Anciens Pays-Bas au XVI e siècle) avec son *Tractatus theologico-politicus* publié anonymement à Amsterdam en 1670 et qui, dans son *Tractatus politicus* (inachevé), publié à sa mort avec l'ensemble de ses écrits en 1677, analyse les raisons de l'échec de la République des Régents.

Et un siècle plus tôt – et cela *dès les commencements* de la période considérée – c'est l'œuvre picturale de Pieter Bruegel l'Ancien qui avait accompagné, en les réfléchissant avec une extrême acuité, les évènements majeurs du temps…

Cette symétrie (qui n'est pas seulement historique), du *peintre* et du *philosophe*, est au principe de notre ouvrage. C'est dire que l'histoire évènementielle aussi bien que l'histoire des idées (en peinture comme en philosophie) seront, pour nos analyses, d'un grand secours. Et que la mise en relation du peintre et du philosophe, par le trait d'union de l'unité et de l'unicité intrinsèques d'une *période historique*, n'a rien d'un artifice rhétorique. On constate, en effet, que, comme, un siècle plus tard chez le philosophe juif hollandais, le travail de Bruegel produit, en effet déjà aussi, un dispositif théorique qui, dans son domaine propre (celui de la représentation picturale) réfléchit SUR – et à partir DE – la distinction épistémologique, politique et éthique, entre *imagination* et *entendement*. L'enjeu étant la constitution, en acte – l'acte même de peindre – d'un appareil perceptif donnant accès à une réalité effective et aux conditions (affectives et intellectuelles) de la production de sa vérité. Les verres de lentilles que Spinoza polit avec soin et habileté, dans ses ateliers de Voorburg et de Rinjsburg comme dans les concepts de son *Éthique*, nous les trouvons aussi, sous forme de dessins et de tableaux, dans les ateliers du peintre Pieter Bruegel comme autant d'appareils (de dispositifs) et/ou de voies d'accès à la vérité effective des choses. Des moyens ou des voies qui sont aptes à nous guider et à nous *éclairer.*

On comprend que le thème du dessin de Bruegel, de 1558, *Elck ou Un Chacun*, soit alors la recherche de la *lanterne*, de la bonne lanterne, celle qui permet d'y voir plus clair. Une lanterne qui éclaire le chemin d'une conversion ou d'une réforme de l'entendement ; ou les prémices d'une résurrection.
La réforme ou la conversion de l'esprit peut être brutale et spectaculaire comme, sur le chemin de Damas, *La Conversion de Saül*. Un tableau sur lequel, Bruegel montre celui qui deviendra plus tard saint Paul, violemment jeté à terre, arraché de la selle de son cheval par le rayon de lumière divine qui tombe sur lui du Ciel. Mais la conversion peut être aussi, ordinaire, comprise dans l'effort quotidien que « tout un chacun » fait pour persévérer en son être.

La Conversion de Saül, 1567, Huile sur bois, 108 × 156 cm, Kunsthistorisches Museum, Vienne.

Dans *Elck ou Un Chacun* (« tout un chacun » est la traduction française du nom propre néerlandais, Elck), un homme ordinaire, Elck, trouve simplement une lanterne. Et il va l'expérimenter, en chercher et en découvrir l'usage… Ce qui va lui permettre de conduire une enquête sur le monde tel qu'il va, avec ses désirs, ses passions, ses croyances (ce que montre la scène, avec deux Elck minuscules, du haut du dessin à gauche)… Pour Elck, comme dans le cas de Paul, la rencontre de la lumière (que ce soit dans la fulgurance divine ou par la flamme incertaine d'une simple chandelle), c'est ce qui *convertit* et libère des mauvais chemins de la vie : pour Paul, le chemin de la guerre, de l'intolérance et de la persécution ; pour Elck, celui de l'avarice et de l'accumulation d'argent et de biens. Pour ces deux êtres, aveuglés par leurs passions, la lumière est la condition d'une *conversion*. Celle-ci se fait, elle-même, d'abord,

Elck ou Un Chacun, 1558, Plume et encre brune, 21 × 29,3 cm, Londres, British Museum ; la gravure au burin est (sans doute) de Pieter van der Heyden, publiée par Jérôme Cock.

dans un nouvel aveuglement : Paul restera aveuglé trois jours par la nouvelle lumière; Elck, au centre du dessin porte, quant à lui, pour se protéger de la lueur de la flamme, des lunettes noires (ce n'est pas le cas de tous les personnages). Celles-ci ne doivent guère favoriser sa vue, mais ces lunettes montrent à quel point la lumière est insupportable pour celui qui a toujours vécu et persévéré dans le noir de sa caverne : celle de ses passions et de son imagination. Et combien aussi est difficile et douloureux le *passage* d'un monde à un autre : de son imaginaire d'ombres vers les clartés nouvelles de l'entendement. C'est la leçon platonicienne du livre VII de *La République* qu'expose ainsi Bruegel dans son dessin.

Le lecteur pourrait s'étonner doublement de notre interprétation qui va à l'encontre de tous les critiques et qui unit finalement Elck aux prestigieuses figures de Platon et de l'Apôtre Paul. D'une part, en effet, la conversion de Paul est, par excellence, un motif religieux où l'entendement et la philosophie n'ont guère leur place; d'autre part, si le lecteur connaît les grandes monographies consacrées au peintre, Elck est tenu pour un personnage méprisable, bien connu des commentateurs qui ne voient, à l'unanimité, dans le dessin de Bruegel, que le portrait d'un avare qui ne fait que continuer – de son personnage légendaire au dessin de Bruegel – à cultiver son vice. Examinons donc ces deux séries d'objections possibles.

Comment lire d'abord *La Conversion de Saül* telle que Bruegel l'a conçue? S'agit-il vraiment, avec ce tableau, de nous faire voir dans une image, qui serait ainsi, en dernière analyse, une image pieuse et convenue, la conversion de saint Paul? Ou bien, selon une construction singulière de son tableau, Bruegel ne nous invite-t-il pas, bien au contraire, à prendre une certaine distance avec l'image pieuse afin de modifier (et/ou afin de convertir) nos manières habituelles de regarder une peinture et par là même de la comprendre?

Que voyons-nous, en effet sur ce tableau? En premier lieu, un long défilé entre de hautes montagnes, dont l'étroitesse ne laisse guère de place pour le choix du chemin : le défilé montagneux, qui s'élève d'une plaine côtière verdoyante vers les sommets, impose le défilé des hommes et la direction de leur marche vers un col élevé, fermé par de lourds nuages noirs coincés entre des parois rocheuses. C'est la marche forcée d'une armée qui traverse les Alpes et dont les chefs, à cheval et qui nous tournent le dos, occupent, de manière assez monumentale, le premier plan à droite du tableau. Et ce sont, d'abord, ces trois personnages à cheval, qui attirent notre regard, de par l'importance de leurs chevaux et la singularité de leurs vêtements (mais aussi par leurs couleurs chatoyantes et contrastées : jaune, verte et noire). Le tableau est daté de 1567 et l'on ne peut pas s'empêcher de penser – avec ceux qui ont vu, à l'époque, ce tableau – que Bruegel a imaginé sur son panneau peint, l'armée espagnole sous la conduite du duc d'Albe, venant d'Italie pour mater – dans la plus extrême des violences – la révolte des Pays-Bas [1] (d'autant plus que Bruegel a peint, couleur or, l'emblématique aigle à deux têtes des Habsbourg sur un bouclier rouge que transporte sur ses épaules un soldat à pied; sur le bouclier, une lanterne éteinte ...). C'est le duc d'Albe qu'on imagine alors – sur la droite – dans ce cavalier de dos, tout de noir vêtu, immobile et structuré comme une statue de bronze (lui, dont les statues s'élèveront, nombreuses, dans les Anciens Pays-Bas...) parfaitement droit et inflexible dans sa certitude sur un cheval dont la magnifique croupe blanche indique toute la puissance et l'autorité de son cavalier. Mais nous apercevons, aussi, sur sa droite, un soldat (près des chefs à cheval), qui, contrairement aux majestueux personnages, est, lui, tourné vers nous. Il attire notre attention par son geste qui indique, le bras tendu et de la main droite, une scène située presque au centre géométrique de l'image et qui nous avait tout d'abord échappée : c'est un cavalier qui est brusquement désarçonné et qui est en train de chuter à terre. Cet évènement en cours, crée autour de l'homme qui tombe, un vide et une soudaine agitation. Il s'agit,

1. C'est ce qu'indique aussi Larry Silver, qui écrit : « Aucun observateur de la peinture de Bruegel ne pouvait manquer d'associer Albe aux vues alpestres et à la représentation de soldats en armure contemporaine et en uniforme », *Bruegel*, *op. cit.*, p. 284.

bien sûr, de Saül que Dieu vient d'interpeller non seulement par un rai de lumière (on voit, d'ailleurs, un homme regarder vers cette foudroyante luminosité venue du ciel, en protégeant ses yeux d'un bras replié) mais aussi par sa puissante voix qui interroge : « Saül, Saül, pourquoi me persécutes-tu ? »[1].

La plupart des commentateurs insistent, alors, sur la leçon morale universelle, religieuse ou théologique, de la scène, en souhaitant minimiser, voire totalement effacer, la dimension politique qu'elle a pu immédiatement avoir pour les hommes de son temps. Pourtant, au-delà de la conjoncture historique et politique de cette année 1567, c'est bien la diamétrale opposition de l'homme qui fait corps avec son cheval et sa certitude (l'habit noir), avec l'homme qui en est arraché, qui est au cœur du tableau et de sa leçon. Le cheval est bien l'enjeu de l'interprétation. Car la présence prégnante et fascinante du cheval (particulièrement des chevaux des trois nobles personnages) est bien celle, ici comme souvent dans les tableaux de Bruegel, de l'ambition théologico-politique de domination (un symbole et une ambition qui sont, sans doute, dans ce tableau, à l'apogée esthétique de leur image)[2]. Si bien que la signification principale, qu'a voulue transmettre Bruegel, porte plus sur l'*effet* de la chute – la *séparation* avec le cheval telle que nous la voyons effectivement –, que sur sa cause (la colère et la grâce d'un Dieu – et/ou du Christ – que nous ne voyons pas). Cette séparation est un effet libérateur en ce qu'elle conduit, non pas

1. Actes des Apôtres, 9, 1-18. Dans les représentations picturales de la conversion de Paul on trouve le plus souvent le Christ qui, du ciel, interpelle son persécuteur. Ce n'est pas le cas chez Bruegel. Cette absence n'est pas exceptionnelle – c'est le cas aussi chez Parmesan, vers 1527-1528 – mais c'est une chose cependant assez peu commune jusqu'à la fin de la Renaissance ; *cf.* l'étude de Ph. Morel « "Una cosa rarissima". La *Conversion de saint Paul* de Parmesan », dans *La Conversion de Paul*, Paris, Desclée de Brouwer, 2001, p. 73-125.

2. Que le cheval soit l'enjeu de l'interprétation, c'est déjà aussi le cas, selon Philippe Morel, pour le tableau du Parmesan. Mais, chez le peintre italien, c'est parce que le cheval blanc cabré et triomphal de Saül, à l'encolure démesurée et à la selle en peau de panthère, symbolise le Christ, l'Église, la victoire sur le mal, et le prédicateur que deviendra Paul après sa conversion, *La Conversion de Paul*, *op. cit.*, p. 83-93.

vers la vie morale et vertueuse (au sens d'une conversion religieuse) comme l'indiquent la plupart des critiques – qui ne commentent donc pas le tableau de Bruegel, en tant que tel, mais l'idée de la conversion de Paul … – mais en ce que la séparation de l'homme et de son cheval est un évènement, dans et par le tableau, qui a pour conséquence immédiate la rupture du flux (et avec le flux), quasi inéluctable de la guerre, du défilé des passions, des croyances et, plus globalement, de l'imaginaire théologico-politique qui le porte (Saül, « ne respirant toujours que menaces et carnages à l'égard des disciples du Seigneur », est missionné par le grand prêtre afin de ramener enchaînés, de Damas à Jérusalem, les hommes et les femmes devenus « adeptes de la Voie »[1]) et qui construit (du plus humble des hommes au chef suprême de l'armée) « l'homme au couteau entre les dents » (une figure, nous le verrons, récurrente de l'œuvre de Bruegel). Rompre avec ce flux c'est rompre avec le monde de l'imagination et des passions qui construit et alimente l'ambition de domination et sa logique de guerre. C'est l'orgueil-persécuteur du dominant qui a donc été ici violemment désarçonné; et la représentation de sa chute humiliante (en arrière) est aussi bien significative de la colère divine que de la critique que le peintre formule envers ce désir de domination… et de son attente d'une radicale conversion. Bruegel, qui donne à voir aux persécuteurs l'histoire de Paul, appelle le duc d'Albe (le chevalier noir) – et, au-delà, tous ceux qui sont emportés par l'ambition de domination – à une conversion … C'est à une véritable rupture *éthique* qu'invite donc le tableau ou à un changement de voie (et/ou de vie). Pour une nouvelle liberté.

Une rupture ou une conversion dont, *tout un chacun*, peut faire aussi l'expérience, en dehors du surnaturel, des miracles de l'élection et de la Révélation. En découvrant, tout simplement, le vrai usage de son esprit… C'est ce que Bruegel a, semble-t-il, voulu enseigner en dessinant *Elck ou Un Chacun.*

1. Actes des Apôtres, 9, 1-22; Épître aux Galates, 1, 11-24.

Rappelons, d'abord, les commentaires qu'ont formulés les critiques à propos de ce dessin. C'est Charles de Tolnay qui trace le portrait le plus négatif de Elck, mais son jugement est assez significatif de l'ensemble de la réception et c'est pourquoi nous le citerons d'abord, longuement :

> Dans Elck, dit-il, l'élément dominant est le gigantesque sac d'argent serré sous le bras, qui enlève à cet homme figé par la convoitise toute sa substance vitale; comme paralysé, l'échine courbée, les jambes raidies, les yeux aveuglés, il est la victime du sac qui le pousse sans cesse à chercher des trésors. Les ballots de marchandises pleins à craquer sont étalés autour de lui, mais il s'obstine à chercher là où il n'y a rien à trouver.

Et De Tolnay de conclure que le personnage d'*Elck* exprime « exactement l'indéniable et immuable bêtise humaine »[1]. De manière plus ou moins atténuée tous les critiques sont d'accord avec De Tolnay en insistant sur l'aspect traditionnel et déjà tout à fait codifié du personnage. Une tradition déjà si bien établie qu'elle est poursuivie par les chambres de rhétorique qui ont mis le personnage en scène lors des festivités anversoises : au XVIe siècle donc, « le *Elck* de Bruegel est une représentation sarcastique de la cupidité »[2]. Les interprétations peuvent cependant varier en s'orientant vers le thème humaniste de la vaine recherche (ou connaissance) de soi, ou bien vers une thématique religieuse : l'homme vaniteux qui chercherait, en pure perte, la vérité divine[3]... Mais, dans tous les cas, le jugement que les critiques portent sur le personnage Elck est fondamentalement négatif. C'est que, là encore, Elk (comme Paul) est jugé, pour le sens, disons « historique » de son personnage, et non pas en fonction de l'*usage effectif* que ce personnage a dans l'œuvre de Bruegel. Or le « signe » Paul ou le « signe » Elck n'ont,

1. Charles de Tolnay, *Die Ziechnungen Pieter Bruegels*, Munich, Piper, 1925, cité par Roger H. Marijnissen, *Bruegel*, *op. cit.*, p. 101.
2. Roger H. Marijnissen, *Bruegel*, *op. cit.*, p. 102.
3. Comme le signale Manfred Sellink, *Bruegel*, *op. cit.*, p. 116.

en vérité, de sens qu'en fonction d'un usage, toujours spécifique, celui qu'en fait Bruegel dans ses productions.

Comme pour le personnage de Saül – qui, du côté des dominants (Bruegel a peint Saül dans un habit vert de gentilhomme assez proche de l'habit noir du seigneur à cheval) est ce persécuteur fanatique[1] qui deviendra l'élu de la conversion divine et l'Apôtre par excellence du christianisme –, il est, également, tout à fait logique que, pour décrire ce qui est, un *passage*, ou les prémices d'une réforme de l'entendement, Bruegel ait choisi le personnage traditionnel d'Elck (ou « tout un chacun » dans la ville d'Anvers…), c'est-à-dire l'homme ordinaire, profondément attaché au commerce et à l'argent, mais qui, en trouvant la bonne lanterne, pourrait cependant engager tendanciellement une réelle rupture *éthique* avec la logique sans fin de l'enrichissement (symbolisée par l'énorme bourse attachée à sa ceinture et les marchandises entassées sur le dessin)… et, au-delà, avec la logique du commerce qui domine le monde (ou par lequel le monde est lui-même dominé).

Le dessin, *Elck ou Un Chacun*, fonctionne, en effet, comme un véritable petit traité théologico-politique de la réforme de l'entendement. On y voit plusieurs personnages, certains cherchant une lanterne dans un bric-à-brac d'objets. Et il faut remarquer que, contrairement là encore au sens « historique » d'un autre personnage (Diogène) qu'évoque immédiatement Elck pour le spectateur, les personnages du dessin (qui sont *tous* Elck…) ne cherchent pas, comme Diogène, « avec » une lanterne, mais ils recherchent *d'abord* la lanterne elle-même qui pourra les éclairer. Sur le côté droit du dessin, Bruegel indique l'impasse du « Un » divisé en « deux » (une impasse à la fois anthropologique, historique, politique ou éthique…) sur laquelle le peintre a très souvent réfléchi (nous y reviendrons en examinant *La Bataille du mont Gelboé* où les deux adversaires sont – comme ici – le

1. « Quant à Saül, il ravageait l'Église ; allant de maison en maison, il en arrachait hommes et femmes et les jetait en prison », Actes des Apôtres, 8, 2-3.

[ou les] *Même*). Deux personnages (le même Elck dédoublé) se disputent en effet, une très longue pièce de tissu que chacun tire à soi, indéfiniment et en vain. En fond de tableau, une église et une armée en campagne qui déploie ses étendards. C'est, certes, une parabole sur les pouvoirs qui s'exercent sur les esprits (ce que perçoivent à leur manière les commentateurs). Mais il s'agit, aussi – à ses commencements –, d'indiquer la puissance émancipatrice que *peut* exercer la découverte de la lanterne ou l'usage de l'intellect humain (ce qu'aucun critique ne perçoit, à une seule exception, celle de Daniel Dobbels) [1]. Là où les commentaires ne voient, dans leur ensemble, seulement qu'un dessin sarcastique et moralisateur à partir de la peinture de la cupidité d'un personnage légendaire dont la signification est culturellement convenue...), Bruegel construit, bien au contraire, un dispositif extraordinairement intelligent qui éclaire l'observateur attentif sur les commencements d'un processus de conversion qui est celui d'un véritable déplacement théorique : de la réalité effective et constitutive de la puissance des passions et de l'imagination à celle, aussi effective et constituante, de la force de l'émerveillement et de l'ouverture, corrélative, de l'entendement. Le personnage central, Elck, avec ses désirs, ses imaginations, ses aveuglements – qui en font, en effet, comme les critiques l'ont souligné, l'homme par excellence de la servitude humaine –, Elck examine minutieusement la lanterne qu'il vient de découvrir et ce, en enjambant avec la plus grande désinvolture un globe impérial

1. À contre-courant, Daniel Dobbels est, en effet, le seul critique à percevoir une dimension *positive* de la recherche d'Elck : « Là où l'avidité (virtuelle) bouche la vue ou presque, quelque chose la force d'entrevoir ou plutôt trouve la force de se laisser entrevoir... ou deviner [...] : une chose pas tout à fait muette, pas tout à fait éteinte, capitale pourtant : une présence à soi peut-être » ; « De soi-même, tout un chacun a le goût des choses et non celui de les détruire » ; « L'objet du dessin serait-il ce qui ne se laisse avoir par rien ni personne – mais se donnerait pourtant, même indirectement, à tout un chacun ? » ; « Elck n'ignore plus que ce qu'il cherche se trouve en deçà ou au-dessous de l'Idée de soi : au bout du compte et des tractations, ni objet, ni soi, ni sagesse, mais le pouvoir d'y voir un peu clair », *Brueghel*, Paris, Maeght éditeur, 1994, p. 35-36.

surmonté d'une croix[1] qui gît à terre éventré (ce globe est au milieu d'un bric-à-brac d'objets dans lesquels on repère, significativement, non seulement des instruments de mesures – les mesures ou les normes du monde éventré sous les pieds d'Elck –, mais aussi des jeux de compétitions et d'argent, jeu d'échecs, jeu de cartes ou de dés). Or, le geste par lequel Elck enjambe négligemment le globe est sûrement déjà le signe (adressé par Bruegel à l'observateur du dessin) qu'Elck a découvert la bonne lanterne, celle qui le rend déjà capable de liberté et d'indifférence vis-à-vis des *effets* habituels de soumission aux pouvoirs du monde, mais aussi à la séduction des divertissements compensateurs que lui proposent les jeux. Des jeux de la sphère de l'argent et du pouvoir – à la mesure de l'argent et du pouvoir – qui ont corrompu la pure gratuité heureuse des *Jeux d'enfants*. Elck, qui a découvert la bonne lanterne, ne se contorsionnera plus, comme l'un des personnages des *Proverbes*, pour entrer dans la sphère (quand la morale des nations lui avait enseigné qu'il devait savoir se courber pour réussir dans le monde...). À proprement parler, Elck traite déjà, bien au contraire, les pouvoirs du monde *par-dessous la jambe!* Et ce, de même que, dans le jeu de paume, le joueur pouvait user d'un tel coup, *par-dessous la jambe*, pour « amuser la galerie »[2]...

Un coup qui donnera naissance à une expression, déjà employée au XVIe siècle, qui signifie traiter quelque chose ou quelqu'un

1. Pour de plus amples précisions sur la signification théologico-politique que Bruegel attribue à ce globe, voir *infra*, p. 80-82, « *La verità effettuale della cosa* ». La signification du globe et/ou de la sphère « représente une des quantités les plus variables dans les équations iconographiques », écrit E. Panofsky (*Essais d'iconologie. Les thèmes humanistes dans l'art de la Renaissance*, Paris, Gallimard, 1967, p. 235). Nous proposons, dans cet ouvrage, une lecture théologico-politique qui semble s'imposer, 1°) en fonction d'une interprétation globale de l'œuvre et des dessins et peintures où l'orbe crucifère apparaît; 2°) en fonction des écrits sur la monarchie universelle des juristes attachés au droit romain (*cf.* G. Salinero, *Les Empires de Charles Quint*, Paris, Ellipses, 2006, p. 240-241).
2. Cl. Duneton, *La Puce à l'oreille. Anthologie des expressions populaires avec leur origine*, Paris, Balland, Le Livre de poche, 1990, p. 175.

avec la plus grande « désinvolture »[1]. Ce traitement particulier de l'image n'est pas isolé dans l'œuvre. Comme il le fera dans *Les Proverbes*, Bruegel dessine, par le geste d'Elck, une métaphore populaire née d'un jeu de balle, très connu et très prisé en son temps. *Par-dessous* la jambe d'Elck, l'Empire n'est plus alors déjà qu'un œuf crevé – symbole de délaissement et de mort – comme sont obsolètes tous les instruments de mesure qui symbolisent les normes et les valeurs des pouvoirs du monde (comme aussi des jeux, eux-mêmes abandonnés, comme autant d'instruments complices de l'argent et de la domination…). La lanterne institue donc une nouvelle norme de vérité et une nouvelle manière de sentir : c'est l'effet de la puissance même de l'entendement et les prémices d'une reconstitution de la vie, d'une résurrection à venir… Car cette modeste lanterne est une « source de vie vraie », comme disaient déjà de notre esprit, les *Proverbes* de Salomon. Une source qui peut nourrir la connaissance humaine jusque, peut-être (c'est ce que nous apprendra un commentaire plus approfondi des *Jeux d'enfants*), à l'aptitude à comprendre et à contempler l'Être suprême et éternel comme un Jeu divin… C'est ce qu'Elck est désormais en train d'entrevoir, d'entreprendre, et de nous inviter, nous-mêmes à entrevoir et à entreprendre. Puisque le personnage d'Elck, c'est nous-mêmes, « tout un chacun »…

Et aussi que ce n'est pas en se retirant du monde des choses et des hommes, dans un tonneau, que l'on peut vérifier la bonne marche de sa lanterne! Par le personnage dans le tonneau (qui est une des alternatives dans l'usage de la lanterne), Bruegel interroge, de manière critique, le choix du retrait de Diogène. Comme il interroge aussi le choix de la solitude et de l'ascétisme auxquels conduit la leçon théologique de Jérôme Bosch. Choix auxquels Bruegel paraît opposer les chemins de l'enquête et de l'expérience : soit le personnage d'Elck qui, tout au haut du dessin, va *enquêter*,

1. *Ibid.*

avec sa lanterne, sur les deux pouvoirs principaux – celui des Chefs de guerre et celui de l'Église – et tenter d'en comprendre, et de nous en faire comprendre, la dimension essentiellement mortifère : c'est, en effet, un arbre mort qui sépare l'armée et l'église mais qui aussi, par un même trait, les relie. Ce sont, en vérité, les pouvoirs effectifs de la domination de l'Armée et de l'Église qui produisent, de fait, les *nihili homines!* Non pas le monde renversé par le péché d'Adam, comme le dit la théologie augustinienne et boschienne, mais ce monde même, ce monde dans sa réalité effective, dominé par l'imagination passionnelle, l'ambition de domination et les délires de la vaine gloire qui font vivre et mourir la multitude des hommes pour *leur* drapeau, *leur* Église... Ces mêmes pouvoirs qui construisent un destin mortifère et inéluctable pour tous..., un destin qui est entièrement humain. Là est la vérité effective des choses. Sur les dessins et les panneaux de Bruegel l'Ancien, c'est la leçon d'un Machiavel et non plus celle d'Augustin ou de Jérôme Bosch que nous lisons alors.

Notre interprétation de *Elck ou Un Chacun*, suppose que Bruegel ait indiqué dans son dessin, la nécessité, pour sa compréhension, d'une mise à *distance* avec l'image. Donc le refus, pour le spectateur, de la fantasmagorie de la figure de Narcisse comme fondateur mythique de la peinture[1] : Narcisse qui, comme le raconte *Les Métamorphoses*, s'abîme, corps et âme, dans son image reflétée par les eaux[2]. S'extraire de ce rapport de fascination spéculaire serait alors la condition première de prise de distance avec l'image et la possibilité même de pouvoir la penser (et de pouvoir penser).

Or, c'est bien vers cette leçon que peuvent non seulement nous conduire les distiques en latin sur la marge inférieure de la gravure, mais aussi l'étrange *image dans l'image* – un panneau dessiné, accroché sur un mur (derrière les deux Elck qui tirent chacun

1. Leon Battista Alberti, *De Pictura, op. cit.*, Livre II, 26, p. 101 ; sur Narcisse, « fondateur mythique de la peinture », Introduction des éditeurs, p. 31.
2. Ovide, *Métamorphoses*, III, verset 402-511.

vers soi la pièce de tissu). Lisons, d'abord, la légende inscrite en caractères d'imprimerie, en français (et en néerlandais), qui exprime le thème latin des distiques :

> Sur le monde un chacun partout recherche / Et en toutes choses Soymesme veut trouver /. Veu qu'un chacun donques tousiours se cherche / Pourrait quelqu'un perdu demeurer ? / Un chacun pour le plus long tire aussy / L'Un par haut et l'autre par bas s'efforce / Nul ne cognoist Soymesme presque en ce monde icy : / Ce bien noté s'esmerveiller est force...

S'émerveiller est force... La formule pourrait paraître, au premier abord, ironique après le jugement, en apparence définitif, porté sur le comportement humain. Mais n'est-elle pas, bien au contraire, le signe d'un possible retournement d'une conception de l'image que Bruegel a indiquée dans le dessin lui-même ? Soit la liberté effective que l'œil et l'esprit pourraient retrouver vis-à-vis du rapport spéculaire et de la définitive méconnaissance qui est celle du fou – ou du bouffon – représenté sur le panneau dessiné du mur ? Le bouffon qui – comme Elck divisé en deux, tire à soi et contre lui-même, le même ruban de tissu – exprime, avec son miroir, l'impasse d'une vie vouée à l'illusion et une stérilité sans fin. Trouver la bonne lanterne c'est découvrir le moyen de s'arracher à la folie mortifère du miroir. Et par là retrouver, peut-être, la puissance singulière de voir et la force de l'*émerveillement*. Une force dont Socrate expliquait à Théétète qu'elle est au commencement de la pensée :

> Car cet état qui consiste à s'émerveiller est tout à fait d'un philosophe ; la philosophie, en effet, ne débute pas autrement, et il semble bien ne s'être pas trompé sur la généalogie, celui qui a dit qu'Iris est la fille de Thaumas [1].

Or, le verbe grec *thaumazein* (qui est traduit par « s'émerveiller » ou « s'étonner »), enveloppe déjà la force d'un puissant affect qui – de

1. Platon, *Théétète*, 155 d., édition de Léon Robin, dans *Œuvres complètes*, « Bibliothèque de la Pléiade », t. 2, Paris, Gallimard, 1950, p. 743.

même que lors de *La conversion de Saül* que nous avons traitée en parallèle avec *Elck* – est une forte émotion, une commotion, qui secoue, ébranle et *désarçonne* notre être; et qui s'accompagne d'un éblouissement et/ou d'un aveuglement du même type que celui éprouvé par Saül. Et, déjà aussi, par le prisonnier du livre VII de *La République* qui, tiré de l'obscurité de sa caverne, a été laissé en présence du soleil.
De la force de l'émerveillement, *Elck ou Un Chacun*, en décrit donc la première lueur libératrice : celle de la découverte de la lanterne et du tout premier *étonnement* au cœur même de la servitude ou de la prison de l'image spéculaire. Un premier étonnement, une première distance que Bruegel souhaite, aussi, que nous, observateurs, éprouvions. Aussi aveugle que nous soyons, « tout un chacun » – comme le personnage d'Elck – *peut* rencontrer la bonne lanterne qui pourrait l'arracher à soi (et à ses obsessions) et bouleverser sa vie en l'éclairant non seulement sur la magnificence du monde (et/ou de la création : beauté fondamentale dans l'œuvre de Bruegel) mais aussi sur « la vérité effective des choses » (selon la dimension de sa critique théologico-politique de la domination). Cette lanterne, c'est le dessin même que Bruegel nous offre – comme Elck – de rencontrer, et qu'il nous invite à réellement découvrir et voir dans la vérité effective qu'il enveloppe.

Par vérité effective Bruegel entend – avec Machiavel dont, dans plusieurs dessins et tableaux, il rencontrera les maximes, et plus fondamentalement encore l'effort propre de re-commencement de la pensée… – une exposition du *fait* et son explication dans et par ses *effets* (et nous avons déjà, avec Bruegel, expérimenté cette méthodologie, « par les effets », dans notre approche interprétative de *La Conversion de Saül*). Les faits auxquels Bruegel, Machiavel (mais aussi plus tard, Spinoza), ont ramené, chacun à leur manière, en leur propre domaine et en leur propre temps, la pensée, sont des faits tout à fait communs et quotidiens de la vie ordinaire, juste des faits du monde commun, partagés par « tout un chacun », les faits engendrés par les besoins des hommes en société, leurs désirs et leurs passions... Machiavel, Bruegel et Spinoza sont en quelque sorte, chacun selon sa manière, des peintres de l'*ordinaire*, mais qui ont eu pour but la production d'une pensée éthico-politique du « commun ». C'est pour cela, qu'avant de revenir à la grande randonnée interprétative des dessins et des tableaux, nous voudrions faire un détour, de nature théorique, afin d'éclairer cet axe singulier qui relie secrètement Pieter Bruegel au penseur politique Florentin et au philosophe d'Amsterdam.

chapitre 2
peinture de l'ordinaire et pensée politique du commun Machiavel-Bruegel-Spinoza

experientia sive praxis

Un dessin de Bruegel de 1568, *Les Apiculteurs*, pourrait s'intituler *La Mandragore* – comme la pièce de théâtre écrite, presque cinquante ans plus tôt, par Nicolas Machiavel. Une mandragore étale largement, en effet, ses feuilles charnues au premier plan du dessin dont la signification reste, pour les critiques, énigmatique, sinon qu'ils notent l'étrange attitude des personnages qui évoquent plutôt une bande de voleurs que de tranquilles apiculteurs au travail. Pourquoi cette mandragore placée ostensiblement devant nos yeux, au centre du bord inférieur du dessin ? Peut-être Bruegel a-t-il souhaité, en une sorte d'hommage, évoquer l'univers de Machiavel, donnant ainsi une clé pour déchiffrer l'image ? Nous reviendrons longuement sur cette possibilité interprétative. Notons, pour l'instant, que Bruegel a pu, peut-être, durant son séjour en Italie – en 1553-1554 – rencontrer effectivement les œuvres de Machiavel du fait même de la belle notoriété qu'avait donnée, au Grand Florentin, l'écriture et les nombreuses représentations à succès de sa pièce de théâtre, *La Mandragore.* C'est, cependant de l'intérieur même de l'étude des œuvres du peintre, du politique et du philosophe, que nous souhaitons, d'abord, examiner la réalité effective de leur rencontre.

Ce qui relie d'abord, Machiavel, Bruegel et Spinoza, c'est essentiellement un retour à l'usage ou, plus précisément au point de vue de l'expérience ou de la pratique, un retour à partir duquel nous assistons à une reconstitution d'une pensée du commun qui déroge radicalement à l'idéalisme métaphysique. Pour Bruegel, comme déjà pour Machiavel et comme ce sera le cas aussi pour Spinoza, il n'y a pas, dans la Nature, de sens caché des choses. Les trois œuvres, radicalement anti-métaphysiques ou anti-théologiques, affirment qu'il n'y a de sens qu'en fonction de l'usage. Cette affirmation enveloppe, à la fois, une position philosophique et un principe d'interprétation.

Procédons, d'abord, à un petit éclairage rétrospectif à partir de Spinoza. Dans l'article 1 du chapitre I du *Traité politique*, Spinoza explique comment, pour ne pas avoir su concevoir une philosophie qui sort de la *communis vita*[1] – c'est-à-dire une philosophie étayée, précise-t-il, sur l'ordinaire des « passions dont la vie humaine est tourmentée »[2] – les philosophes, au lieu d'une « éthique » ou d'une

1. Suivant l'expression du début du *Traité de la réforme de l'entendement. Communis vita*, qui se trouve dans la première phrase du *Traité*, est traduit par « vie ordinaire » chez Charles Appuhn (Spinoza, *Œuvres*, tome 1, Paris, Garnier-Flammarion, p. 181) Alexandre Koyré (Vrin, 1979, p. 4) ou Roland Caillois (Pléiade, 1954 p. 102) ; mais est aussi traduit par « vie commune » comme chez Bernard Rousset (Vrin, 1992 p. 57) ou Pierre-François Moreau (qui propose sa traduction des onze premiers paragraphes du traité dans *Spinoza. L'expérience et l'éternité*, Paris, P.U.F., 1994, p. 7 *sq.*).

2. Spinoza, *Traité politique* I, 1, trad. É. Saisset, révisée par L. Bove, Paris, Le Livre de Poche, 2002. Dans le chapitre V [19] du *Traité théologico-politique*, Spinoza nomme *communis vivendi modus* (« manière ordinaire de vivre ») la vie déterminée par les passions (il s'agit ici de la vie ordinaire que mènent ceux qui se targuent de posséder quelque faculté supérieure à la Raison et dont la réalité passionnelle d'une vie démontre, au contraire, qu'ils sont « bien en dessous de la Raison »... ; trad. du *Traité théologico-politique* par J. Lagrée et P.-Fr. Moreau, *Œuvres*, tome III, Paris, P.U.F., 1999, p. 234-235.

« politique » qui auraient pu être mises en pratique[1], n'ont jamais su nous donner qu'une « satire » ou une « chimère »[2].

Inversement, poursuit-il, il y a, au contraire, de fait, une pratique « ordinaire » des politiques qui ne peuvent s'emparer du pouvoir et s'y maintenir, qu'en tenant compte de la réalité telle qu'elle est. Les « politiques », écrit, Spinoza,

> ont appris par expérience qu'il y aura des vices tant qu'il y aura des hommes [...] et ils s'efforcent [alors] de prévenir la malice humaine à l'aide de moyens artificiels depuis longtemps indiqués par l'expérience et dont se servent d'ordinaire (*exercere solent*) les hommes que la crainte gouverne plutôt que la raison...[3].

L'habileté des politiques, déterminée par la crainte et l'expérience qu'ils ont du réel des passions humaines, a donc, quant à elle, une effectivité. Mais c'est, sous différentes figures, l'effectivité de la domination... Une effectivité dont les moyens ont été examinés avec précision dans *Le Prince* de Machiavel, et que l'histoire a retenue, non sans contresens, sous le nom de machiavélisme.

Si une politique « ordinaire » est une pratique étayée sur l'expérience des passions humaines et par là même sur les techniques permettant de diriger les âmes ou les conduites des hommes (*con l'astuzia aggirare e cervelli delli uomini*, écrivait Machiavel[4]), l'on doit en premier lieu constater que n'importe quelle politique qui est capable de se prolonger dans le temps est nécessairement une politique de l'ordinaire.

La question que nous aident alors à poser Machiavel comme Bruegel et Spinoza, est moins, « une politique de l'ordinaire est-elle possible ? » – car en vérité il ne peut y avoir, étayées sur l'espoir et la

1. Ce qui est « purement théorique » ce sont des « spéculations qui ne sont d'aucun usage », *Traité théologico-politique*, XX [20], *op. cit.*, p. 624-625 et XVII [1] p. 534-535.
2. *Traité politique*, I, 1.
3. *Ibid.* I, 2.
4. Machiavel, *Le Prince* XVIII [1], *op. cit.*, p. 148-149; « par la ruse, circonvenir les esprits des hommes ».

crainte voire sur la terreur, que des politiques de l'ordinaire – mais plutôt « une politique de l'ordinaire est-elle possible *en dehors de la domination* » ?

Pour aborder, par leurs œuvres, cette question, il nous faut examiner pourquoi les philosophes – dans leur impuissance politique, tels que Spinoza les critique au début de son *Traité politique* – mais aussi les politiques de la domination dans leur effectivité, ont, en réalité, méconnu ce qu'est véritablement « l'ordinaire ».

D'abord les « philosophes » : ils ne nous ont donné, dit Spinoza, au lieu d'une politique, qu'une « satire » ou une « chimère ». Une satire, car, dans la méconnaissance des nécessités immanentes qui régissent la nature humaine – nécessités aussi ordinaires que celles qui régissent les phénomènes de l'atmosphère[1] – les philosophes ont vu dans les « passions » des « vices » dans lesquels les hommes tombent par leur propre faute : « et voilà, explique Spinoza, pourquoi on en rit, on en pleure, on les censure à l'envi »[2].

C'est de ce point de vue – nous l'avons dit – qu'a d'abord été reçue l'œuvre de Pieter Bruegel. Comme chez deux de ses contemporains, Pieter van der Borch et Pieter Balten, à la satire grossière et triviale, la peinture de Bruegel offrait, pensait-on, à la raillerie, une représentation des travers des hommes lorsque ceux-ci, comme chez les plus frustes d'entre eux (c'est-à-dire les paysans), sont exposés au grand jour :

> La nature fit un choix singulièrement heureux le jour où elle alla prendre, parmi les paysans d'un obscur village brabançon, l'humoristique Pierre Brueghel pour en faire le peintre des campagnards[3].

En 1571 déjà, deux ans seulement après la mort du peintre, Domenicus Lampsonius (que cite Van Mander) pouvait écrire :

1. Spinoza, *Traité politique*, I, 4.
2. *Ibid.* I, 1.
3. Karel Van Mander, *Le Livre des peintres* I, *op. cit.*, p. 187.

> À la manière de ton vieux maître [il s'agit de Jérôme Bosch] tu traces les choses plaisantes, bien faites pour faire rire[1]...

D'autres exégètes, inversement (et de manière plus récente) mais il s'agit cependant de l'envers d'une même perspective herméneutique, ont vu chez Bruegel, bien au contraire, un projet moralisateur et d'édification des élites. Nous suivons pour notre part plutôt – dans l'approche d'une œuvre dont on a seulement, depuis le début du XXe siècle, commencé à percevoir l'importance – le jugement d'Abraham Ortelius : *In omnibus eius operibus intelligitur plus semper quam pingitur*[2]...

Après, en effet, les commentaires, devenus classiques, de René van Bastelaer, *Peter Bruegel l'Ancien, son œuvre et son temps* (édité à Bruxelles en 1907), et de Max J. Friedländer, *Von Eyck bis Bruegel* (édité à Berlin en 1916), c'est l'ouvrage de Max Dvorak de 1921, *Pieter Bruegel der Ältere*[3] qui, le premier, engagera une lecture philosophique de l'œuvre dont il souligne essentiellement d'abord le « réalisme pictural et poétique » et sa « vérité vitale reposant sur l'observation de la vie réelle, physique et psychique du peuple »[4]. Bruegel est, pour Dvorak, « le premier grand initiateur de cette orientation réalistique de l'art tournée vers la

1. Dans un poème tiré du *Pictorum aliquot celebrium Germaniae Inferioris effigies* (*Effigies des peintres néerlandais célèbres*), Anvers 1572. Manfred Sellink écrit : « En 1567, dans une description des Pays-Bas, un italien, Ludovico Guicciardini, loue l'œuvre de Bruegel et le présente comme un second Jérôme Bosch. Un an plus tard, un Florentin, Giorgio Vasari, peintre et biographe d'artistes, rapproche également les deux noms. Plus proche géographiquement, un Liégeois, l'humaniste et connaisseur Domenicus Lampsonius, reprend ce lieu commun – Bruegel comme réincarnation de Bosch – dans une ode latine inscrite sous le premier portrait connu du maître (1572). À son tour, Karel van Mander traduit ce poème en néerlandais et traite de la parenté des deux artistes dans sa biographie de Bruegel », *Bruegel, op. cit.*, p. 22.

2. Cf. *supra*, Introduction. Le texte latin de l'*Album Amicorum* d'Abraham Ortelius est donné par R. H. Marijnissen, *Bruegel, op. cit.*, p. 13.

3. M. Dvorak, *Pierre Bruegel l'Ancien*, trad. E. Klaruill, Brionne, Gérard Montfort, 1992.

4. *Ibid.*, p. 24.

vie naturelle »[1]. Sans avancer explicitement la notion d'*immanence* (mais il le fait indirectement) c'est cependant selon cette perspective philosophique immanentiste que Max Dvorak introduit aux œuvres de Bruegel : sa peinture, dit-il, « avait pour but la suppression de la tendance transcendante dans la théologie »[2]. Mais le but ne pouvait s'atteindre, effectivement, que par l'expression de moyens qui mettent en œuvre (ou réalisent) ce qui est recherché. Le critique poursuit, en effet : « Jamais auparavant dans l'histoire de l'art, l'indivisibilité de l'existence naturelle n'a été si profondément sentie ni représentée avec autant de conviction »; les différentes saisons comme toutes les activités de l'homme, « tout cela est un, c'est la nature, c'est le mouvement, c'est le processus de la vie »; Bruegel « voyait dans l'homme un produit de la nature, du sol sur lequel il vit et de certaines conditions de la civilisation »[3]. D'où des œuvres qui expriment la « toute-puissance de la nature, qui seule est la vie »[4]; une nature qui, sur les tableaux de Bruegel, nous est donnée à sentir et à voir comme « indifférente » et « éternelle »[5]... Toutes ces voies de lecture, magistralement ouvertes par Max Dvorak, nous seront précieuses.

Mais revenons, d'abord, à Spinoza et aux « philosophes » qu'il évoque au début de son *Traité politique*. La nécessité intrinsèque de l'ordinaire méconnue, ces philosophes sont, nécessairement eux-mêmes, le jouet de la logique ordinaire des passions et de l'imagination. D'où une production corrélative de « chimères ». Car c'est en célébrant « en mille façons une prétendue nature humaine qui n'existe nulle part »[6], que les philosophes peuvent dénigrer, en effet, la nature « qui existe réellement »[7]; et qu'ils

1. M. Dvorak, *Pierre Bruegel l'Ancien*, *op. cit.*, p. 73.
2. *Ibid.*, p. 23.
3. *Ibid.*, p. 40.
4. *Ibid.*, p. 39.
5. *Ibid.*, p. 56.
6. Spinoza, *Traité politique*, I, 1.
7. *Ibid.*

peuvent, aussi, imaginer une politique qui est seulement « bonne à être appliquée au pays d'Utopie ou du temps de cet âge d'or pour qui l'art des politiques était assurément très superflu »[1]...

De cet âge d'or des utopistes, comme de l'idéal d'une nature humaine qui, en vérité, n'existe nulle part, c'est, déjà, ce dont traitait Bruegel sur ses panneaux peints. Examinons ces deux objets de la critique sur lesquels le peintre et le philosophe se rejoignent. D'abord l'utopie. En peignant *Le Pays de Cocagne*[2], c'est bien d'un âge d'or dont il s'agissait de traiter. Celui où les besoins sont entièrement comblés et où le seigneur, le chevalier, le paysan et le clerc vivent harmonieusement dans l'abondance de biens.
Ce panneau est daté de 1567. Et l'on ne peut pas ne pas penser au contexte historique dans lequel Bruegel a réalisé son tableau et à l'opposition radicale que nous ressentons entre la description idyllique de l'« âge d'or » et la réalité effective des Anciens Pays-Bas alors confrontés au violent délire des passions humaines et à des choix politiques radicaux et répressifs qui conduisent le pays dans la terreur et le chaos de la guerre civile. Le contraste est donc saisissant, entre *Le Pays de Cocagne* et le pays réel, pour nous forcer à penser la signification qu'a voulu communiquer Bruegel à ses observateurs (alors que, dans son atelier de Bruxelles et à peu près dans un même temps, il peint aussi *Le Massacre des innocents* – non daté mais sans doute assez proche – et *La Conversion de Saül*, daté également de 1567). Plusieurs critiques refusent, là encore et catégoriquement, d'inscrire l'œuvre dans son contexte historique en soulignant les liens strictement littéraires du *Pays de Cocagne* avec un récit dont le tableau, remarquent-ils, reprend systématiquement les détails. *Van t'Luye-lecker-landt* est, en effet, une description du Pays de Cocagne qui a été éditée en 1546. Le tableau de Bruegel s'y conforme entièrement en reprenant ses éléments essentiels : les collines de

1. *Ibid.*
2. Huile sur bois, 52 × 78 cm, Munich, Bayerische Staatsgemäldesammlungen, Alte Pinakothek.

bouillie de blé noir qui ne se franchissent qu'en dévorant le sarrasin pour y creuser le tunnel qui conduit au Pays de Cocagne ; les tourtes et les crêpes qui tombent du toit ; la haie tressée de boudins et de saucisses ; les cactus ..... le lac (ou la rivière) de lait, etc. La mise en relation du récit néerlandais et du tableau est sûrement pertinente [1]. Mais la vraie question que pose l'interprétation n'est pourtant pas là. Que Bruegel suive un modèle littéraire qui, lui-même, s'inscrit dans un thème traditionnel que le peintre, comme c'était déjà le cas pour *Elck ou Un Chacun*, ne fait (à sa manière) qu'épouser et que reproduire, nous en convenons volontiers. Mais cela ne nous explique cependant pas pourquoi Bruegel a justement choisi de reprendre ce thème-là, à ce moment historique précis où la situation des Anciens Pays-Bas est au plus haut point critique et au plus loin de l'utopie du pays de Cocagne... Pour « chanter l'éloge de l'abondance et de la bonne chère » alors que le récit néerlandais condamnerait, quant à lui, « la paresse et le vice » [2] ? Cela nous paraît bien insuffisant et peu ajusté, comme enjeu, en cette terrible année 1567. Le tableau a certainement plusieurs significations dont, peut-être, celle – qui a sa logique dans ce difficile contexte – de la nostalgie d'une époque lointaine et heureuse, d'avant l'arrivée des Espagnols... Soit le temps où les Pays-Bas étaient encore intégrés au duché de Bourgogne. Ce qui expliquerait que Bruegel ait peint, sur son panneau, les trois représentants d'un ordre (le seigneur, le paysan et le clerc) qui est, dans cette seconde moitié du XVI e siècle, déjà un ordre du passé, celui de l'ancienne société médiévale. Si cela était son intention, peindre alors cet excès d'heureuse harmonie, non seulement sociale et politique mais aussi « gourmande », celle d'un pays où les tartes tombent du ciel, où la volaille vient d'elle-même se lover dans votre assiette en épousant sa courbure, où le cochon se promène, consentant, avec un couteau déjà sur son dos pour que vous puissiez facilement en découper la couenne, et où

1. Roger H. Marijnissen, *Bruegel*, *op. cit.*, p. 333-334.
2. *Ibid.*

l'œuf vient vers vous sur ses deux petites pattes, empressé d'être mangé, avec son petit couteau (ou sa cuillère)... n'était-ce pas, peut-être aussi, afin de tourner en dérision la nostalgie politique, en tant que telle, d'une époque qui n'avait, en réalité, jamais vraiment existé ainsi? Ne serait-ce pas le moyen amusant et provocateur – mais pourtant très sérieux –, choisi par Bruegel, afin de mettre ses contemporains en garde contre le refuge de l'utopie corrélatif d'une entière soumission des corps mais aussi surtout des esprits? Donc, afin de prévenir, sous la violente pression des évènements, contre la facilité du sommeil de la raison et l'impasse de la nostalgie... Ce serait alors, à la lucidité de la veille, au présent, ainsi qu'à la plus haute vigilance, que Bruegel appellerait son observateur en peignant *Le Pays de Cocagne*.

Examinons, à présent, la question du « modèle » idéal de nature humaine. Un modèle qu'Érasme, dans son *Éloge de la folie* (publié en 1511), attribuait à Sénèque qui, dit-il,

> défend au sage toute espèce de passion. Mais, ce faisant, il supprime l'homme même; il fabrique un démiurge, un nouveau dieu, qui n'existe nulle part et jamais n'existera; disons mieux, il modèle une statue de marbre, privée d'intelligence et de tout sentiment humain [1].

L'idée d'un modèle idéal que nous pourrions, comme l'avait enseigné Platon et les Stoïciens, placer devant nos yeux comme un tableau de la perfection humaine, a été, bien sûr aussi, une idée d'artiste et particulièrement, de manière exemplaire, comme le note Vasari dans ses *Vies*, l'idéal de l'œuvre de Michel-Ange (l'artiste platonicien par excellence [2]). Bruegel, qui a certainement lu Érasme, connaît aussi parfaitement et pratiquement cette problématique de l'art. Quand Bruegel est en Italie, Michel-Ange a déjà réalisé le

1. Érasme, *Éloge de la folie*, trad. P. de Nolhac, Paris, GF-Flammarion, 1964, chap. XXX, p. 38.
2. Comme l'écrit Erwin Panofsky, « le seul platonicien authentique parmi la foule d'artistes qu'influença le néoplatonisme », *Essais d'iconologie*, *op. cit.*, p. 264.

Jugement dernier de la Chapelle Sixtine et il travaille à la construction de la basilique Saint-Pierre. Bruegel, qui a peut-être déjà rencontré l'œuvre de Vasari, *Le Vite de più eccelenti pittori, scultori e archittettori* (publiée en toscan, à Florence, en 1550), a donc pu directement admirer les fresques de Michel-Ange à Rome. Il connaît donc sans doute, en pratique, et sur le plan même de la théorie, ces idées-forces qui sont alors dominantes. Il a pu étudier, aussi, Vitruve dont son Maître Pieter Coecke avait traduit en flamand et en français le quatrième livre des *Règles d'architecture* publié en 1539 (comme Pieter Coecke avait traduit aussi les premiers *Écrits sur l'architecture* de Sebastiano Serlio, publiés en 1549) [1]. Même si le croquis d'étude des proportions du corps humain, que réalise Léonard de Vinci, à la fin du XVe siècle, à partir du texte du début du livre III du *De Architectura* de Vitruve, n'a sans doute pas pour vocation, aux yeux du maître, de définir un idéal ou un absolu (Léonard corrige d'ailleurs le texte de Vitruve pour pouvoir le représenter), c'est bien cependant un véritable modèle géométrique du corps humain, une norme donc, dont l'homme vitruvien traçait les lignes du canon. Comme l'écrit Jacques Darriulat,

> En cette fin du quinzième siècle, on cherche avec passion à percer les secrets de la "divine proportion" de l'art des anciens Grecs ; on le chercherait moins si le sentiment de la faute ne dépravait la modernité [2].

Bruegel connaît, de plus, le style explicitement italianisant de son contemporain et rival, Frans Floris auquel il se trouvait directement confronté. Floris prétend, en effet (comme il le fait dans son

1. Karel Van Mander, qui nous donne ces informations, nous apprend aussi que Pieter Coecke écrit lui-même des « livres d'architecture, de géométrie et de perspective », en 1549 ; et que ses livres d'architecture seront publiés, par sa veuve, Maeyken Verhulst, en 1553 ; K. Van Mander, *Le Livres des peintres* I, *op. cit.*, p. 105.

2. J. Darriulat, *Métaphores du regard. Essai sur la formation des images en Europe depuis Giotto*, Paris, Éditions de La Lagune, 1993, p. 248.

tableau *Le Festin des dieux de la mer*, de 1561)[1], peindre la beauté antique de corps idéaux... Et c'est ainsi, là encore, directement et explicitement, des personnages du *Jugement dernier* de Michel-Ange – que Floris a pu, lui-même, admirer à la Chapelle Sixtine lors de son voyage en Italie (dans les années 1541-1546) – que s'inspirent les corps des personnages d'anges et de démons de son tableau de 1554, *La Chute des anges rebelles*[2]. Or, ce sera dans une opposition diamétrale au style italianisant de Frans Floris que Bruegel reprendra, quelques années plus tard, en 1562 (quant à lui dans une filiation boschienne) le thème de *La Chute des anges rebelles*[3]. Nous y reviendrons. Mais, disons, d'ores et déjà, que l'ensemble de ces éléments conduisent à penser que Bruegel connaît parfaitement le débat autour du « modèle », débat dont il est donc partie prenante. On peut remarquer, en effet, la véritable *distorsion* que, dans *L'Adoration des Mages* de 1564, Bruegel fait subir à la Vierge et à l'Enfant Jésus dans une reprise, très personnelle, du modèle d'une *Vierge à l'Enfant* de Michel-Ange (sculptée entre 1498 et 1501), qu'il avait sans doute pu étudier à l'Église Notre-Dame de Bruges. Tout en gardant les mêmes gestes – la Vierge assise tient, de sa main gauche, la main droite de l'Enfant Jésus –, les personnages sacrés passent pourtant, avec Bruegel, d'une posture idéale, hautaine et majestueuse, à l'attitude pleine de simplicité, réaliste et un peu désordonnée (le voile tombant sur les yeux de la Vierge...) d'une jeune mère qui tente, avec maladresse, de maîtriser son bébé – pas très beau... – qui se tortille en grimaçant pour

1. Huile sur bois, 126 × 226 cm, Stockholm, National Museum. Cette œuvre appartint au mécène commun de Floris et de Bruegel, Nicolaes Jongelinck.
2. Huile sur bois, 303 × 220 cm. Anvers, Koninkliijk Museum voor Schone Kunsten.
3. « Le peintre anversois Frans Floris (1519/1520-1570) fut probablement le rival artistique le plus redoutable de Bruegel durant les vingt ans où tous deux furent en activité ». Comme Bruegel, Floris fournit également à l'entreprise « Aux Quatre Vents » de Jérôme Cock des illustrations et des peintures à partir desquelles seront reproduites de nombreuses gravures. Frans Floris réalisa quatre-vingt-sept planches pour les « Quatre Vents », Bruegel soixante quatre. L. Silver, *Bruegel*, « Jérôme Cock, L'imprimeur-éditeur de Bruegel », *op. cit.*, p. 71-73 et 77.

échapper à la présence et au regard du vieillard (un des trois rois Mages : il s'agit de Balthasar) qui vient, de manière un peu trop inquisitrice, lui rendre hommage tout en voulant vérifier l'entièreté de l'« humanation » divine[1]. Dans *Le Dénicheur*, Bruegel pourrait même avoir parodié, dans l'attitude d'un paysan à l'allure lourde et empruntée, la manière dont Michel-Ange a peint le bas du corps du Christ dans le *Jugement dernier*[2] ! Par ces tableaux – comme par l'ensemble de son œuvre – Bruegel participe donc activement de la « réaction fondamentale contre l'idéalisme des formes de la Renaissance à son apogée »[3].

Après ces quelques remarques sur le rapport de Bruegel à l'idéalisme de l'humanisme renaissant et en faisant retour sur les réflexions de Spinoza, nous retiendrons donc que les *philosophes* que critique l'auteur du *Traité politique*[4], de même que les *peintres* (essentiellement ceux de la Renaissance italienne, et le beaucoup moins prestigieux, Frans Floris, contemporain de Bruegel), ont en vérité méconnu la réalité effective et positive de l'ordinaire en appréhendant celui-ci du haut de la norme (ou du modèle idéal) d'une nature humaine fictive. Ils ont donc appréhendé l'ordinaire sous la forme d'une nature dénaturée, périssante et corrompue, c'est-à-dire marquée par les « vices » dont les hommes porteraient l'entière responsabilité (selon la croyance en l'existence extra-ordinaire du libre-arbitre dont l'homme, depuis Adam, a fait un mauvais usage). Spinoza dénonçait cette illusion qui porte à

1. Le terme d'« humanation » est de Léo Steinberg dans son ouvrage *La Sexualité du Christ dans l'art de la Renaissance et son refoulement moderne* (Paris, Gallimard, 1987), dont Daniel Arasse cite les pages 89-90 qui traitent de *L'Adoration des Mages* de Bruegel, dans *On n'y voit rien. Descriptions*, « Un œil noir », Paris, Denoël 2000, p. 57-94.

2. J. Müller, *Das Paradox als Bildform : Studien zur Ikonologie Pieter Bruegel*, *op. cit.*, p. 82-89.

3. M. Dvorak, *Pierre Bruegel l'Ancien*, *op. cit.*, p. 10.

4. Ce sont *tous* les philosophes, à l'exception des matérialistes de l'Antiquité que Spinoza critique. *Cf.* lettre 56 à Hugo Boxel, édition Ch. Appuhn, Spinoza, *Œuvres*, Paris, Garnier-Flammarion, tome 4, p. 300.

croire que l'homme est « un empire dans un empire »[1]. C'est ce que fait déjà aussi Bruegel qui, dans *Le Pays de Cocagne*, insiste sur la dimension naturelle de l'homme comme être-de-besoins. Que l'on soit, en effet, comme sur le tableau, seigneur, chevalier, lettré ou paysan, la logique du besoin inscrit tous les hommes dans l'ordre de la nature ; un ordre ordinaire et également commun aux plantes, aux animaux et aux hommes. Et il en est de même pour les passions… Du point de vue du modèle, les passions humaines seront nécessairement méconnues dans leur nature, seulement imaginées comme des défauts ou comme des monstruosités (qu'il faut réprimer ou manipuler), quand il s'agit, au contraire, de les concevoir comme des puissances ou des perfections, c'est-à-dire les propriétés ordinaires de la nature humaine. Et cela, de la même manière que « dépendent de la nature de l'air, le chaud, le froid, les tempêtes, le tonnerre et autres phénomènes de cette espèce »[2], phénomènes qui sont, de ce point de vue, aussi parfaits qu'ils peuvent l'être. Des passions aux besoins, Bruegel n'hésite pas à peindre, avec la même dignité que d'autres activités jugées plus nobles, les actions les plus naturellement animales des hommes : se nourrir, uriner, déféquer. Il le fait, pour ces deux dernières, avec discrétion, mais en soulignant fortement que les besoins du corps ne sont pas moins dignes d'être représentés que ceux de l'esprit. D'ailleurs, que Bruegel considère ces actes ordinaires de la vie quotidienne,

> dignes d'être peints, voilà qui le différentie de presque tous ses contemporains, en particulier des Italiens et de leurs adeptes, les romanistes. Les Italiens et les romanistes soulignent ce qui distingue l'être humain de l'animal et du végétal. Bruegel souligne au contraire ce qu'ils ont en commun ; ce que l'homme tient encore de la nature, de la créature[3].

1. *Imperium in imperio*, *cf.* le début de la préface de la partie III de l'*Éthique ; Traité politique*, II, 6 ; et *Traité théologico-politique* XVII [29], *op. cit.*, p. 582-583.
2. Spinoza, *Traité politique*, I, 4.
3. R.-M. et R. Hagen, *Pieter Bruegel l'Ancien*, *op. cit.*, p. 74.

Così fatti : les hommes sont « ainsi faits », écrivait déjà Machiavel[1] ; avant tout des corps, des besoins, des désirs, des affects, des imaginations… une activité multiple, une force, une persévérance, une *virtù*, que Bruegel a déclinées sur ses toiles dans la diversité de ses « perfections ».

La thèse ontologique de l'immanence et de la double identité du droit et de la puissance, ainsi que de la puissance et de la perfection, que l'œuvre de Spinoza développera un siècle plus tard, les personnages de Bruegel l'exposent donc, absolument déjà, en acte, sous nos yeux. Comme l'écrit Daniel Dobbels,

> ce qui est né, l'est absolument. Pour Brueghel, rien ne peut en infirmer l'existence et la puissance, que celle-ci soit obtuse, close, butée ou inébranlable, infiniment blessée ou estropiée, amputée, ou même détruite par la vie et par la mort. Aucune forme, aucun personnage ne mendie plus qu'il n'a. Ou, plus justement, aucune victime, chez Brueghel, ne se plaint du sort qui lui fut donné, même si elle refuse et récuse le destin qu'une autre puissance voudrait lui imposer de surcroît. Avoir survécu à sa naissance lui donne tous les droits (le peintre ne cesse de les reconnaître)[2]…

1. *Le Prince* XV [6], *op. cit.*, p. 198-199. *Cf.* aussi Spinoza, *TTP* XX [11], *op. cit.*, p. 645 : « Les hommes sont ainsi faits » (J. Lagrée et P.-Fr. Moreau signalent, p. 784 note 20, que l'expression vient de Térence, *Heautontimoroumenos*, v. 503 : *Ita comparatam esse hominum naturam omnium)*. On retrouve l'expression dans un beau commentaire de Daniel Dobbels (qui s'appuie sur des formules de *Théorie de l'art Moderne de* Paul Klee, plusieurs fois cité) : « Grande intériorité du tableau chez Brueghel. Bien plus effective qu'un cadre car ce qui y germe pousse juste et s'y déploie sobrement (même si c'est de monstruosité qu'il s'agit). Morts ou vifs, simples ou complexes, purs ou hybrides, les êtres et les choses qui peuplent les œuvres de Brueghel ne détonnent pas. Qu'ils pètent, rotent, baîllent, étranglent ou tuent, qu'ils dorment les jambes écartées ou se tiennent en équilibre sur une tour, la tête en bas, avec un corps de grenouille, tandis qu'un incendie ravage le ciel… jamais l'excès qu'ils incarnent ne verse dans l'infini (dans une éternelle et perpétuelle malédiction). Ils sont juste "un peu plus que l'ordinaire" (Klee) ; intérieurement extraordinaires. Sans plus. Et Brueghel les peint pour ce qu'ils sont : non pas des "morts ou des êtres non nés" (Klee), mais nés ainsi et *ainsi faits* », *Brueghel*, *op. cit.*, p. 82 (c'est nous qui soulignons).
2. D. Dobbels, *Brueghel*, *op. cit.*, p. 125.

Un droit de vivre qui est un droit à l'affirmation singulière (même triviale) de ses besoins et de ses désirs. Ainsi des personnages de *La Danse de la mariée* (de 1566), comme de *La Danse des paysans* (de 1568), « qui semblent être la suprême négation de l'idée classique de la grâce dans ses transformations antiques, gothiques et humanistes »[1], mais qui sont cependant totalement là, absolument présents, sans défauts, rayonnants, puissants, consistants, insistants, *dansants*… Comme aussi *Les Mendiants* culs-de-jatte du tableau du Louvre, également de 1568, à qui une femme, qui s'éloigne d'eux, vient sans doute de porter à manger dans une toute petite gamelle, comme à des bêtes, et qui s'agitent, hébétés, sur leurs prothèses en une sorte de danse dans la plénitude de leur puissance et de leur perfection[2].

Du modèle idéal que les philosophes – de Platon et Aristote, à la Renaissance – ont déclaré être une forme essentielle ou substantielle, Bruegel, tranquillement, affirme donc, quant à lui, qu'il ne s'agit là que d'*imagination*… Ou de « folie », comme l'a écrit Érasme[3]. Mais une folie ou une imagination qui n'est pas sans *effets*. Des effets qui constituent le réel de l'ordre des choses… Car l'imagination du « modèle » est au principe de toutes les violences de la domination sur la réalité humaine (violences religieuses et politiques). De la violence brutale de la tyrannie à celle de la compassion. La femme du petit panneau *Les Mendiants*, qui s'en retourne – aveugle à ce que nous-mêmes voyons du tableau –, agit, sans doute, envers ces déshérités, conduite par le devoir de charité

1. M. Dvorak, *Pierre Bruegel l'Ancien*, *op. cit.*, p. 64.

2. Daniel Dobbels, qui est critique d'art mais aussi – quand il écrit son *Brueghel* –, danseur et chorégraphe de la compagnie Arcor, note, avec l'acuité du praticien, qu'il y a chez ces mendiants un « pouvoir de chorégraphier le désordre qui les agite », *op. cit.*, p. 129 ; un « pouvoir » qui est celui-là même de la création.

3. L'*Éloge de la folie* est très sévère pour Socrate. C'est ainsi qu'Érasme écrit : « Tandis qu'il philosophait sur des idées et des nuées, mesurait mathématiquement les pattes de la puce, observait le bourdonnement du moucheron, il n'a rien compris à l'ordinaire de l'existence », *op. cit.*, chap. XXIV, p. 33.

d'une bonne chrétienne… Pourtant les personnages de Bruegel n'appellent à aucune compassion. Ils sont entièrement adéquats, présents à eux-mêmes, parfaits en leur genre. Comme les enfants qui jouent, les mendiants l'affirment (et s'affirment) puissamment, fièrement, durement : absolument parlant, ils ne manquent de rien, ils n'attendent rien… surtout pas la charité[1]. L'*existence* qu'ils affirment résiste avec une joie puissante à ces misères.

L'accès à la vérité de l'ordinaire sur laquelle il faut alors savoir faire retour, pour recommencer à penser, nécessite ainsi : *premièrement*, de se départir radicalement de l'ordinaire des formes imaginatives de la pensée philosophico-théologique et des désirs qui déterminent les « philosophes » et les « peintres » à voir « les hommes non tels qu'ils sont mais tels qu'ils voudraient qu'ils fussent »[2]; *deuxièmement*, de connaître adéquatement l'imagination elle-même, dans ses effets de servitude et comme technique de domination théologico-politique. Mais aussi de connaître l'imagination dans sa perfection propre, sa puissance créatrice[3] et ses effets possibles d'émancipation de la pensée et de la vie… C'est le projet même que s'est donné Bruegel. C'est, du moins, ce que sa peinture et ses dessins vont, en actes, réaliser.

1. De ces *Mendiants*, Charles de Tolnay remarquait déjà « leur air de santé » qui étonne; « Ils ne paraissent pas souffrir d'une véritable infirmité mais appartenir à une classe inconnue de quadrupèdes dont les cannes et les béquilles sont les membres naturels : au centre une béquille s'élargit comme un os et se termine comme une véritable chaussure de cuir »… Mais c'était pour dénoncer, dans les mendiants, des « hypocrites », à la différence de la « femme en loques » qui, selon De Tolnay, « seule souffre d'une pauvreté sincère » … *Pierre Bruegel l'Ancien*, *op. cit.*, p. 48.
2. Spinoza, *Traité politique*, I, 1.
3. C'est ainsi qu'Érasme écrivait déjà que des folies imaginatives : « sont nés les hauts faits des héros que tant de pages brillantes portent aux nues; elles engendrent les cités, maintiennent les empires, les magistratures, la religion, les desseins et les jugements des hommes », *Éloge de la folie*, *op. cit.*, chap. XXVII, p. 35.

la verità effettuale della cosa

Bruegel a fait (de 1552/53 à 1554 ou 1555) le voyage en Italie, jusqu'en Sicile[1]. Nous savons cela car il a peint, à son retour à Anvers, sans doute d'après croquis, une *Vue de Reggio di Calabria* (vers 1560)[2]; et qu'il a dessiné, aussi, une *Bataille navale dans le détroit de Messine*, dont le dessin est perdu mais dont on connaît la gravure de Frans Huys (burin et eau-forte, de 1561). Bruegel a donc connu, rencontré et traversé (particulièrement à Rome où il a séjourné les années 1553 et 1554) l'idéalisme de l'humanisme renaissant. Avec une certaine indifférence sur son propre projet artistique, si l'on en juge *a posteriori* par l'absence d'effets sur sa peinture[3]. Il faut, sur cette question, longuement citer Pierre Francastel qui fait le point avec précision :

> Il est remarquable de noter, dit-il, qu'il [Bruegel] n'a enregistré – ou du moins élaboré – aucun souvenir tiré des monuments de Rome ou des grandes cités renaissantes. Ni l'Italie antique, ni la moderne ne l'ont marqué. Le fait n'est pas unique : rappelons-nous le cas de Dürer, plus sensible, lui aussi, au passage des Alpes qu'aux ruines. D'Italie, Bruegel ne rapporte ni la hantise de l'histoire ni celle du nu. Il est en dehors de l'humanisme[4].

Francastel souligne pourtant les nombreux contacts de Bruegel avec les milieux liés à la culture classique européenne :

1. Voyage effectué, au moins en partie, avec deux compagnons d'âge équivalent, le peintre et dessinateur Maarten de Vos et le sculpteur Jacob Jongelinck (signalé par Manfred Sellink, *Bruegel*, *op. cit.*, p. 13).
2. Plume et encre brune (pinceau et encres brune et grise par une autre main), 15,4 × 24,1 cm, Museum Boijmans Van Beuningen, Rotterdam.
3. Nous parlons de l'absence d'effets de *l'idéalisme* renaissant précisément, et non pas de l'absence d'effets sur la création ultérieure, en général, des œuvres alors rencontrées. C'est ainsi, nous l'avons déjà noté, que les historiens de l'art signalent, dans plusieurs tableaux et dessins de Bruegel des années bruxelloises, 1564-1568, dans lesquels apparaissent en premier plan des personnages aux dimensions monumentales, une référence aux artistes italiens de la première moitié du XVIe siècle tels que Raphaël, Michel-Ange, Giulo Romano et/ou de leurs suiveurs.
4. P. Francastel, *Bruegel*, *op. cit.*, p. 36.

> À Bologne, il a connu un certain docteur Scipio Fabius, géographe, qui préparait des matériaux pour l'établissement d'une carte de l'Égypte destinée au grand atlas d'Abraham Ortelius d'Anvers. Ce Fabius s'informait encore de lui dix ans après son passage. À Rome nous connaissons ses relations avec Giulio Clovio, "le prince des miniaturistes", venu à Rome avec le cardinal Farnèse de Florence en 1553, puis favori du cardinal Grimani et de Cosme de Médicis, et qui fut l'amateur, le collectionneur et le copiste enthousiaste des dessins de Michel-Ange. Plus tard à Anvers, Bruegel deviendra l'ami d'Ortelius le plus grand géographe du temps, et il pénètrera avec lui dans un milieu libertin.

Cependant, le double reflet de Bruegel, de la Rome papale et de la Rome antique, range délibérément le peintre, selon Francastel, dans les rangs des « modernes ».

> Ainsi, l'extrême intérêt qu'il porte au paysage n'est-il nullement l'effet d'un hasard, c'est un refus. La contrepartie en est logiquement l'extrême intérêt porté au monde naturel. Bruegel se range, si l'on veut, dans la catégorie des néo-aristotéliciens incarnés par ce jeune homme aux yeux levés sur le monde qui figure, dans le célèbre tableau des Philosophes de Giorgione, à côté du platonicien mystique et du vieil aristotélicien rationaliste. Il se classe dans la catégorie des empiristes, observateurs de l'univers et fauteurs d'hérésies [1].

De ce voyage italien, riche en expériences et en rencontres, nous suggèrerons, quant à nous, que Bruegel a ramené, de fait, une leçon qui, en ces temps précis, peut être qualifiée de *machiavélienne* : celle du primat de l'expérience et des évènements sur la forme ; du multiple sur l'Un ; de la pratique sur ce qui devrait se faire en théorie. Max Dvorak a été le premier à insister sur ces différents points en soulignant, d'abord, mais implicitement, la filiation machiavélienne :

> L'important chez Bruegel c'est l'observation et la description des manifestations de la vie. C'est en elles qu'il cherche et qu'il trouve

1. P. Francastel, *Bruegel*, *op. cit.*, p. 36.

> le grotesque et l'étrange. Il lui importe peu de montrer les hommes tels qu'ils devraient être. Au contraire il les dépeints, violemment et humoristiquement, tels qu'ils sont en réalité, avec leurs défauts, leurs passions et leurs travers, laissant au spectateur le soin d'en tirer la morale [1].

Dvorak insiste, ensuite, sur un Bruegel qui « nous montre la vie telle qu'elle est, comme un fragment déterminé de son inépuisable variété, rebelle à toutes les normes abstraites » [2].

Le retour à ce que nous pouvons nommer l'ordinaire bruegelien, c'est donc un retour nominaliste aux choses et aux hommes tels qu'ils sont : tels qu'ils sont dans leurs besoins, dans leurs passions mais aussi dans leurs activités puissantes, dans et sur la nature des choses [3]. Sur les tableaux de Bruegel, le « réalisme » flamand des grands maîtres du siècle passé, Robert Campin, Van Eyck et Van der Weyden, rencontre le réalisme anthropologique du Grand Florentin. Et c'est, dans le creuset italien, que s'est, sans doute, jouée l'alchimie d'une telle rencontre.

Car l'impératif méthodologique du retour aux choses et aux hommes tels qu'ils sont est, bien sûr, celui, central, du chapitre XV du *Prince*, quand Machiavel, avant d'écrire que « beaucoup se sont imaginés républiques et principats dont on n'a jamais vu ni su qu'ils existaient vraiment », a posé que, pour mener à bien son entreprise, il lui apparaissait « plus convenable de suivre la vérité effective de la chose que l'image qu'on en a ». L'« ordinaire » comme *verità effettuale della cosa*, c'est ce qui réunit Bruegel, Machiavel et aussi Spinoza. Il est temps, à présent, de préciser l'expression machiavélienne – la « vérité effective de la chose » – dont nous avons fait, déjà, amplement usage.

1. M. Dvorak, *Pierre Bruegel l'Ancien*, *op. cit.*, p. 18.
2. *Ibid.*, p. 30.
3. *Nominalisme* : « la nouvelle mission de l'art était dans la description des contingences naturelles de la vie », M. Dvorak, *Pierre Bruegel l'Ancien*, *op. cit.*, p. 36.

Dans cette formulation, il y a, à la fois, le *fait* et l'*effet*.

– *D'abord le fait.* C'est l'idée d'un retour à la chose même telle qu'elle peut être perçue en deçà de l'idée imaginative que détermine nécessairement le désir passionnel. *Si trova questo nell'ordine delle cose* : « c'est ainsi dans l'ordre des choses », écrit Machiavel[1]. Il y a là une vérité du fait qui peut être perçue aussi bien par les yeux de l'âme que par ceux du corps; donc une vérité qui est aussi une vérité de fait, issue de l'expérience. Et c'est toujours de l'expérience que partira Bruegel même quand c'est pour nous conduire vers les plus hautes visées de l'esprit.

« *Vois mon fils*[2], je le sais depuis longtemps, les gros poissons mangent les petits ». C'est, sur l'estampe produite à partir d'un dessin, daté de 1556, la légende mise dans la bouche d'un homme faisant la leçon à son fils face au spectacle de cette vérité[3]. Sur fond de la ville d'Anvers, on voit un immense poisson éventré dont s'échappent d'autres poissons tenant eux aussi, dans leur gueule, des poissons plus petits... Le gros poisson est découpé par un tout petit homme dont le visage est masqué par un casque militaire et dont l'immense couteau, beaucoup plus grand que lui, porte sur la lame, en incrustation, une figure récurrente dans l'œuvre de Bruegel, celle du globe impérial[4] : le globe terrestre serti d'une couronne d'or surmonté d'une croix qui symbolise, *de fait*, la domination du monde des Habsbourg via l'Empire romain-germanique et

1. *Le Prince* XXI [24], *op. cit.*, p. 186-187.
2. C'est nous qui soulignons.
3. *Les Gros poissons mangent les petits*, plume et pinceau, encres brune et gris brun, Graphische Sammlung Albertina, Vienne.
4. Nous avons recensé onze occurrences de cet important symbole qui est présent des commencements à la fin de l'œuvre : *Les Gros poissons mangent les petits* (1556) ; *La Colère* (1557) ; *L'Avarice* (1558) ; *Elck ou Un Chacun* (1558) ; le globe est quatre fois représenté dans *Les Proverbes* (de 1559) ; on le retrouve au-dessus du théâtre dans *La Tempérance* (1560), puis sur une gravure sur bois, *Le Sauvage*, dont on n'a pas l'original mais qui est signée par Bruegel (1566) ; enfin dans le tableau, *Le Misanthrope* (de 1568, qui est la dernière année de production de Bruegel). Sur la symbolique générale et l'histoire de l'orbe crucifère, cf. *Le Globe et son image*, Catherine Hofmann, exposition, Bibliothèque Nationale de France, 13 avril-27 mai 1995, catalogue, Paris 1995.

l'Espagne… Une domination qui, en cette année 1556 dans les Flandres, se manifeste par l'arrivée de l'Inquisition et la mise en œuvre des Édits d'hérésie[1].

Nous avons déjà rencontré le symbole du globe dans *Elck ou Un Chacun*. C'est aussi ce même symbole de l'écrasement et de l'exploitation des hommes que l'on trouvera dans une inscription minuscule, sur les ciseaux de *L'Avarice*[2] qui découpent impitoyablement des individus nus, sans défense (une gravure au burin, de 1558, de la série des *Sept péchés capitaux*). Ces ciseaux – ou forces – sont un outil de berger servant à tondre les moutons… On retrouvera le même immense couteau des *Gros poissons mangent les petits* porté encore par deux militaires (avec les mêmes casques qui cachent leurs visages) dans le dessin de *La Colère* de 1557[3]. Dans

1. Entre 1556 (fin du règne de Charles Quint, suite à la signature de la Paix d'Augsbourg qui accorde aux protestants le droit d'exercer la religion luthérienne sous le règne d'un prince de même croyance – c'est l'adoption du principe *cujus regio, ejus religio*) et 1569 (année de la mort de Bruegel), le Saint Empire romain-germanique qui englobe les Anciens Pays-Bas (alors sous la tutelle de l'Espagne catholique de Philippe II), est dominé par la dynastie des Habsbourg. Alors que son fils, Philippe II, lui succède en Espagne, le frère de Charles Quint, Ferdinand Ier, règne sur l'Empire, divisé entre catholiques et protestants, jusqu'en 1564 ; Maximilien II, son fils, lui succèdera. Les Habsbourg ont pour armoirie l'aigle impérial à deux têtes. Cet emblème, plusieurs fois représenté sur les tableaux de Bruegel, peut être tenu – en tant que signe hégémonique – pour l'équivalent du globe terrestre surmonté d'une croix (même si la signification théologico-politique de ce dernier symbole est, chez Bruegel, beaucoup plus large). Le petit-fils de Charles Quint, l'Empereur Rodolphe II (qui succède en 1576 à son père Maximilien II), possédait plusieurs œuvres de Pieter Bruegel. C'est sans doute lui qui fit effacer sur *Le Massacre des innocents*, l'aigle bicéphale que Bruegel avait peint sur le vêtement (un tabard) du personnage au cheval blanc et au chapeau rouge empanaché, entouré de plusieurs paysans qui l'implorent (en vain) d'arrêter la tuerie (au nom, peut-être, de l'*esprit de tolérance* qui avait présidé à la Paix d'Augsbourg… mais c'était aussi le principe de l'unité religieuse du peuple et du prince qui justifiait la répression des hérétiques) ; comme Rodolphe II a fait aussi disparaître, sur la bannière rouge du groupe de cavaliers au centre du tableau, « les cinq croix d'or de Jérusalem, symbole de la Terre sainte mais également du désir d'extension territoriale des empereurs » ; *cf.* à propos de ces suppressions, L. Silver, *Bruegel*, *op. cit.*, p. 280.

2. Plume et encre gris brun, 22,8 × 29,8 cm, The British Museum, Londres.

3. Plume et encre brune, 22,8 × 30,1 cm, Galleria degli Uffizi, Florence, Gabinetto Designi e Stampe.

ce dessin, le globe terrestre, serti d'une couronne surmontée d'une croix, ne se trouve pas sur le couteau mais sur un étendard agité par des monstres belliqueux, derrière une effrayante machine de guerre. L'orbe crucifère – qui, en lui-même, dans la symbolique chrétienne, n'exprimait, d'abord, rien d'autre que l'univers sur lequel règne la Toute-Puissance divine – a été, dans les Pays-Bas de Bruegel, politiquement marqué par la violente domination de l'Empire des Habsbourg. Si bien que ce signe, sans doute trop significatif et reconnaissable (et finalement jugé politiquement dangereux associé aux monstres belliqueux du dessin), a été supprimé par l'imprimeur lors de la réalisation de la gravure… Une autre censure est aussi, en ce sens, à signaler : dans le dessin de *La Luxure*, de 1557 [1], l'homme adultère qui chevauche un monstre, porte une mitre d'évêque sur la tête. Dans la gravure de 1558, cet attribut disparaîtra… On remarque, de même, que sur le dessin *La Patience* – et ce sera encore le cas sur la gravure datée de 1557 [2] – plusieurs détails sont tournés contre le pape et l'Église catholique. Or ces détails vont disparaître aussi dans la seconde édition de l'estampe : particulièrement les armes du pape (les deux clés croisées sur le chapeau du cardinal) et la représentation de moines s'adonnant à la boisson, à la luxure ou à la violence (qui ont été transformés en des personnages portant des bonnets de fous) [3]… À quelles dates précises, après la conception des deux dessins de 1556 – *Les Gros poissons mangent les petits* et *L'Avarice* – et des dessins de 1557 – *La Luxure* et *La Patience* – ces suppressions ou ces modifications ont-elles été effectuées sur la plaque du graveur ? Nous ne le savons pas précisément. Sauf que ces modifications n'ont pu, à l'évidence, s'imposer que du fait de plus violentes pressions de la part des autorités politiques sur la liberté

1. Plume et encre gris brun, 22,5 × 29,6 cm, Bibliothèque royale de Belgique, Bruxelles, Cabinet des estampes.
2. Le dessin original est perdu. L'estampe de Pieter van der Heyden est gravée au burin ; 34 × 43,4 cm.
3. L. Silver, *Bruegel*, *op. cit.*, p. 159-160.

des artistes et des imprimeurs. Les gibets pour les contestataires et les hérétiques ne sont jamais loin…

Revenons aux *Gros poissons mangent les petits*. Sur ce dessin, des poissons sont pendus aux branches d'un arbre; comme, par ailleurs, dans beaucoup d'autres dessins et tableaux de Bruegel, les hommes sont, de la même manière, suspendus aux gibets… Le rapport de force ou la guerre – avec l'homme « armé jusqu'aux dents » (selon un proverbe illustré dans le tableau *Les Proverbes*) – est bien, pour Bruegel, la grille d'intelligibilité machiavélienne du réel et/ou la vérité effective et ses effets destructeurs, qu'impose « l'homme au couteau entre les dents » (que l'on retrouve plusieurs fois représenté dans l'œuvre et ce dès *Les Gros poissons mangent les petits* – et dans *La Patience* de 1557 où c'est l'homme au chapeau de cardinal sur lequel sont inscrites les armes du pape qui a lui-même le couteau entre les dents!). Et, nous savons que, de fait, ce n'est que sous l'effet libérateur de sa lanterne, qu'Elck pourra s'émanciper et s'extraire de l'imaginaire-réel théologico-politique du globe, et le traiter « par-dessous-la-jambe », pour pouvoir partir enquêter, ensuite, sur la réalité effective des choses… De l'exemple, pris sur le vif, d'un père enseignant à son fils « comment les choses se passent dans le monde… », à l'expérimentation de la lanterne, jusqu'au libre exercice de la raison que suscitent et requièrent les tableaux et les dessins de Bruegel, la leçon est constante : c'est la vérité du *fait* ou la réalité effective des choses qui doit pouvoir être *touchée avec les yeux*; parce que c'est, par les yeux, que les hommes sont le plus intensément *affectés*; que ces yeux soient ceux du corps ou ceux de l'âme… ou bien, comme le présuppose l'acte de peindre chez Pieter Bruegel, par les yeux du corps *et* de l'âme. Car il y a un type d'« expérience » qui peut s'accompagner « d'une intelligence claire et distincte des faits », une expérience qui peut « toucher l'entendement », comme le dira plus tard Spinoza [1]. Et c'est ce que nous enseignent déjà les œuvres de Bruegel.

1. Spinoza, *TTP* V [14], *op. cit.*, p. 227-229 et aussi *TTP* XVII [1] p. 537.

Des *Gros poissons mangent les petits*, Spinoza donnera un commentaire philosophique (en dehors, précisons-le, du dessin de Bruegel qu'il ne connaît sans doute pas). Spinoza qui appréciait, paraît-il, d'après son biographe Colérus, de voir les araignées se battre ensemble ou dévorer les mouches prises dans le piège tendu de leurs toiles [1], pose, dans le chapitre XVI de son *Traité théologico-politique*, l'identité du fait et du droit – comme puissance – sur fond ontologique d'une affirmation absolument infinie de la puissance immanente de Dieu ou de la Nature (ici identifiés, selon une radicalisation de la problématique de l'immanence dont nous suivrons bientôt l'histoire; une histoire qui, du théologien Nicolas de Cues à Spinoza passe *aussi*, par les peintures de Pieter Bruegel).
La vérité du droit, enseigne Spinoza, n'est rien d'autre que la vérité effective du fait ou de la puissance en acte (ou en actes). Le philosophe écrit ainsi que c'est :

> par un droit naturel souverain que les poissons sont maîtres de l'eau et que les gros poissons mangent les petits [2] [...]. Nous ne reconnaissons ici, précise-t-il, aucune différence entre les hommes dotés de raison et les autres qui ignorent la raison véritable, ni entre les fous, les délirants et les gens sensés. Tout ce que chacun fait selon les lois de sa nature, il le fait d'un droit souverain puisqu'il agit selon la détermination de la nature et ne peut agir autrement [3].

Et effectivement, le *militaire* à l'immense couteau, sur le dessin de Bruegel, qui est venu à bout du gigantesque poisson, agit selon un « droit naturel souverain », celui que symbolise, sur son arme comme sur les étendards agités par les monstres-fous de *La Colère*, le signe théologico-politique de la domination du monde...
C'est contre cette colère destructrice que toute l'œuvre de Bruegel s'élève. Car le droit naturel souverain ne vaut pas seulement pour

1. J. Colerus, « *La vie de B. Spinoza* », dans Spinoza, *Œuvres complètes*, *op. cit.*, p. 1320.
2. *Cf.* Varron, *pisces sic saepe minutos/Magnus comest, sic aves enecat accipiter*, cité par J. Lagrée et P.-Fr. Moreau, *TTP*, *op. cit.*, p. 766 note 3.
3. *TTP* XVI [2], *op. cit.*, p. 504-505 et 506-507.

les puissants mais aussi comme droit de résistance des opprimés. Un droit qui s'exerce le plus souvent dans la révolte populaire, passionnelle et spontanée, mais qui a été aussi, dans les anciens Pays-Bas bourguignons, inscrit (à différents degrés) dans les constitutions des villes flamandes sous la forme d'un *jus resistendi*[1].

La colère du droit naturel peut donc être aussi une légitime et juste colère lorsque les sujets sont traités par le nouveau souverain comme des cochons qu'on saigne... C'est un fait que suggère, avec l'extrême prudence qu'exige la tyrannie de l'occupant espagnol, un tableau daté de 1566, intitulé *Le Dénombrement de Bethléem*.

Le Dénombrement de Bethléem, 1566, Huile sur bois, 115,3 × 164,5, Musées Royaux des Beaux-Arts de Belgique, Bruxelles.

1. Sur ces traditions communales d'esprit démocratique, *cf.* E. Baie, *Le Siècle des gueux. Histoire de la sensibilité flamande sous la Renaissance*, Bruxelles, Librairie Vanderlinden, 1947, t. 2, p. 149 ; et les commentaires de M. Gibson dans le *Portement de croix*, *op. cit.*, chap. IV.

Au premier abord le tableau traite seulement d'une scène évoquée par l'Évangile de Luc 2, 1-5 :

> Or, il advint, en ces jours-là, que parut un édit de César Auguste, ordonnant le recensement de tout le monde habité. Ce recensement, le premier, eut lieu pendant que Quirinius était gouverneur de Syrie. Et tous allaient se faire recenser, chacun dans sa ville. Joseph aussi monta de Galilée, de la ville de Nazareth, en Judée, à la ville de David, qui s'appelle Bethléem – parce qu'il était de la maison et de la lignée de David – afin de se faire recenser avec Marie, sa fiancée, qui était enceinte.

Et, effectivement, Bruegel replace, au cœur de l'hiver rigoureux d'un village flamand, couvert de neige et entouré de glace, la scène de l'arrivée de Joseph guidant un bœuf et un âne sur lequel Marie est assise, enveloppée dans une grande cape bleutée. Les deux personnages bibliques ne se distinguent guère des autres protagonistes sinon par les animaux qui les accompagnent et les outils de charpentier de Joseph. Cette première scène – qui donne son titre au tableau – se double cependant d'une autre scène (non mentionnée dans l'Évangile), celle de la perception de l'impôt. Et nous sommes alors au cœur même du XVIe siècle dans les anciens Pays-Bas quand la politique d'unification et de centralisation de Philippe II et sa demande croissante d'argent, exacerbe les mécontentements et la résistance des villes industrieuses et commerçantes de la Flandre et du Brabant, des villes qui défendent leurs libertés et leurs privilèges[1]. Aucun signe manifeste – en apparence du moins – n'évoque pourtant cette résistance. Tout en indiquant qu'il s'agit aussi, dans ce tableau, de la perception de la dîme, les commentateurs s'en tiennent essentiellement au commentaire de la scène biblique en indiquant que l'église, à l'arrière-plan à gauche, est

1. Dans *Le Portement de croix* (1564), l'attitude d'un des cavaliers qui encadre les prisonniers tout en récoltant de l'argent dans son chapeau (un « gendarme mercenaire au service des Espagnols »), pourrait être – parmi les nombreux thèmes secondaires du tableau – « une allusion à ces impôts intolérables levés pour Philippe II, qui drainaient alors la substance du pays », M. Gibson, *Portement de Croix*, *op. cit.*, p. 30.

le symbole de la Nouvelle Alliance (et de l'imminente naissance de Jésus) tandis que le château en ruines, en haut à droite, symboliserait (comme le palais délabré du roi David) la fin du règne de l'Ancien Testament (on pourrait aussi, en suivant cette interprétation, voir dans la fragile construction de bois en train de se faire, la grande humilité qui caractérise le Nouveau Testament...). Manfred Sellink note bien aussi le paiement de l'impôt mais comme, dit-il, « une boutade » du peintre « relative à une activité qui, où que ce soit, n'a jamais réjoui personne »[1]... Une simple boutade de Pieter le Drôle ? Pas si sûr quand, devant l'auberge où se déroule le prélèvement de l'impôt, on égorge un cochon dont on prélève le sang... alors que sur la façade trône, afin d'indiquer qu'il s'agit bien là du bureau de péage, l'aigle à deux têtes des Habsbourg avec sa couronne impériale au-dessus du collier de la Toison d'Or ! Le mouvement circulaire qui traverse l'auberge est assez significatif : les gens s'avancent en s'agglutinant vers la fenêtre de droite pour verser leur impôt... tandis que de la porte de gauche sort le cochon tenu par les oreilles et prêt à se faire égorger ! La boutade devient très amère lorsque l'on sait qu'en 1566, date du tableau, les anciens Pays-Bas ont été frappés par une grande famine, suite à une succession de mauvaises récoltes, à laquelle s'est ajoutée une forte dépression économique en Flandre et au Brabant, une dépression « due à la concurrence des textiles anglais et à la dévaluation de la monnaie entraînée par l'arrivée massive de l'or d'Amérique » et, qu'en ces circonstances, « une large fraction de la population fut jetée dans la misère »[2] ! Du point de vue de la connaissance historique, le personnage de Joseph, qui porte sur son épaule une immense scie, pourrait prendre alors *de fait*, dans la Flandre exsangue et pressurée du XVIe siècle, une signification inattendue...

Qui est Joseph en effet et quel est l'usage que Bruegel a pu faire de son personnage dans le contexte politique flamand sous domination

1. M. Sellink, *Bruegel*, *op. cit*, p. 230.
2. C. Secretan, *Les Privilèges, berceau de la liberté*, *op. cit.*, p. 17.

espagnole ? Pour l'histoire sainte, c'est le père adoptif de Jésus, celui qui a accepté d'être l'époux chaste de Marie en sachant que celle-ci allait enfanter un fils dont il ne pouvait pas être le père biologique. Joseph c'est donc celui « qui porte le chapeau » humblement, volontairement, comme ne cesse de nous le rappeler, avec malice, Pieter Bruegel qui ne manque jamais l'occasion de peindre le personnage de Joseph avec un immense couvre-chef (depuis son dessin, *Le Repos pendant la fuite en Égypte*, que l'on situe vers 1555-1556)… Car Joseph est aussi un « personnage », c'est-à-dire un « signe » de l'imaginaire occidental dont le sens, dans la théologie catholique comme dans la représentation picturale, a changé au cours des siècles, et ce en fonction du statut que l'époque a accordé à l'image et par là même aussi à l'individuation de l'être humain. Comme le rappelle Tzvetan Todorov[1], dans le domaine de la philosophie c'est Guillaume d'Ockham qui, au XIVe siècle, affirmera la puissance singulière des étants individuels, une puissance que niait radicalement la théologie augustinienne et les différents édits de la papauté qui s'en inspiraient. Ainsi, dans son *De Miseria condicionis humane* (*De la misère de l'homme*), le pape Innocent III (Lotario de' Conti di Segni) avait-il là rappelé l'impuissance radicale de l'homme après la chute et, par là même, la nécessité de s'en remettre entièrement, pour le salut, à la grâce divine par l'intermédiaire de l'Église. Toute position contraire, qui se rapprochait de la doctrine pélagienne (idée selon laquelle l'homme pourrait, par ses propres forces et vertus, construire son salut), étant dénoncée comme hérétique et impie.

Contre cet anathème, le retour au portrait dans la peinture flamande du XVe siècle, après plus de mille ans d'effacement – du fait, avec l'interdiction des cultes païens depuis 391 par l'empereur Théodose, d'un usage strictement codifié et contrôlé des images –,

1. Le développement qui suit, et qui porte essentiellement sur le personnage de Joseph, est une brève synthèse des pages 47-53 de l'ouvrage de T. Todorov, *Éloge de l'individu. Essai sur la peinture flamande de la Renaissance*, Paris, Adam Biro, 2000-2001.

apparaît comme le signe joyeux d'une véritable renaissance. Cette révolution avait été préparée, au siècle précédent, par les textes de quelques théologiens et philosophes. Outre Guillaume d'Ockham, c'est à la charnière du XIVe et du XVe siècle, que Jean Gerson (Chancelier de l'université de Paris et chanoine de Bruges) propose que le culte du père adoptif de Jésus soit élevé, dans la hiérarchie des saints, à un rang supérieur à celui des apôtres dans une échelle du sacré qui devrait placer son culte juste au-dessous de celui de la Vierge Marie... Le concile de Constance (novembre 1414 – avril 1418) refuse cette proposition. Quel est l'enjeu de cette curieuse bataille autour de la promotion du personnage de Joseph ?

Jusqu'à la fin du XIVe siècle le culte de Joseph ne bénéficie que de la foi populaire. Le père adoptif de Jésus n'a pas de reconnaissance officielle dans l'Église catholique. Cette reconnaissance officielle est le projet que poursuit Gerson en consacrant au personnage de Joseph un long poème, *Josephina* qui est le récit de la fuite en Égypte. Pourquoi cette volonté de promotion ? C'est que Joseph incarne, en ce début du XVe siècle, une nouvelle figure de l'« humanité » de l'homme, celle de l'avènement, au cœur de la culture chrétienne, d'un nouveau modèle de vie : celle de la sainte Famille composée de Jésus, Marie et Joseph. Dans cette nouvelle Trinité, Joseph est le paradigme de l'homme « ordinaire » qui remplit pleinement son devoir d'homme, assigné par Dieu : soit la tâche de père de famille dans la protection de ses proches, l'éducation de son enfant et l'exercice d'un métier modeste, par lequel le travail devient une nouvelle figure de l'humanité de l'homme alors que les valeurs aristocratiques, guerrières et mondaines, tendent à s'éloigner de l'horizon d'une vie authentiquement chrétienne. Corrélativement à la démarche de Gerson, Joseph bénéficie, en effet déjà, dans la culture de son temps et particulièrement dans la peinture, de la promotion de cette nouvelle figure d'humanité que le théologien souhaitait voir officiellement reconnue par l'Église et par ses pairs ; car les artistes « accordent à Joseph une place et une dignité toutes nouvelles »[1]. Et Tzvetan Todorov de signaler, à ce propos, plusieurs œuvres : la *Nativité* de Jean d'Orléans (ou Étienne Lannelier?), dans les *Très belles Heures* de Jean de Berry où

> Joseph est de la même taille que Marie et nimbé comme le sont Marie et Jésus ; dans *L'Adoration des Mages*, du même artiste, il forme couple avec Marie, faisant face aux trois rois. Dans *La Fuite en Égypte* de Melchior Broederlam [...] Joseph n'est pas nimbé, mais il est toujours de la même taille que Marie [...]. Dans un autre panneau, exécuté par Konrad von Soest vers 1403, Joseph souffle sur le feu pour réchauffer le repas.

Todorov constate également que dans la Nativité du musée Meyer van der Bergh d'Anvers, Joseph découpe une de ses bottes dont la fourrure va servir à réchauffer l'enfant, alors que dans la Nativité de Jacquemart de Hesdin, il prépare le tissu qui va envelopper Jésus. Enfin,

> Dans *La Fuite en Égypte* du même Jacquemart de Hesdin, Joseph choisit le chemin et conduit l'âne. Il en fait autant dans l'enluminure peinte sur le même sujet par Jacques Coene, dit aussi le Maître de Boucicaut, alors que dans la Nativité de ce dernier, il apporte de l'eau et se recueille avec Marie devant l'enfant. Partout il protège, nourrit, soigne par des gestes simples et accessibles à tout un chacun[2].

C'est cette image de Joseph, guide et protecteur, que manifestent encore, chez Bruegel, la séquence dessinée du *Repos*[3] et le tableau

1. T. Todorov, *Éloge de l'individu. op. cit.*, p. 50.
2. *Ibid.*, p. 51-52. À cette liste des images de Joseph protecteur, on peut ajouter, un tableau du maître de Bruegel, Pieter Coecke Van Aelst, *L'Annonciation et la nativité*, où Joseph, représenté extrêmement vieux, protège, symboliquement, avec beaucoup d'attention la flamme d'une bougie. Dans *Le Dénombrement de Bethléem* – le tableau de Bruegel – les deux personnages dans le coin droit, évoquent peut-être Joseph et Marie durant leur fuite en Égypte. L'homme est, en effet, couvert du même large chapeau qui caractérise le personnage de Joseph et il porte un enfant dans ses bras, alors que son épée dans le fourreau est tenue à la main par la femme qui le suit.
3. *Le Repos pendant la fuite en Égypte*, vers 1555-1556, plume et encres brune et sépia, 20,3 × 28,2 cm, Staatliche Museen zu Berlin, Kupferstichkabinett.

de *La Fuite en Égypte*[1]. Ce qui domine dans les deux œuvres, c'est essentiellement la difficulté du chemin et les périls à surmonter (le passage périlleux au-dessus d'un gouffre, la traversée d'un fleuve...) ; c'est aussi l'immense fatigue qui se lit sur le visage déjà vieilli de Marie et dans l'extrême maigreur de Joseph. Mais ce que souligne aussi Bruegel c'est l'opiniâtreté et la ferme volonté de Joseph dont le visage est tourné vers les obstacles à franchir, tout entier tendu vers le souci de sa famille et de l'avenir. Car ici, point de bienveillance de la nature qui est ce qu'elle est, hostile dans son indifférence même. Si les dieux de la superstition tombent au passage de la dure vérité effective des choses qu'incarne la Sainte famille[2], celle-ci ne reçoit aucun secours miraculeux de la Providence divine (à l'inverse de ce que montrait l'estampe de Dürer – *La Fuite en Égypte*, gravure sur bois, vers 1504 – où les personnages sont accompagnés d'une nuée d'angelots et d'une nature nourricière chargée de fruits ; au contraire aussi du miracle des blés dans le tableau de Joachim Patinir, *Repos pendant la Fuite en Égypte*, de 1515). La peinture bruegelienne de l'indifférence de la nature est donc contraire à bien d'autres images merveilleuses de la fuite en Égypte où le couple de Joseph et Marie bénéficie d'un panier d'osier rempli de victuailles (symbolisant à la fois l'origine et l'espérance) et/ou de la générosité d'une nature bienveillante dont les grands palmiers chargés de dattes se courbent miraculeusement au passage de l'âne et des personnages sacrés. L'impression de délaissement et de misère radicale est, au contraire, chez Bruegel, à son comble lors du repos (l'âne qui rassure et qui assure n'est plus là...), quand le but semble proche mais qu'un fleuve (le Nil ?) l'en sépare encore (signe d'espérance cependant : Bruegel dessine, minuscule, sur l'autre rive, un couple qui chemine avec un âne en direction d'une cité fortifiée).

1. *La Fuite en Égypte*, 1563, huile sur bois, 37,1 × 55,6 cm, Courtauld Institute of Art, Londres, Seilern Collection.

2. On voit, en effet, sur le chemin, après le passage du couple et de l'enfant, une idole qui a chuté de l'abri en bois aménagé sur un petit arbre sur les branches duquel une pie est posée.

Joseph, l'homme « ordinaire », avait pris également une dimension politique et sociale quand il était apparu, un siècle plus tôt, sur les panneaux de Robert Campin. Il en est ainsi dans le *Triptyque de l'Annonciation* (dit aussi Triptyque de Mérode), où le personnage de Joseph, au travail dans son atelier, occupe tout le volet droit de l'œuvre. L'atelier de Joseph est décrit avec une très grande précision quant aux outils utilisés par le charpentier. De plus, la fenêtre de l'atelier est largement ouverte sur la ville et ses activités. Chez Campin, qui juxtapose le mystère de l'Annonciation dans un intérieur bourgeois à l'atelier de Joseph et aux activités de la cité, le sacré rejoint le profane et la vie quotidienne de l'homme ordinaire. Et l'on ne peut pas ne pas penser, aussi, que Campin – qui est *éthiquement* attaché au personnage de Joseph –, après qu'il a été élu « doyen » des peintres de Tournai, s'est engagé dans la lutte politique du parti « démocratique » des « artisans » contre la haute bourgeoisie de la ville. En 1429, après cinq ans de dur conflit c'est le parti des Grands qui l'emportait; et Robert Campin sera par deux fois condamné.

Le « Joseph » de Bruegel, dans *Le Dénombrement de Bethléem*, s'inscrit dans l'esprit de cette nouvelle approche du personnage, à la croisée de la valorisation de l'homme ordinaire et de la revendication d'une citoyenneté qui est celle des artisans des villes. Une citoyenneté du petit peuple qui a déjà fait, en Flandre et dans le Brabant, l'expérience de ses « privilèges » sous la forme des libertés communales inscrites dans les constitutions traditionnelles des cités. Or ce sont ces anciens privilèges et ces libertés que la domination espagnole, de fait, piétine. Et il se pourrait bien que ce ne soit point alors le délabrement de l'Ancien Testament qu'évoquent les ruines du château (au coin droit du haut du tableau), mais bien la destruction, au présent, des privilèges et des libertés. Et l'enfant que nous voyons de dos, les deux bras levés aux bords des douves, ne souhaite-t-il, peut-être, pour son seul plaisir, que de voir s'envoler les oiseaux posés devant lui sur la glace… Cependant, son attitude liturgique – les deux bras tendus vers le ciel – pourrait aussi, dans le malheur qui frappe son pays et les siens, implorer, face à cette destruction, la puissance divine qui garde le silence… (on trouve une attitude semblable – ici non équivoque – chez un personnage du dessin, *Vue de Reggio di Calabria*, face à la cité en flammes).

Et puis il y a la scie… Cette immense scie qui s'élève, au-dessus d'un Joseph qui s'avance opiniâtrement dans la neige, le bras droit tendu vers le lieu du pouvoir… Une scie qui manifeste alors une silencieuse et puissante protestation. Cette scie va, en effet, à l'encontre de l'attribut qui accompagne habituellement le père adoptif de Jésus : son rabot. Le rabot, un outil qui, parce qu'il est utilisé pour supprimer les aspérités du bois et lisser la surface des planches est, à l'inverse de la scie, un symbole de concorde[1]. Bruegel est ici extrêmement prudent. Si la grande scie que porte Joseph se détachait, en effet, seule, brandie sur un fond blanc de neige, sans doute serait-elle immédiatement apparue, aux yeux de tous, comme une arme dangereuse et très agressive ; et l'image aurait alors été directement provocatrice et mise en relation évidente avec les collecteurs d'impôt et l'aigle à deux têtes qui les justifie vers lesquels est tendu le bras (accusateur ?) de Joseph. Bruegel masque donc son message et son intention : la scie, qui symbolise la colère et qui porte avec elle la discorde et la guerre (c'est la même scie que l'on trouvait dans le dessin, *La Colère* – puis sur les gravures largement diffusées), Bruegel l'enchevêtre, jusqu'à la confondre, avec le dessin des rayons d'une grande roue de chariot devant lequel passent Joseph et Marie… La scie, cachée dans la roue (sa pointe rejoint, comme un rayon, le moyeu central), exprime alors une *revendication secrète*, même si, ainsi placée *comme on met un bâton dans les roues* (la courbure et le découpage de la scie que dessine Bruegel évoque, en effet, un bâton « de justice » enfoncé dans la roue

1. Sur les deux symboles, *cf.* M. Feuillet, *Lexique des symboles chrétiens*, *op. cit.*, p. 96 et p. 105.

de l'oppression![1]) l'intention de Bruegel est clairement d'enrayer la machine (ou la roue) de la domination… Pour défendre puis retrouver les libertés perdues. Un Bruegel-artisan, citoyen d'Anvers réfugié à Bruxelles, qui s'interroge et nous interroge sur l'attitude à adopter face à la violence de l'oppression.

Comme ce personnage – peut-être le peintre lui-même? – qui, très proche du comptoir où est récolté l'impôt, regarde vers nous avec insistance alors que sa tête jouxte un dôme de couleur rouge (posé sur la banque) sur lequel est dessiné *un glaive enfoncé dans la tête*[2]… Et que, sur la gauche (dans l'angle inférieur du tableau), alors que deux hommes concluent un pacte, l'un des deux (habillé d'un lourd manteau sombre) regarde vers le cochon qu'on égorge, tandis que son compère, à l'habit plus élégant (il porte des chausses rouges serrantes sous un pourpoint aux manches plissées, cintré jusqu'à la taille qui tombe en pointe triangulaire sur ses reins)[3], pose sa main sur son épaule afin de sceller, par ce geste, une mutuelle confiance… Entre ces deux scènes, deux personnages (une femme et un enfant) nous font face, fortement *bâillonnés* par un cache-nez et un bonnet dont les pattes de fermeture enserrent la mâchoire… L'enfant qui nous regarde les yeux grands ouverts (et dont la tête est elle-même dessinée sous un glaive qui traverse le haut de son bonnet), voudrait, semble-t-il, nous parler, mais le bâillon l'en empêche. Et sa mère, qui vient de s'acquitter de l'impôt, s'empresse de le tirer par le bras, afin de s'éloigner rapidement des lieux… Le peuple est pressuré, les libertés sont bafouées, la parole est bâillonnée, et il s'agit d'abord de sauver et de protéger les vies. Les égorgeurs

1. *Cf.* ce bâton tenu par un personnage imposant à qui on lit, sans doute, un livre de droit, au-dessus d'un autre personnage mis à la torture, dans le dessin de *La Justice* (de la série *Les Sept vertus*).

2. Le dessin n'apparaît plus très clairement sur l'original mais demeure sur les copies de Pieter Brueghel le Jeune; du moins sur la copie de Bruxelles (Musées Royaux des Beaux-Arts de Belgique) et aussi sur celle de Lille (Palais des Beaux-Arts).

3. Un habit plutôt porté par les courtisans et les gens de guerre.

sont là, tout près… Autant de scènes, autant de signes, qui disent combien une confiance, jadis nouée, a été violemment trahie.

Quelques années plus tard (en 1579) c'est sous le titre *Vindiciæ contra tyrannos* que Philippe Duplessis-Mornay (conseiller du prince d'Orange et des révoltés des Pays-Bas) développera une théorie de la justification du droit naturel de résistance du peuple face au tyran, sur la base d'une théorie du contrat. Le droit archaïque du peuple – « droit naturel absolu », d'abord venu du ciel et bafoué par les puissants (au nom duquel Thomas Münzer avait, au début du XVIe siècle, justifié la révolte des paysans contre les princes[1]) – ce droit qui avait été, dans les anciens Pays-Bas, d'abord codifié en droit positif dans les constitutions traditionnelles des villes sous la forme des libertés communales incarnées dans « les anchiens droictz, coustumes, usages et privilèges du païs »[2], allait, en effet, être codifié par les révoltés des Pays-bas, sous la forme juridique du contrat : « En fait, dès 1566 », écrit Catherine Secretan – c'est l'année même du *Dénombrement de Bethléem* –,

> l'assimilation des privilèges à des contrats est en germe. Elle se confond avec l'idée d'une tradition, réelle ou fictive, de gouvernement constitutionnel, formulée avec une insistance grandissante au fur et à mesure que se durcit la politique espagnole : la souveraineté d'un monarque n'est jamais une "puissance infinie, elle

1. *Cf.* E. Bloch, *Thomas Münzer. Théologien de la révolution*, trad. M. de Gandillac, Paris, Julliard, 1964.
2. Ch. Rahlenbeck, *Mémoires de Jacques de Wesembeke*, p. 330 ; cité par C. Secretan dans *Les Privilèges, berceau de la liberté*, *op. cit.*, p. 29. Jacques de Wesembeke est le Pensionnaire d'Anvers de 1556 à 1567 ; le Pensionnaire est l'Avocat de la ville qui a charge de la défense de ses intérêts aussi bien face aux institutions politiques représentatives de l'État que vis-à-vis des autres villes. Il est l'auteur de *Description de l'Estat succès et occurrence, advenues au Païs-bas, au faict de la Religion*, publié en français en 1566, ainsi que de « La requeste des chiefs-villes au conseil de Brabant » présentée à Marguerite de Parme, également en 1566. Dans ce second texte, Jacques de Wesembeke redéfinit le rapport du souverain et des États sous la forme implicite du « contrat » (ou engagement réciproque) qui lie le souverain au consentement de son peuple à travers les États (C. Secretan, *op. cit.*, p. 37-38).

> doit, conformément à la parole divine, être contrôlée et limitée par la raison et la justice". Ce sont précisément les privilèges qui définissent et garantissent l'application de ces conditions [1].

D'où le double contrat auquel le prince est alors tenu. Car le souverain voit sa légitimité fondée non seulement dans la volonté de Dieu mais aussi dans celle du peuple qui échange son devoir d'obéissance contre le devoir que celui-ci a de le protéger, de lui assurer la sécurité et, plus généralement, d'œuvrer avec raison et justice pour le bien commun. Si ce contrat n'est pas respecté, le peuple peut alors légitimement exercer son droit de désobéissance et de résistance [2]. Un droit qui se manifestera d'abord, traditionnellement, en Flandre, de manière joyeuse et provocatrice, à l'occasion des concours des chambres de rhétorique, comme il se manifeste aussi, avec acuité, chez Bruegel dans l'acte de peindre et/ou l'exercice singulier de l'affirmation d'une puissante et vivante liberté intellectuelle et créatrice qui résiste en subvertissant les normes de l'imaginaire théologico-politique dominant [3]. Un droit qui se manifestera aussi, de fait, par les armes et la guerre de résistance et de libération qui véritablement débute avec l'arrivée à Bruxelles de l'armée du duc d'Albe : une guerre qui durera quatre-vingts ans…

– *Second point* : l'*effet*. La vérité effective de la chose est celle que nous pouvons juger par ses *effets*. L'ordinaire, dans son effectivité concrète, c'est la puissance immanente des effets qui ne présupposent

1. C. Secretan, *Les Privilèges, berceau de la liberté*, *op. cit.* p. 38.
2. C'est sur cette base « contractuelle » que les États généraux des Pays-Bas présenteront, en 1581, à la Diète impériale à Augsbourg, le bon droit des États à déposer Philippe II ; celui-ci ayant rompu de son entière responsabilité, selon les États, le contrat sur lequel les Pays-Bas fondaient alors leur obéissance au prince ; cf. à ce propos, Charles Mercier, « Les théories politiques des calvinistes dans les Pays-Bas à la fin du XVIe siècle et au début du XVIIe siècle », *Revue d'histoire ecclésiastique*, 29-1933, p. 48-51.
3. À propos de « La résistance comme droit souverain et éternel » – des Monarchomaques au *Traité politique* –, nous nous permettons de renvoyer le lecteur à notre ouvrage : L. Bove, *La Stratégie du conatus. Affirmation et résistance chez Spinoza*, Paris, Vrin, 2012, p. 278-301.

rien au-delà. C'est ainsi que nous avons lu, *par les effets*, le dessin *Elck ou Un Chacun* et le grand tableau *La Conversion de Saül.* Des effets, comme dans ces deux cas de figure, qui enveloppent nécessairement toujours quelque chose de positif étant donné que c'est dans et par ses effets qu'une chose existe et se comprend. Soit, dans les deux œuvres considérées, la réponse aux questions : quels sont les effets de la rencontre d'Elck avec la lanterne ? Quels sont les effets de la chute de Saül ? Les effets sont donc la *réalité* même de la chose, qui peut être ainsi aussi bien la réalité d'une signification (celle d'un tableau dont les figures n'ont de sens qu'en fonction de l'usage : Elck ou Saül...), que la réalité de n'importe quelle chose de la nature, en tant que cette chose persévère, se conserve et s'affirme nécessairement. Dans ce second cas, l'activité puissante des effets est aussi un *usage* ou la prudence propre de la chose qui est celle de l'effort que chaque être fait pour persévérer en son être. Un effort dans lequel Spinoza, loin de lire l'abstraction de l'obéissance à une Loi, lira, au contraire, l'exercice concret d'une liberté (dans son *ingenium* ou sa singularité). Lorsqu'il s'agissait de déterminer « qui » est prince cruel ou compatissant, Machiavel s'en remettait déjà lui-même aussi, entièrement à l'examen des effets. Et c'est, du point de vue de l'usage qu'il jugeait alors de la valeur politique *effective* de la « prudence » du prince[1]. Une importante partie de l'œuvre de Bruegel conduit déjà aussi son observateur, à travers *l'examen de cas* justement, à réfléchir sur cet impératif de prudence qui traverse nécessairement tout le réel, de manière complexe et parfois de manière très paradoxale (pensons à la leçon de lucidité et de vigilance que nous pouvons tirer du *Pays de Cocagne*). Plusieurs dessins et tableaux examinent, en effet, des « stratégies » de vie que le peintre invite à méditer, comme par exemple dans *L'Alchimiste,*

1. Machiavel, *Le Prince* XVI-XIX; *cf.* aussi Spinoza qui jugera de la divinité de l'Écriture selon ses conséquences pratiques, *TTP* VII [4], *op. cit.*, p. 282-283, et XII [5] p. 232-233 *sq.*

Les Proverbes, La Chute d'Icare, Dulle Griet, Le Dénicheur, Le Misanthrope, ou *La Parabole des aveugles*. Nous y reviendrons[1]. Dans tous les cas, Bruegel expose, de manière plus ou moins explicite, une vérité effective qui ne se donne à déchiffrer que du point de vue de ses effets (et/ou de l'usage). Ainsi dans le dessin *L'Alchimiste*[2] où l'artiste tire toutes les conséquences d'une passion particulière, de même qu'un mathématicien déduirait d'une essence géométrique singulière l'ensemble de ses propriétés. Même si le dessin prête encore à discussions quant à sa signification (certains critiques voulant, contre toute considération de la logique générale de l'œuvre, faire de Bruegel un adepte de la recherche de la pierre philosophale![3]), le « cas » de *L'Alchimiste* nous apparaît, bien au contraire, comme un exemple des plus clairs pour illustrer l'inéluctable logique immanente des effets. Une logique qui est déjà celle que Bruegel pouvait lire dans *Les Proverbes* de Salomon (16, 22) qui enseignent combien « la folie des fous est leur châtiment »… Ici, l'ignorant c'est justement celui qui se pique d'être un savant et qui, par cupidité et orgueil (selon son seul savoir) prétend produire or et argent. *L'Alchimiste* expose, en effet, le cas d'un homme qui, à la recherche délirante de la richesse absolue par des moyens prétendant surpasser les lois strictes de la nature, jette (selon des lois naturelles aussi strictes) sa femme et ses enfants dans la plus absolue des misères. La nécessité de ce destin singulier se présente, sur le dessin, sous la forme d'un récit au déroulement inéluctable. Avec l'aide d'un fou qui attise la flamme, l'alchimiste jette, dans son creuset, sa dernière pièce de monnaie. Sa femme et ses enfants vivent déjà dans la plus grande misère et la perte du dernier sou conduira – comme le montre clairement le dessin du haut à gauche

1. Cf., *infra* (chap. 5, 2), p. 226-248.
2. Plume et encre brune, 1558, Staatliche Museen zu Berlin, Kupferstichkabinett.
3. Roger H. Marijnissen, *Bruegel, op. cit.*, p. 103-108, donne les différentes interprétations du dessin.

– toute la famille à l'hospice... La suite des évènements est donc d'une implacable logique.

Si la leçon rejoint, finalement, celle d'une fable moralisatrice (sur laquelle s'accorde une grande partie des commentateurs), la pensée figurative de Bruegel fonctionne pourtant, quant à elle, tout autrement. Elle fonctionne suivant la logique immanente d'une réalité dont l'art de peindre de Bruegel s'efforce de penser la vérité effective. Une réalité, elle-même, « effective » qui n'a (comme la pensée et le dessin qui la manifestent) rien, en soi, de véritablement moral. Ce qui nous est donné à voir et à penser, c'est seulement le « c'est ainsi » d'une implacable logique des choses, celle des lois de la nature.

Comme c'est également le cas dans *La Parabole des aveugles* (de 1568) [1] pour les six personnages qui marchent en file en se tenant l'un à l'autre par l'épaule et qui tombent en chaîne silencieusement et mécaniquement dans une petite rivière extrêmement calme et sans doute elle-même silencieuse, et dont on ne peut à aucun moment penser, et encore moins avec compassion, qu'ils manquent de quoi que ce soit, en l'occurrence de la vue, et qu'ils auraient pu éviter la chute. Nous sentons plutôt, et inversement, que s'affirme dans et par ce mouvement inéluctable les lois d'une *nécessité ordinaire*, celle de la mathématique sanglante d'une vie et d'une condition commune d'assujettissement qui tire, dans son affirmation même (celle de *cette* réalité humaine) toutes ses conséquences (ou ses *effets*) jusqu'à la mort. Et cela, sur fond d'une Nature indifférente et d'une église elle-même silencieuse et vide qui chapeaute imaginairement le réel. En aveugles, les hommes travaillent ensemble pour leur servitude – leur chute ! – comme s'il s'agissait de leur salut ; à savoir la réparation de la chute (au sens théologique)... ou du péché. *C'est ainsi.* Alex Romdhal écrit admirablement :

1. Détrempe sur toile, 86 × 156 cm, Museo Nazionale di Capodimonte, Naples.

> Chez Bruegel, elles [les figures de l'antique parabole] s'élèvent à une importance générale pour tous les temps et toutes les générations ; devant son tableau, nous sentons que nous sommes tous des membres de cette sinistre chaîne d'aveugles qui se conduisent les uns les autres à la catastrophe ; cette solidarité du sort commun est inexorable [1].

C'est cet enchaînement aveugle de la tragédie que réfléchit picturalement Bruegel. Car il n'y a rien de plus tragique que de voir la puissance même de la vie, courir, aveuglément, à sa propre perte. Dans la leçon, il n'y a là rien, à proprement parler, de moral ou de moralisateur. Pieter Bruegel n'est ni ce drôle que nous présente Van Mander, ni le moraliste qu'on a cru ensuite percer derrière ses « bambochades »... Ces deux interprétations sont la pile et la face d'une même pièce qui est celle d'une fausse monnaie. Il faut aborder tout autrement la pensée bruegelienne de l'ordinaire. Selon une logique de la stricte nécessité, débarrassée de l'illusion du libre arbitre (au principe du péché) et de l'approche morale et moralisatrice qui lui est inhérente.

Il en est également ainsi dans les deux estampes de 1563 : *La Cuisine grasse* et *La Cuisine maigre* [2]. Ce que montre Bruegel par ses deux dessins, c'est qu'il y a une « nécessité naturelle » (quasi animale : un chien lui-même très gras, repousse au pas de la porte l'homme maigre en le mordant au mollet) dans l'égoïsme des Gras qui expulsent *manu militari*, le malheureux venu frapper à la porte de leur maison qui regorge pourtant de nourriture. Et que cette « nécessité naturelle » qui anime les riches, se retrouve aussi chez les pauvres qui, affamés, tentent, inversement, d'attirer le Gras dans une cuisine désespérément vide. Que les maigres désirent dévorer

1. A. Romdahl, « Peter Bruegel der Altere und sein Kunstschaffen », *Jahrbuch der Kunsthistorischen Sammlungen des Allerhöchsten Kaiserhauses*, vol. XXV, p. 85 *sq.* (cité par M. Dvorak, *Pierre Bruegel l'Ancien*, *op. cit.*, p. 57).
2. Burin, 22,4 × 29,5 et 22,4 × 29,1, Pieter van der Heyden, édité par H. Cock.

les gros est donc, aussi, d'une nécessité inéluctable[1]. Une nécessité cependant vouée à l'échec quand on voit que ce sont seulement deux femmes aux bras très frêles qui tentent vainement de retenir le Gras, alors que tous les autres membres de la famille pauvre (et cela se comprend...) sont seulement préoccupés par la faim qui les tenaille. Chez les Gras, la solidarité dans la haine des misérables est bien mieux et plus facilement partagée : du geste ou du regard, chacun (même le chien) participe au rejet du pauvre qui n'a que son instrument de musique pour se consoler (on retrouve la cornemuse pendue sur un mur de *La Cuisine maigre* alors que dans *La Cuisine grasse*, ce sont les jambons et les saucisses qui sont suspendus au plafond et au linteau de la cheminée).

L'ordinaire, comme vérité effective de la chose, ne nous renvoie donc qu'à ce qui est. Ou, dit autrement, à ce qui se fait. Et cela au double sens : *premièrement*, de la nécessité du réel (un réel qui ne peut donc pas être autrement qu'il est, même dans sa tragédie) ; *deuxièmement*, de l'actualité d'un être et/ou d'une puissance qui n'est rien d'autre que ses effets, à partir desquels on jugera de la qualité même de la prudence de cet être.
L'articulation du point 1 – la nécessité du réel – et du point 2 – la puissance en acte, comme actualité d'une dynamique de la prudence – s'était déjà réalisée dans le chapitre XV du *Prince* quand Machiavel écrit :

> il est nécessaire [*è necessario*] à un prince, s'il veut se maintenir d'apprendre à pouvoir ne pas être bon, et d'en user et de n'en user pas selon la nécessité [*secondo la necessità*][2].

Cette *necessità* qui s'impose, selon Machiavel, au prince et qui nécessite, elle-même, la constitution qui lui est inhérente d'une

1. La formule de « nécessité naturelle », dans le commentaire de ces estampes pour expliquer le comportement des personnages, est employée par Charles de Tolnay, *Pierre Bruegel l'Ancien*, *op. cit.*, p. 26.
2. Machiavel, *Le Prince* XV [6], *op. cit.*, p. 136-137.

prudence, c'est, au-delà et en deçà du personnage du prince, le dispositif du réel « ordinaire », comme dispositif de rapport de forces ; ou comme le dispositif universel de guerre qu'étudie Bruegel. Et, de ce point de vue, l'ordinaire c'est donc bien cette nécessité à laquelle nous appartenons tous nécessairement et dont nous avons nécessairement aussi toujours-déjà un savoir et un usage, dans et par la pratique immanente des effets ou de l'effort prudent que de manière délirante ou raisonnable, chaque être fait pour persévérer en son être.

Effort de persévérance donc, plus ou moins « ajusté », plus ou moins rationnel ou délirant, comme le montre la tradition des proverbes populaires dans laquelle Bruegel va puiser, pour la richesse de son expérience et de ses usages. Car les proverbes ne répondent pas, comme les *exempla* religieux, aux exigences d'une morale ; ils n'exigent pas l'obéissance à des règles ou à des valeurs absolues qui transcendent le réel, bien au contraire. Les proverbes sont des produits immanents des usages, ce sont des expressions de l'expérience humaine et ils ont nécessairement, eux-mêmes, un usage. La prudence qu'enseigne les proverbes est l'effet d'une pratique commune, « d'une sagacité, et non plus d'une croyance »[1] ; sur fond d'appartenance partagée au monde des passions, des forces et des rapports de forces.

Le *così fatti*, « ainsi faits », n'enveloppe cependant aucune fatalité ; et Machiavel a utilisé la formulation en relation immédiate avec la possibilité même de résister[2]. Daniel Dobbels, en ce sens, a raison de souligner combien, si aucun des personnages de Bruegel ne se plaint du sort qui lui est donné, chacun, pourtant, « refuse et récuse le destin qu'une autre puissance voudrait lui imposer de surcroît ». Les personnages de Bruegel, comme les hommes du peuple de

1. P. Francastel, *Bruegel*, *op. cit.*, p. 120.
2. Machiavel, *Le Prince* XXV [6]-[7], *op. cit.*, p. 198-199.

Machiavel[1], ne s'en laissent pas conter : la nécessité qui les traverse est celle, *aussi*, de leur résistance à la domination et de leur puissant désir de ne pas être dirigés. C'est de ce foyer de résistance partagée que la question du commun pourra alors s'articuler à la question de l'ordinaire – au sens de la réalité effective du primat des besoins et des passions de la multitude. Car si c'est la résistance, ses alliances, ou sa prudence qui constituent ordinairement, le tissu commun (dans ses effets les plus paradoxaux, comme dans l'alliance catastrophique des aveugles) c'est aussi, selon les mêmes processus que ce « commun » pourrait s'élever à des degrés de plus en plus grand de productivité de vie ; d'une vie réellement libre et joyeuse, capable d'expulser, dans et par le régime même de sa puissance inventive et commune, les logiques mortifères de la domination... C'est le rêve bruegelien qu'expose *Les Jeux d'enfants*... Un rêve, qui n'est pas une utopie, mais déjà aussi une effective *réalisation*. Car *Les Jeux d'enfants* – en ce sens aux antipodes du *Pays de Cocagne* – invente effectivement en acte, dans et par le mouvement réel de la création, un espace et un temps *réellement* libérés de la domination. Or c'est aussi ce que pourrait le corps commun de la « puissance de la multitude »...

La *multitudinis potentia*, c'est le concept spinoziste de la diversité et de la complexité du corps commun qui sera forgé dans le *Traité politique*. La *multitudo* est, en effet, le creuset de la constitution concrète de la raison commune du corps de la cité. Raison commune qui, selon les types particuliers de pouvoirs, de règles et de lois à travers lesquels elle se manifeste, n'est rien d'autre que ce que *peut* une multitude dans son désir actuel de communauté (ce qu'elle peut, c'est-à-dire ce qu'elle peut réaliser dans et par ses propres *effets*). Des pouvoirs, des règles, des normes ou des lois, qui ne prennent alors la figure de la transcendance et de ses hypostases dominatrices, que dans l'ordre de l'imagination et selon les régimes

1. Machiavel, *Le Prince* IX [6], p. 100-101 : « la fin que poursuit le peuple est plus honnête que celle des grands, car ceux-ci veulent écraser et celui-là ne pas être écrasé ».

d'impuissance que la multitude a, effectivement, d'enrayer et de résister aux logiques passionnelles de l'ambition de domination de quelques-uns. Dans *Les Jeux d'enfants* c'est déjà de cette puissance de la multitude en actes, dont il est question, de sa puissance à expulser les pouvoirs de domination et à affirmer, dans et par les jeux, sa commune liberté.

Toute l'œuvre de Bruegel ne parle, en vérité, que de cela. De l'ordinaire, comme puissance d'affirmation résistante d'une vie multiple qui est celle d'une difficile constitution du commun. Une constitution, pour l'artiste, inséparable de l'acte même de peindre comme analyse éthico-politique des liens d'assujettissement-résistance que Bruegel examine et dénoue entre l'ordinaire, l'imagination et la mort. Comme si le type d'espace que créent ses tableaux – un type nouveau d'espace pluriel qui possède autant de dimensions que d'assemblages de figures que l'on peut toujours isoler dans leur vérité propre[1] – était déjà, en lui-même, un espace et une raison commune de la multitude enfin libérée de la domination. Soit, à travers l'acte même de peindre, une réforme, en marche, éthico-politique de l'entendement. Une réforme qui est aussi le chemin commun d'une résurrection des corps[2].

1. P. Francastel, *Bruegel, op. cit.*, p. 128-130.
2. Ce chapitre II reprend et prolonge la logique d'une étude déjà publiée sous le même titre « Peinture de l'ordinaire et pensée politique du commun. Machiavel-Bruegel-Spinoza », dans *L'Ordinaire et le politique*, Cl. Gautier et S. Laugier, Paris, P.U.F. 2006, p. 87-98.

chapitre 3
le peintre et le connaisseur

pourquoi lire Pierre Francastel et Charles de Tolnay ?

Bien que nos approches soient très différentes (et même divergentes quant à la nécessaire inscription, pour nous, de Bruegel, dans une histoire qui est *aussi* philosophique), nous nous sommes déjà, plusieurs fois référés à l'ouvrage de Pierre Francastel et nous le ferons encore. Car si l'on peut certes rejeter (comme nous le faisons) son trop grand schématisme – qui oppose, sans nuance, l'expérience ou « l'observation méthodique des phénomènes » à la contemplation et/ou, comme Francastel l'écrit, aux « enroulements » d'un entendement philosophique (qui serait nécessairement marqué par le dogmatisme et l'abstraction spéculative, qu'elle soit métaphysique ou théologique) [1] –; si l'on peut relever aussi (les spécialistes l'ont fait) plusieurs erreurs d'attributions et de datations des œuvres, et aussi ses partis pris très marqués (comme la détestation de la sémiologie et des linguistes en général!), il faut reconnaître cependant que l'ouvrage de Pierre Francastel est l'un des livres les plus singuliers, les plus « vivants », et les plus stimulants qui existe sur Pieter Bruegel l'Ancien. Et ce, malgré l'abondante littérature

1. P. Francastel, *Bruegel*, *op. cit.*, p. 204.

érudite et spécialisée (mais souvent redondante) qui a été consacrée au peintre flamand depuis la publication, en 1968, de cet ouvrage. En quel sens le travail de Francastel a-t-il été pour notre recherche – et pour le séminaire dans lequel cette recherche a d'abord été menée – extrêmement *intéressant*?

D'abord, du fait même de son parti pris historique tranché : comme Francastel, nous pensons qu'aucune œuvre humaine n'échappe à l'histoire dans laquelle elle s'est construite même si elle peut échapper, en partie, à ses lignes de nécessités contraignantes et « ouvrir » à un temps et un espace encore ignorés (c'est sa puissance de résistance et d'invention). L'œuvre d'art est, en effet, avant tout, un « corps ». Un corps lui-même produit par une multitude d'autres corps dont celui, socialisé, du peintre lui-même : le peintre comme puissance singulière de produire d'un corps humain compris dans le corps plus vaste d'une société et d'une histoire elles-mêmes singulières. Francastel est aussi intéressant par ses fulgurantes intuitions théoriques qui éclairent la nouveauté des « espaces » pluriels et des « systèmes » complexes qu'invente Bruegel sur ses panneaux peints; des espaces et des systèmes qui coopèrent tout en s'enchevêtrant dans la composition de ses tableaux. Francastel démarque également très clairement Bruegel de Bosch en percevant combien, c'est sur la consistance même de l'activité humaine et de sa puissance d'agir que se joue leur différence essentielle. Enfin Francastel avance (comme, en passant, et en ajout à ses raisonnements...), l'argument qui explique, pour nous, pourquoi Bruegel ne s'est pas, personnellement, engagé du côté de la Réforme. C'est un argument *philosophiquement* décisif en ce qu'il se déduit logiquement de sa philosophie de l'activité : la philosophie que « pense », en se construisant, l'œuvre de Pieter Bruegel, une philosophie *pour* la seconde nature. Francastel écrit, en effet :

> La vie est aventure; le plus souvent, pour l'individu, l'issue est douteuse sinon catastrophique. Mais l'action humaine a sa valeur

> et, de ce point de vue, l'opposition est absolue entre l'artiste et Jérôme Bosch. Ajoutons que cette foi dans la valeur de l'acte, qu'il soit jeu ou plaisir, grande aventure ou défi malencontreux au destin, explique peut-être, en partie, les raisons pour lesquelles un Bruegel est demeuré en marge de la Réforme et ménagé par le pouvoir [1].

C'est par ces aspects que l'ouvrage de Pierre Francastel a eu, pour nous, une valeur opératoire certaine.

Pierre Francastel – inventeur de cette discipline appelée sociologie de l'art – a donc montré comment l'œuvre de Bruegel s'inscrivait dans son temps en combinant, sur la surface peinte, des éléments à la fois perceptifs et spéculatifs. La méthode historique de Francastel exige ainsi de fait – sur fond des connaissances de l'historien – une approche interne des tableaux afin de les comprendre comme autant de cas de solutions figuratives, toujours spécifiques, dans l'exercice pictural d'une pensée. D'une pensée elle-même, toujours processuelle, en ce qu'elle s'affronte, singulièrement, aux problèmes propres de la représentation sur la base de sa propre aptitude à être affectée par les problèmes de son temps et les forces et les passions qui s'y rencontrent. Le sociologue de l'art a donc entièrement raison quand il déclare, non sans une certaine provocation vis-à-vis des interprétations idéalistes du peintre flamand, que « l'impulsion qui a provoqué le brusque essor » de l'art de Bruegel et « de son génie, est due, n'en déplaise à certains, à son étroite intimité avec les passions et avec la situation humaine et politique de son temps » [2]. En pointant cette « intimité » avec les passions et la politique, Francastel touche juste. D'autant plus juste que politique et passions sont, non seulement ce qui donne à Bruegel l'impulsion de sa création, mais aussi ce qui donne à l'artiste les principes et les objets mêmes de son travail. Celui-ci se concevant, en effet, comme un authentique acte de connaissance de la vérité effective des choses,

1. P. Francastel, *Bruegel*, *op. cit.*, p. 211.
2. *Ibid.*, p. 77.

c'est-à-dire, en premier lieu, des passions et des relations de pouvoir et de résistance que les passions humaines suscitent nécessairement. Nous rejoignons donc Pierre Francastel sur bien des points et finalement aussi, quand il voit, au cœur du XVI e siècle, la peinture de Bruegel comme l'un des « instruments » du « changement » de monde alors en jeu. En précisant qu'il s'agit, de notre point de vue, d'un véritable instrument *cognitif*. Bruegel, poursuit Francastel, est, « dans une large mesure [...], l'un des premiers interprètes de l'esprit laïc, entrant en concurrence, pour la communication d'une sagesse et d'une morale, avec l'esprit religieux »[1]. Et Francastel a raison.

Il nous faut cependant d'ores et déjà indiquer les limites théoriques qui sont celles de l'approche méthodologique de Pierre Francastel et en quoi nous nous en éloignons. Des limites théoriques qui sont, sans doute, le prix à payer d'une perspective sociologique et historique qui minore, jusqu'au refus de principe, toute dimension philosophique de la peinture, en s'opposant à toute tentative d'établir des filiations entre pensée philosophique et production artistique. Or, si nous-même refusons qu'une œuvre d'art puisse être réduite au statut de la simple expression figurée d'une pensée philosophique élaborée en dehors d'elle, nous soutenons cependant la thèse selon laquelle la peinture, non seulement « pense » – par elle-même et en elle-même – mais aussi qu'elle pense philosophiquement[2]. Et que cette pensée philosophique de la peinture (et par l'image) peut s'inscrire (de même que la pensée par concepts) dans une histoire qui est celle, au sens large, de « la philosophie » dont on peut étudier les courants et les querelles. Une histoire des idées – et dans le champ des idées – qui, elle-même,

1. P. Francastel, *Bruegel*, *op. cit.*, p. 201.

2. Il semblerait que, pour Francastel, la peinture « pense » quand il avance et fait jouer, tout au long du texte, le concept de langage figuratif et/ou de pensée figurative. Pourtant, les choses deviennent beaucoup plus floues quand Francastel écrit que « le dernier mot » de l'art de Bruegel « est plus facile à lire que celui de sa pensée. On voudrait pourtant la saisir »... Mais quelle pensée devrions-nous « saisir », chez l'artiste, au-delà de ce que celui-ci exprime dans et par son art ? *Bruegel*, *op. cit.*, p. 204.

avec ses propres passions, ses pouvoirs, ses guerres de positions ou de mouvements, s'articule en y participant, à l'histoire du monde, à ses problèmes, à ses crises et à ses mutations.

En s'opposant à Bosch, tout en reprenant ses figures, nous avons vu que Bruegel donnait à la « seconde nature » (sous la figure héritée du « monde renversé ») une *positivité* dont on peut suivre l'avènement tout au long du XVIe siècle, selon une histoire qui, avant et après Bruegel, affecte de son « épicurisme » différentes œuvres, d'Érasme à Montaigne. Et que l'opposition picturale de Bruegel à Bosch, exprimait déjà aussi la mutation du monde en cours : de l'économie des choses et du savoir du monde clos à l'économie ouverte de l'univers naissant de la modernité. Ce retournement tendanciel du sens de la seconde nature s'inscrira lui-même – pour certaines pensées comme pour certaines œuvres –, dans une histoire philosophique qui est celle du temps long du *passage* d'une conception émanative du monde (au sein du néoplatonisme) à une philosophie de l'immanence. C'est le cas de la peinture de Bruegel qui, sur ce chemin philosophique de la radicalisation de l'émanation à l'immanence, développe sa propre « pensée » picturale. Entre *La Docte ignorance* de Nicolas de Cues et *L'Éthique* de Spinoza.

Or, Pierre Francastel a construit sa lecture à travers une opposition diamétrale à Charles de Tolnay qui, dans les années 30, a vu, dans la peinture de Bruegel, une expression de l'humanisme chrétien dans une filiation philosophique avec la pensée de Nicolas de Cues. La pensée du théologien allemand avait été, en effet, redécouverte, quelques années plus tôt, par Ernst Cassirer qui avait consacré au Cusain une grande partie de son ouvrage[1]. Or, cette mise en relation Bruegel-Nicolas de Cues (que Francastel refuse et à laquelle aucun critique ne se réfère plus aujourd'hui) était loin d'être illégitime, étant donné la lecture panthéiste qu'on a pu faire de la philosophie

1. E. Cassirer, *Individu et cosmos dans la philosophie de la Renaissance*, première édition, 1927 (trad. de l'allemand P. Quillet, Paris, Minuit, 1983). Les deux premiers chapitres du livre sont consacrés à Nicolas de Cues.

du Cusain (lecture dont Nicolas de Cues s'était en son temps, par ailleurs défendu mais qui a eu son effectivité historique sur plusieurs esprits, dont sur l'art de peindre de Pieter Bruegel). L'insistance sur la filiation Bruegel-Nicolas de Cues était loin, en effet, d'être usurpée, étant donné le projet irénique bruegelien, comme aussi la volonté du peintre de valoriser l'attitude profane d'exploration et de lecture du « Grand Livre de la nature ». Tout cela, nous le voyons, en effet, sur les tableaux de Bruegel.

Le rejet de la lecture de Charles de Tolnay par Pierre Francastel se fonde, cependant, sur d'excellentes raisons :
1°) De Tolnay efface totalement les conditions sociales et historiques de la production de l'œuvre et il nie, par là même aussi, les effets de ces conditions sur le travail de l'artiste – que ces effets soient voulus ou non-intentionnels.
2°) De Tolnay installe ainsi Bruegel dans un ciel des Idées, en filiation et en dialogue seulement avec d'autres peintres et des courants de nature philosophique. Les autres peintres, ce sont, d'abord, ceux rencontrés lors de son voyage en Italie. Contrairement, en effet, à ce qui avait déjà été soutenu par les critiques et, à l'encontre de ce qui se développera par la suite après le livre de De Tolnay, Bruegel aurait été plus italianisant que les Italiens eux-mêmes (ou que les peintres du Nord se réclamant de l'Italie). Bruegel aurait eu, en effet, un profond « sens italien de la vie organique des formes », qu'il aurait acquis, durant son séjour dans la péninsule (on sait ce qu'en pensait Francastel...). Et ce sens aurait été d'autant plus profondément ancré chez Bruegel que c'est moins aux expressions extérieures des formes de l'art italien que l'artiste se serait attaché qu'à l'esprit même de ces formes : un esprit, en ce sens, profondément philosophique. Afin de tracer le portrait d'un « Bruegel humaniste » (néoplatonicien et *italianisant*), Charles de Tolnay écrit ainsi :

> Chez Bruegel c'est l'image entière du monde qui devient un organisme animé : ses paysages sont compris dans le sens italien de

> la vie organique des formes, la conception de ses montagnes même est anthropomorphique. Son mépris du nu héroïque et des thèmes mythologiques, son penchant pour les choses de la nature, pour la vie et l'esprit des paysans, ne sont pas le fait du provincial : son art est au contraire universel et moderne.

Or, selon De Tolnay, les principes de cette conception du monde se trouvaient dans la pensée humaniste du XVe siècle.

> Pour la première fois Nicolas Cusanus a dit de la "terre" qu'elle "est pour ainsi dire un grand animal, les rochers en sont les os, les fleuves en sont les veines, les arbres : les cheveux". Cette pensée, que Léonard de Vinci, Marsilio Ficino et d'autres ont reprise, Bruegel la dote pour la première fois d'une forme plastique [1].

Si, en effet, durant son voyage en Italie, Bruegel a acquis « un intérêt objectif et direct pour les phénomènes de la nature » [2] – un intérêt qui est proche de celui des savants de son époque – la vérité cependant recherchée par le peintre, c'est la « vérité descriptive » [3] d'une « vie organique » [4], qui traite la nature comme un grand « être vivant » [5] dont il s'agit de saisir la genèse et le mouvement selon des « lois universelles et immuables » [6]. Ainsi, l'« intérêt objectif et direct » [7] qui est celui de l'observation, converge-t-il avec le regard italianisant sur la vie organique des formes que Nicolas de Cues avait élevé, un siècle plus tôt, au rang d'une métaphysique. Or cette conception, que Bruegel aurait donc hérité des courants platonisants de la Renaissance italienne, est venue s'harmoniser, dans ses dessins puis sa peinture, avec ce que lui apportait de plus fort et de plus

1. Charles de Tolnay, *Pierre Bruegel l'Ancien*, *op. cit.*, p. 7. La citation du Cusain, tirée de *La Docte ignorance* (dont le titre n'est pas précisé par De Tolnay), est donnée de : Nicolaus de Cusa, *Opera*, éditée à Bâle en 1563, lib. II, cap. XIII, p. 42.
2. *Ibid.*, chap. II, « Voyage en Italie », p. 12.
3. *Ibid.*
4. *Ibid.*
5. *Ibid.*
6. *Ibid.*, chap. V, « Le monde renversé », p. 19.
7. *Ibid.*, chap. II, « Voyage en Italie », p. 12.

original l'art brabançon : à savoir l'œuvre bouleversante de Jérôme Bosch. C'est ainsi que Bruegel, à son retour d'Italie, deviendra, selon Charles de Tolnay, « le platonicien du monde renversé »[1] ! Avant 1556, remarque De Tolnay, la vie humaine est absente des dessins de Bruegel qui nous donnent à sentir et à voir une « vaste conception panthéiste »[2] aux accents italianisants, d'où les hommes semblent alors bannis. L'entrée de la vie humaine dans ses vastes paysages sera aussi l'entrée, avec Bosch, d'une conception philosophique, celle du « monde renversé », à partir de laquelle vont ainsi s'opposer le monde des hommes, tenu pour le « royaume des fous », au monde de la nature, « royaume de la raison » : Bosch, en quelque sorte (dont Bruegel hériterait tel quel), enfoncé, comme un coin brabançon, au cœur du platonisme italien ! De ces deux univers opposés, Bruegel devra chercher la « synthèse ». Et la tâche de « déterminer la place de l'homme dans la nature »[3] sera celle, selon De Tolnay, de toute l'œuvre de Pieter Bruegel.

Il y avait eu cependant, avant l'introduction de Bosch, remarque De Tolnay, une période intermédiaire durant laquelle l'artiste a traité de telle façon ses personnages que ceux-ci nous rendent « sensible la résonance de la nature dans l'âme humaine qui y puise sa joie et sa consolation »[4]. Période d'unité stoïcienne dont De Tolnay cite, en exemples, *La Chute d'Icare*, tableau réalisé, selon lui, peu après le retour d'Italie, et *La Fuite en Égypte*, légèrement plus tardif mais presque de la même époque. De Tolnay souligne, dans les deux scènes, le sentiment éprouvé de l'entière subordination d'une vie humaine aux lois éternelles d'une nature immuable et silencieuse. La leçon est ici, celle universelle, de la nécessaire « contemplation stoïque de la vie humaine fatalement soumise aux lois éternelles de l'univers »[5]. Avec l'entrée de la folie boschienne sur ses panneaux

1. Charles de Tolnay, *Pierre Bruegel l'Ancien*, *op. cit.*, chap. v, « Le monde renversé », p. 19.
2. *Ibid.*, p. 17.
3. *Ibid.*, chap. vii, « Synthèse », p. 27.
4. *Ibid.*, p. 29.
5. *Ibid.*, chap. i, « Bruegel humaniste », p. 11.

peints se posait donc le problème de la synthèse entre deux visions (de la nature *et* de l'homme) *a priori* antinomiques.

Et c'est sur cette base philosophique (à la rencontre des deux idéalismes, de Jérôme Bosch et du néoplatonisme aux accents stoïciens – que la réalité de la politique et de l'histoire ne saurait perturber...) – que Charles de Tolnay va fonder sa théorie de la constitution *idéelle* des œuvres de Bruegel qu'il divise en six grands « cycles »; des cycles qui vont nous permettre, dit-il, de « comprendre les principes d'organisation qui ont guidé Bruegel »[1]. Les divers cycles de De Tolnay sont anhistoriques et distingués selon les thèmes des tableaux et des dessins ainsi qu'à travers le type d'espace qui s'y exprime[2]. Nous ne nous arrêterons pas sur le détail et les critères de ces nombreuses distinctions dont beaucoup ont été contestées depuis, tant dans leur principe que dans leur usage. Nous souhaitons seulement souligner le réel contraste entre les multiples distinctions qui vont être mises en œuvre et la leçon, simple et récurrente, que Charles de Tolnay va finalement en tirer. Sous l'apparence du hasard, dit-il, les productions de Bruegel « servent toujours la même pensée universelle » qui « la contiennent chaque fois intégralement ». Une pensée qui n'est, au fond, guère originale et que résumeraient intégralement aussi les paroles les plus célèbres de l'Ecclésiaste : « Vanité des vanités, dit Qohélet; vanité des vanités, tout est vanité » (1, 2 et 12, 8), « et il n'y a rien de nouveau sous le soleil! » (1, 9). La profonde explicitation que nous attendions de la « conception philosophique et scientifique » de Bruegel est alors bien maigre en regard de ce qu'annonçait Charles de Tolnay dans son Introduction puis dans les premières lignes de son premier chapitre. Dans l'Introduction, il déclarait en effet :

> Dans les œuvres de Bruegel la vision artistique est inséparable d'une conception philosophique et scientifique de la vie humaine

1. *Ibid.*, chap. VIII, « Premières compositions cycliques », p. 30.
2. *Ibid.*

> et de la nature : leur structure particulière détermine la méthode de cette étude qui ne s'arrêtera pas à l'impression visuelle mais tâchera, à travers l'analyse esthétique, de pénétrer la secrète pensée de l'artiste.

Et dès les premières lignes de son chapitre 1, Charles de Tolnay inscrivait immédiatement aussi Bruegel dans les sillages de la philosophie de Nicolas de Cues, mais aussi des pensées de Léonard de Vinci ou encore de Marsile Ficin… La suite de son livre, sauf allusivement, ne fera cependant *jamais* directement référence à des textes précis de ces auteurs (qui ne seront plus cités), mais développera simplement l'idée que la peinture de Bruegel est une expression figurale de ce courant italianisant du néoplatonisme. Soit, dans le ciel des idées, une expression picturale d'idées philosophiques *conçues par ailleurs*, et radicalement imperméables aux évènements du temps puisque l'histoire (pour cette conception) n'est que répétition du même, devant laquelle on ne peut, en s'y soumettant, qu'éprouver une immense pitié. C'est cette compassion mêlée de christianisme et de stoïcisme qui serait à lire sur les tableaux de Pieter Bruegel.
Pierre Francastel a donc raison de critiquer sévèrement une méthode qui, de fait, soumet la liberté inventive de l'art de peindre à un cadre intellectuel posé *a priori* et dont la peinture ne serait que l'expression figurée. Mais Francastel a tort en voyant, dans l'adversaire, l'approche philosophique elle-même et la philosophie de Nicolas de Cues dans laquelle De Tolnay a, tout d'abord, inscrit Bruegel. Car l'erreur de De Tolnay n'était ni dans son intention globale d'inscrire Bruegel dans un courant philosophique, ni dans sa référence plus précise à Nicolas de Cues, mais dans sa méthode et dans l'usage qu'il fait de la philosophie.

Son interprétation est, en premier lieu, contestable en ce qu'elle ne prend pas du tout en compte le retournement positif de sens de la seconde nature qui s'opère dans et par le travail de l'œuvre. Ainsi, quand il commente *Les Proverbes*, De Tolnay, qui ne voit dans les personnages que des « automates » ou des « marionnettes », souligne que Bruegel « ne se lasse pas de donner la représentation cosmique d'un monde qui se meut selon les lois de la folie »[1]... Pourtant De Tolnay éprouve bien que quelque chose de fort et de *puissant* résiste

Les Proverbes, 1559, Huile sur bois, 117,5 × 163,5 cm, Staatliche Museen zu Berlin, Gemäldegalerie.

à l'intellectualisme de son interprétation : ce qui résiste, c'est la *peinture* elle-même dans sa matérialité sensible, dans le *conatus* de ses couleurs et de ses formes, et de leurs dispositions! Le monde renversé est, en effet, *transfiguré*, dit-il, par le traitement pictural qu'en donne puissamment Bruegel... Il le reconnaît en notant

1. Charles de Tolnay, *Pierre Bruegel l'Ancien*, *op. cit.*, chap. VI, « Les amusements du monde », p. 24.

que « les couleurs fraîches, gaies et claires où le rouge vif, le blanc pur, le bleu éclatant dominent, transfigurent le monde de la folie en un monde joyeux »[1]... C'est, pour nous, un aveu... D'autant plus que le mot de « transfiguration » qui vient s'imposer sous la plume du théoricien de l'art est extrêmement fort et significatif. Bruegel transfigure, en effet, le monde renversé; c'est-à-dire que l'invention picturale (qui, nous le verrons pour ce tableau, n'est pas seulement dans le jeu des couleurs mais dans l'ensemble de son dispositif pictural immanent forme-couleur) fait apparaître, aux yeux de l'observateur, un *autre ordre* que celui de la représentation que le spectateur avait d'abord sous les yeux (soit l'énumération systématique et imagée des proverbes). Bruegel « transfigure » ce monde c'est-à-dire qu'il en fait voir la dimension (qu'il faut dire) « divine » en nous communiquant la joie que nous pouvons éprouver d'y être entièrement présents, au présent – comme les enfants qui jouent. C'est le dévoilement de la gloire de l'actuel! Une actualité qui ne se réduit point à celle d'une « nature naturée » – la représentation picturale – mais qui est celle de la puissante expression d'une « nature naturante » ou le mouvement réel de son engendrement. Nous sommes véritablement alors, devant le tableau de Bruegel, comme les apôtres Pierre, Jacques et Jean, qui accompagnent Jésus sur le mont Thabor et qui expérimentent *physiquement* sa nature divine : le corps du Christ resplendit, il apparaît, au présent, dans toute sa gloire, illuminé par la lumière éternelle. Notre référence au principe biblique et théologique de la transfiguration n'est pas forcée. Une tradition picturale, que De Tolnay nomme « panenthéiste », existe en effet déjà dans les Anciens Pays-Bas avec le Maître de Flémalle (Robert Campin) et Jan Van Eyck qui « ont fait la synthèse plastique du monde céleste et du monde terrestre et révélé la présence de Dieu sous toutes les formes naturelles; en un mot ils ont découvert le paradis

1. Charles de Tolnay, *Pierre Bruegel l'Ancien*, *op. cit.*, chap. VI, « Les amusements du monde », p. 24.

sur la terre »[1]. C'est cette « doctrine » philosophique, précise De Tolnay, qui « a trouvé chez le philosophe Nicolas de Cusanus son expression la plus éloquente »[2]. Nous pensons, quant à nous, qu'il y a, aussi, dans la peinture de Bruegel cette présence immanente du divin (en tant que puissance constituante) et que, non seulement, les couleurs des *Proverbes* qui *transfigurent*, en sont à la fois l'énergie et l'indice, mais que c'est aussi par là – par son dispositif spécifique de synthèse de la forme et de la couleur – que la peinture « pense » et qu'elle peut, par « sa » propre pensée, s'inscrire dans un courant philosophique et, plus largement, dans l'histoire de la philosophie. De Tolnay ne tirera pas la même conséquence que nous de sa découverte, bien au contraire… Le « contenu » des *Proverbes* est, pour lui, une fois pour toutes fixé par la thèse du monde renversé et il est « identique », déclare-t-il, « à celui de la *Série des Vices et des Vertus* »[3]. Ce qui fait la différence c'est seulement ce que nous-mêmes ressentons par « l'effet du coloris », soit « l'impression qui s'en dégage »[4]. L'argument de la distinction du « contenu » et de l'« impression » est à la fois étrange et pourtant très clair. La réalité effective de la peinture de Bruegel, pour De Tolnay, n'est pas dans et par les effets que produisent, sur l'observateur, la synthèse singulière de la forme et de la couleur. La réalité de la peinture est seulement dans son contenu idéel, soit l'« idée philosophique » que cette peinture enveloppe et exprime. Une idée que nous connaissons déjà (intellectuellement) en dehors de la peinture elle-même (et *avant* elle). Quant à l'impression que nous éprouvons, De Tolnay ne lui accorde finalement qu'une importance très secondaire. Il la renvoie, en effet, à une dimension « décorative ». Très loin de voir, dans ce que lui-même a désigné sous le terme de transfiguration, la positivité même d'un *autre* ordre qui émane du dispositif pictural

1. *Ibid.*, chap. XV, « Conclusion », p. 57.
2. *Ibid.*, p. 56-57.
3. *Ibid.*, chap. VI, « Les amusements du monde », p. 24.
4. *Ibid.*

forme-couleur, il ramène, bien au contraire, l'impression joyeuse du tableau à ce qu'il pense être sa destination marchande première : la décoration de la partie supérieure des murs des maisons des aristocrates flamands que la disposition même des boiseries réservait, dit-il, à l'accrochage de grands tableaux à l'huile peints sur bois qui, ainsi, « participaient à l'architecture de la pièce »[1] ! Là où nous percevons comment véritablement la peinture « pense », De Tolnay ne voit qu'une « intention décorative »[2], qui concerneraient non seulement *Les Proverbes* mais aussi *Carnaval et Carême* et *Les Jeux d'enfants*, les trois tableaux compris dans le « cycle » tolnaysien des « Amusements du monde »... Or, ne pas vouloir s'arrêter « à l'impression visuelle » (renvoyée à un projet décoratif) pour tenter de pénétrer, à travers l'analyse esthétique, « la secrète pensée de l'artiste », c'était passer à côté non seulement de la réalité effective de la peinture et de l'affect qui nous y donne accès, mais aussi à côté de la vérité philosophique singulière de l'œuvre, pour se perdre dans les profondeurs des méandres du psychologisme. Ce que la peinture de Bruegel pense, n'a rien, absolument parlant, de « secret » : c'est ce que nous *disent* ses dessins et ses tableaux (même s'ils sont, comme tout langage, à interpréter). Ce que l'homme-Bruegel (mort en 1569 !) pense... nous ne le saurons évidemment jamais. La seule réalité matérielle de la pensée de Bruegel, ce sont ses œuvres : des « corps » produits dans des conditions historiques particulières et que nous rencontrons aujourd'hui, quatre cent cinquante ans plus tard, avec nos propres corps historiques, nos connaissances, nos affects. Et aussi une méthode qui se méfie du psychologisme et qui ne croit pas au sens caché des choses ni des œuvres, mais seulement au sens que nos instruments de lecture (et/ou d'interprétation) peuvent aujourd'hui produire[3].

1. Charles de Tolnay, *Pierre Bruegel l'Ancien*, *op. cit.*, chap. VI, « Les amusements du monde », p. 24.

2. *Ibid.*

3. Très contestable et paradoxale dans l'étude de la peinture nous paraît ainsi la méthode d'un critique ou d'un historien de l'art qui, dans l'absence de documents extérieurs ou de témoignages sur la pensée du peintre, se défend alors, par exigence critique (ou

ce que la peinture pense, ce que Pieter Bruegel peint

Comme certaines philosophies font partie intégrante de l'histoire de l'art, l'on peut, corrélativement, considérer que certaines œuvres d'art peuvent aussi s'inscrire dans l'histoire de la philosophie. Cette hypothèse de travail permet de produire des liens théoriques signifiants qui, par-delà ou en deçà des rapports de connaissance ou d'influence entre auteurs (peintres et/ou philosophes), instaurent des transitions entre des pratiques de champs différents. Ainsi, entre la philosophie de Nicolas de Cues et la production picturale de Pieter Bruegel, des liens se nouent en effet, liens structurels sinon de parenté du moins de problématique, qui traversent les champs en les unissant par certains de leurs aspects.

Or c'est par l'expérience de l'affect et/ou du plaisir de ces choses qui nous charment et nous émeuvent par leur seule contemplation, que nous approchons, d'abord, les œuvres d'art. Par l'affect et le plaisir éprouvés, nous percevons les œuvres dans leur singularité et nous pouvons ainsi saisir les liens qui les unissent à des pratiques philosophiques. Et nous avons, dès notre avant-propos, dit le ravissement que nous éprouvions face aux tableaux de Pieter Bruegel...

Engager cependant une approche de la question de l'art par la voie du ravissement n'est pas sans rencontrer d'immenses difficultés. C'est justement sur l'admiration de la beauté du monde comme œuvre de la création divine, transposée aux œuvres de l'art, que l'on peut porter, à juste titre, la plus sévère des critiques en ce que cette attitude enveloppe de lourds présupposés. Par son rejet des problématiques de l'utopie et du modèle, Bruegel nous libère

scientifique), de lire cette pensée dans et par l'œuvre elle-même. C'est ainsi que Larry Silver peut affirmer : « il existe trop peu de documents sur Bruegel pour le considérer comme un esprit critique ou un intellectuel » (*Bruegel, op. cit.*, p. 176). Mais n'est-ce pas l'œuvre elle-même qui pense avec son propre esprit critique ? n'est-ce-pas le corps de l'œuvre qui affirme son propre intellect dans et par la relation vivante que la peinture – qui est faite pour être vue – instaure avec ses observateurs ?

pourtant de ces préjugés. Par le regard « géométrique » avec lequel il nous invite à « voir » le monde, il s'agit, bien au contraire, de nous délecter des images d'une *production* aussi naturelle qu'historique, entièrement décapée de l'imaginaire téléologique et religieux. Voir et comprendre seulement par les effets, telle est sa leçon. Le regard bruegelien n'expose que les conséquences expressives, précises et déterminées des lois de la nécessité : c'est, en quelque sorte, une pensée philosophique directement présente à nos yeux dans et par l'image! Pourtant, ce qui nous est donné à voir, à apprécier et à goûter, ne l'est ni par des démonstrations ni par des concepts... Ce sont, sous nos yeux sensibles et dans nos corps affectés, les *expressions singulières* du mouvement réel du Réel : seulement des *faits* et des *effets* dont le mouvement, jamais en repos, est sur le tableau mis *en suspens* : le suspens même de la pensée. Mais une pensée incarnée au cœur du monde. Car l'observateur singulier qu'appelle et que produit la contemplation artistique, est avant tout « un corps » qui, dans la rencontre du corps-du-monde de la peinture, suppose de multiples manières d'être affecté pour advenir à la délectation proposée; un corps, en effet, largement *exposé au monde* et, au plus haut point, affecté par lui. Un corps apte à accueillir ce monde dans l'infinie diversité de ses expressions; apte à y prendre activement part; apte à y éprouver du plaisir (*delectatio* ou *voluptas*). Ce lecteur philosophe/témoin du monde, aux aptitudes affectives nombreuses et étendues, est aussi celui dont la puissance de l'imagination matérielle est aussi la plus grande. Celui capable – par la voie de l'image décapée de toute illusion –, de faire l'expérience de la vérité effective des choses et des œuvres. Une vérité qui est celle que Bruegel peint dans et par l'affect que nous expérimentons par ses tableaux. Et c'est cet affect que Bruegel peint effectivement, aujourd'hui encore, en nous et par nous qui *participons matériellement* à l'image. Car sa peinture ne représente pas les sentiments de l'âme mais l'expression, au présent, du mouvement réel des corps : le corps puissant, expressif du monde, corps du monde et/ou de la peinture *en nous et par nous.* Ses œuvres

peuvent alors être appréciées, connues et pensées dans leur propre pensée, du point de vue des dispositifs effectifs de leur production et de leurs effets, soit du processus sans repos qui nous saisit et se perpétue dans le puissant et paradoxal *suspens* de l'image peinte.
Le cas des *Proverbes*, comme des quatre œuvres classées, par De Tolnay, dans le cycle des « Amusements du monde » (*Les Jeux d'enfants; La Bataille de Carnaval et Carême; Le Patinage près de la porte Saint Georges d'Anvers* et *La Kermesse de Hoboken*) est, en ce sens, symptomatique. Charles de Tolnay remarque que

> les personnages sont caractérisés par leurs silhouettes, ce qui leur confère un caractère d'autant plus comique, qu'ils en sont inconscients, – les rapports de ces silhouettes entre elles semblent réglés par un jeu nouveau qui, les distribuant avec égalité sur tout le plan du tableau, crée une sorte de semis ornemental.

Et De Tolnay d'avancer alors un argument décisif :

> Le groupement des masses, dans les quatre compositions, n'est pas conçu selon les critères artistiques de l'harmonie; pour la première fois ici, la loi de l'attraction universelle préside à la composition d'une œuvre plastique [...]. Leur fourmillement s'ordonne pourtant à une certaine distance pour prendre un rythme, – les mille voix dissonantes s'orchestrent. Nous sommes une fois de plus en face d'images cosmiques [1].

Il est fascinant de constater combien De Tolnay est à la fois très proche de la vérité de l'œuvre et pourtant extrêmement éloigné. Éloigné absolument, parce que rien ici n'est ornemental : le travail de recherche du vrai et sa communication sont l'unique préoccupation de Bruegel et c'est seulement pour cela qu'il invente et construit ses dispositifs. Très proche pourtant parce que De Tolnay pointe, de fait, les éléments essentiels et originaux du nouveau dispositif pictural : la distribution à égalité, l'absence du critère d'harmonie; la nouvelle loi à partir de laquelle les différences s'accordent; la dimension « cosmique » de l'œuvre (il remarquera à ce propos aussi

1. Charles de Tolnay, *Pierre Bruegel l'Ancien*, *op. cit.*, p. 25.

« l'inclination du plan [qui] approche de la verticale; au point que le ciel semble coupé »... [1]). Or c'est bien par la matérialité dynamique de ce dispositif pictural qui est celui de la construction du corps expressif de l'œuvre – dispositif par lequel celle-ci nous affecte *singulièrement* – que la peinture de Bruegel « pense » et qu'elle peut ainsi s'inscrire dans l'histoire de la philosophie. Non pas parce que Bruegel exprimerait de manière figurative, des idées philosophiques venues d'ailleurs, mais bien parce que sa peinture en elle-même pense en s'inscrivant dans une histoire où les champs différents communiquent effectivement dans et par les grands mouvements historiques dans lesquels ils sont eux-mêmes pris. On verra alors que le dispositif bruegelien est bien un dispositif expressif, mais ce qu'il exprime ce n'est pas une « idée » mais la réalité puissante du mouvement réel de la constitution du monde. Un mouvement réel (qui est aussi celui de la création artistique) qui « résonne » effectivement – dans sa manière de poser et de résoudre, sur le plan pictural, la question de l'accord de l'Un et du multiple – avec une conception philosophique qui est celle de Nicolas de Cues. Nous situons cette « résonance » – dans la communication des champs – *sur le chemin* d'une histoire qui a conduit un certain mouvement de pensée, entre le XVe et le XVIIe siècles, du néoplatonisme de l'émanation à l'affirmation de l'immanence. De ce chemin, Gilles Deleuze a pointé les étapes essentielles.

Indépendamment, en effet, d'une considération philosophique sur les œuvres d'art, Gilles Deleuze a retracé les moments cardinaux de l'histoire de la théorie de l'expression [2]. Une histoire qui voit l'immanence prendre une importance de plus en plus grande et, finalement, exclusive, aux dépens de l'émanation. Or cette histoire qui est celle de la radicalisation de l'immanence, dont Deleuze montre qu'elle conduit, comme étape ultime, à la philosophie de Spinoza, est, de fait, inséparable d'un mouvement équivalent

1. Charles de Tolnay, *Pierre Bruegel l'Ancien*, *op. cit.*, p. 25.
2. G. Deleuze, *Spinoza et le problème de l'expression*, chap. XI, « L'immanence et les éléments historiques de l'expression », Paris, Minuit, 1968, p. 153-169.

dans l'histoire de la peinture. Et l'œuvre de Bruegel est un exemple majeur de ces correspondants picturaux auxquels l'image expressive, dans sa singularité, va faire conceptuellement écho. Pour comprendre cela, il nous faut d'abord revenir sur quelques traits principaux de l'histoire philosophique de l'expression.

Gilles Deleuze a montré que l'histoire de la pensée d'une matérialité expressive de l'image passe par une étape décisive : celle de l'œuvre de Nicolas de Cues [1]. Comme Spinoza qui – selon Deleuze – va radicaliser, jusqu'à son acmé, le mouvement qui, avec Nicolas de Cues, voit l'immanence prendre progressivement le pas sur l'émanation, Bruegel va lui-même radicaliser, dans et par la pratique picturale, ce dont traitait, en son domaine propre (celui du concept), la philosophie du Cusain. Ce parcours de radicalisation d'une même tension partagée, émanation-immanence, qui conduit vers l'immanence radicale mais dans des champs différents, fait de l'œuvre-peint de Bruegel l'Ancien un puissant correspondant philosophique pictural de questions par ailleurs traitées sur le plan conceptuel. Pour mieux comprendre cela il nous faut repartir de Platon et du néoplatonisme, soit de la problématique de la *participation* et de la manière dont ce problème a d'abord été posé dans (et pour) le domaine des images.
Le principe de participation est, en effet, cherché d'abord du côté du participant et Platon d'insister alors sur la violence que subit le participé ; la participation étant une aventure qui survient du dehors. Le néoplatonisme va alors renverser le problème en cherchant un principe interne qui rend la participation possible du point de vue du participé ; soit un principe (et/ou un mouvement) qui fonde la participation dans le participé comme tel. Subordonner l'imitation à une genèse ou à une production à partir du « donateur », c'est ce qui va définir la logique de l'émanation pour laquelle le participé est donc actif (c'est le donateur) et le participant un « effet » qui ne reçoit que ce que lui donne la Cause (c'est-à-dire le Bien, le Beau,

1. *Ibid.*, p. 158 *sq.*

la Vérité...), tout en étant elle-même, en tant que fondement, ni participé ni participable. Ce sera le « Un », supérieur à ses dons, qui va rendre compte de la genèse du participant (qui en tant qu'effet, reçoit), mais aussi du participé (qui en tant que cause, donne) et qui rend compte, de ce fait, qu'il est participé. Le donateur est conçu comme supérieur à ses dons comme à ses produits ; il est à la fois « participable » (d'après ce qu'il donne) et « imparticipable » (en lui-même ou selon lui-même), en ce qu'il est le fondement transcendant de toute participation. Quelles sont les conséquences de ces distinctions pour notre réflexion ? La participation, du point de vue du participant (Platon) ou du point de vue du participé (Plotin, Proclus, Damascius...), ne change rien, essentiellement, au statut de l'image. Dans les deux cas, l'image n'a pas de consistance ontologique propre ; elle se réduit à une apparence en elle-même impuissante. La question de la consistance de l'image et de sa puissance expressive se posera seulement dans la tension, propre à l'histoire du néoplatonisme, entre cause émanative et cause immanente. Toute poussée de l'immanence, dans l'émanation, devenant alors favorable – dans et par la consistance gagnée par l'image – à la promotion d'une expression propre. C'est aussi la raison pour laquelle l'auteur d'une telle avancée ou poussée ontologique, court le risque d'être accusé de panthéisme... Comme ce fut le cas pour Nicolas de Cues. Et Deleuze montre combien, dans les raisonnements et les démonstrations du Cusain, *l'usage de l'image* surdétermine cette poussée (vers l'immanence) dans le concept. Ainsi en est-il des métaphores du *rayonnement* et de la *sphère infinie* qui corrigent nettement, de fait, la théorie néoplatonicienne de la hiérarchie[1]. L'Un, en effet, *rayonne* dans et par les choses, si bien que cette *resplendentia*[2] radicalise (et fait basculer) physiquement, l'émanation vers l'immanence. Quant

1. G. Deleuze, *Spinoza et le problème de l'expression*, *op. cit.*, p. 158 *sq.*
2. « À mesure que l'Inattingibilité se développe dans la variété des images, en celles-ci, le Même *resplendit* davantage » (*De la Genèse*, 150-151) ; cité par M. de Gandillac dans *Nicolas de Cues*, Paris, Ellipses, 2001, p. 37, note 3 (c'est nous qui soulignons).

à l'image de la sphère infinie, Nicolas de Cues l'applique, pour la première fois, à Dieu comme il l'a appliquée à la machine du monde :

> Donc la machine du monde aura, pour ainsi dire, son centre partout et sa circonférence nulle part, parce que Dieu qui est partout et nulle part est sa circonférence et son centre[1].

De ce point de vue, c'est le multiple et les singuliers qui s'expriment dans l'Un, comme l'Un lui-même s'explique et s'exprime dans le multiple :

> Dieu complique donc toutes choses en lui, en ce sens que tout est en lui. Et il explique toutes choses, en ce sens qu'il est en tout[2].

Il est la complication universelle

> et l'explication de toutes choses et que, en tant que complication, toutes choses sont Lui, en Lui, et que, en tant qu'explication, Il est dans toutes choses ce qu'elles sont, comme la vérité est dans l'image[3].

Les deux concepts majeurs du Cusain, *complicare* et *explicare*, pourtant compris dans la doctrine de l'émanation, viennent ainsi contrecarrer les principes néoplatoniciens de la hiérarchie et de la dégradation (de l'Un dans la multiplicité de ses images). Dans la complication de l'explication et de l'implication (toutes choses étant présentes à Dieu qui les complique; Dieu étant présent à toutes choses qui l'expliquent et l'impliquent), il y a coprésence de deux mouvements corrélatifs. Cette coprésence a pour effet une très grande diversité de points de vue. Chez Nicolas de Cues, la notion de *multitudo* est alors immédiatement liée à celle de la « diversité » mais aussi à la servitude politique d'une existence violemment soumise à la domination monarchique :

1. Nicolas de Cues, *La Docte ignorance*, chap. XII, 162, trad. H. Pasqua, Paris, Bibliothèque Rivages, 2008, p. 165.
2. *Ibid.*, II, chap. III, 107, p. 124.
3. *Ibid.*, I, II, chap. III, 111, p. 127.

> Mais tu sais bien, Seigneur, qu'une grande multitude ne peut exister sans grande diversité et que presque tous les hommes sont contraints de mener une vie de travail, pleine de tribulations et de malheurs et de se soumettre en servile soumission à des rois qui les dominent[1].

Cette domination de l'Un hante et nourrit profondément la réflexion métaphysique, politique et picturale de l'œuvre de Pieter Bruegel[2]. L'Un-Tout du Pouvoir qui écrase la multitude dans sa diversité et qui lorsqu'on l'attaque, se divise en « deux » aliénant par là même, dans son propre champ de domination, les forces de sa propre contestation. Des forces qui deviennent elles-mêmes ainsi des forces de mort quand l'Un et l'Autre sont *en vérité* devenus le Même (*La Bataille du mont Gelboé* et le suicide de Saül sont sur cette question exemplaires). Pour le peintre, c'est à ce triomphe unifié de la mort qu'il s'agit de résister et d'échapper afin que s'effectue, enfin et réellement ici et maintenant, la résurrection multiple des corps et des esprits, dans leur diversité.

Or la métaphysique de la « complication » conteste puissamment, de fait, la logique politique de la domination d'un seul. Elle affirme, au contraire, *l'égalité de l'être*, car c'est le même être auquel les choses sont présentes et qui, lui-même, est présent dans les choses. Deleuze (qui n'aborde pas dans ce chapitre de son livre la question politique) écrit cependant à ce propos que :

> La participation trouve son principe non plus dans une émanation dont l'Un serait la source plus ou moins proche, mais dans l'expression immédiate et adéquate d'un Être absolu qui comprend tous les êtres et s'explique par l'essence de chacun[3].

1. Nicolas de Cues, *De pace fidei / La Paix de la foi*, cité dans M. de Gandillac, *Nicolas de Cues, op. cit.*, p. 104 ; extrait de *La Paix de la foi*, trad. de Roland Galibois et Maurice de Gandillac, Sherbrooke-Paris, Université de Sherbrooke-Vrin, 1977.
2. C'est sur l'aliénation au pouvoir de l'Un sur laquelle, quelques années après Bruegel, s'interrogera, aussi, Étienne de La Boétie dans son percutant *Discours sur la servitude volontaire*, intitulé significativement aussi *Le Contr'Un*.
3. G. Deleuze, *Spinoza et le problème de l'expression*, *op. cit.*, p. 159.

L'expression de l'Être absolu enveloppe ainsi toutes les dimensions ontologiques de la complication : de l'explication, de l'inhérence (des choses à l'Être), et de l'implication (de Dieu par et dans les choses qui l'expliquent). Sur ce chemin qui, *via* Nicolas de Cues, va de l'émanation à l'immanence, on découvre que l'avènement de l'expressivité de l'image (et/ou de sa consistance), est lié à l'affirmation émancipatrice d'une « multitude ».
C'est ce chemin d'une culture de l'expression que dessine Bruegel sur ses panneaux peints, surdéterminant ainsi l'effet immanentiste de l'image qui passe de la simple métaphore à la puissante complexité d'un dispositif pictural. C'est à travers ce dispositif que l'Un démultiplié sur le panneau peint, offre, à la vision de l'observateur, une voie d'accès au divin. Nicolas de Cues concluait déjà son *De Icona* par une métaphore picturale :

> Seigneur, qui as fait par toi-même toutes choses, tu as créé ce monde par la nature intellectuelle, comme un peintre qui mélange différentes couleurs pour pouvoir se représenter lui-même afin d'avoir l'image de lui-même où se savoure et où repose son art. Et bien que l'un ne puisse se multiplier, il peut néanmoins se démultiplier en la très grande proximité de la ressemblance. Multiples sont les figures qu'il façonne car de sa puissance infinie la ressemblance ne peut se développer, sur un mode toujours plus parfait, qu'en une multiplicité de figures : ce sont tous les esprits intellectuels propres à chaque esprit. Et s'ils n'étaient innombrables, tu ne pourrais pas, Dieu infini, être toujours mieux connu[1].

Cependant – il faut le souligner à nouveau –, à travers ses images et leur multiplicité expressive, Bruegel, quant à lui, n'explique pas didactiquement une idée philosophique (en l'occurrence la philosophie du Cusain). C'est sa pratique picturale, elle-même,

1. Nicolas de Cues, *Le Tableau ou la vision de Dieu*, trad., présentation, notes et glossaire A. Minazzoli, Paris, Les Éditions du Cerf, 2007, chap. XXV, p. 93.

qui est l'exercice d'une philosophie en acte qui résonne avec la philosophie de Nicolas de Cues *en la radicalisant* en un sens immanentiste et expressif. Ce que la pensée bruegelienne exprime, ce ne sont pas alors des « idées » (qui existeraient en dehors et indépendamment d'elle et qu'elle manifesterait par des images), c'est le mouvement réel et constructeur d'une authentique pensée picturale. Une « causalité adéquate » en quelque sorte. Une causalité propre de l'œuvre qui affirme ainsi son autonomie et, dans ce même acte, qui dit non seulement la vérité sur elle-même (« la vérité de la peinture » comme l'avait fort bien perçu Ortelius) mais aussi la vérité du monde et/ou de Dieu que la peinture enseigne effectivement dans et par la puissance de ses constructions.
C'est ainsi que chez Bruegel Dieu n'est jamais, à proprement parler, cause éloignée. C'est la sphère infinie du monde que son dispositif pictural construit véritablement sous nos yeux – dans *Les Proverbes* ou dans *Les Jeux d'enfants* – comme le Jeu divin ou l'œuvre ouverte de la peinture elle-même, que l'artiste oppose systématiquement à son simulacre théologico-politique particulier : le globe terrestre surmonté d'une croix qu'il ne manque jamais, *a contrario*, de représenter et d'utiliser comme signe de domination et d'enfermement. Et, nous verrons, dans ses derniers grands tableaux – *Le Repas de noce* et *La Danse des paysans* –, que c'est en modifiant notre « impression » (et/ou notre « affect », donc notre « idée ») à partir d'une modification de son dispositif pictural, que Bruegel va encore approfondir le point de vue *immanent* de l'égalité d'être entre Dieu, le monde et sa multiplicité. Et de ce point de vue de l'impression ce n'est pas le caractère ornemental de l'œuvre qui s'exprime mais bien plutôt sa puissance constructive et d'adéquation !

Où Charles de Tolnay lit encore la fixité éternelle d'une *philosophia perennis* – celle du monde renversé –, c'est donc une philosophie de l'immanence qui se construit et s'affirme en acte, dans le travail de l'œuvre peint de Pieter Bruegel.

La thèse du monde renversé, qui parcourt les commentaires « philosophiques » de Bruegel, n'était pas, cependant, sans enseignement. Cette thèse est aussi, dans les réflexions de De Tolnay – et à son insu –, le symptôme d'une vérité de l'œuvre et de son dispositif d'analyse : à savoir l'identité *effectivement* exposée de l'imaginaire et du réel. Soit de l'affirmation de la dimension « réelle », comme « réalité effective », de l'imagination des hommes, qu'exposent, de fait, les tableaux de Bruegel. Cela ne veut pas dire que le peintre confond (comme la thèse philosophique du monde renversé) la réalité du monde et son imagination – bien au contraire ! – mais cela signifie que Bruegel attribue à l'imagination humaine une puissance, une force, une réalité, une vertu, qui est aussi consistante que la réalité même du monde dont cette imagination fait entièrement partie. C'est une des thèses bruegeliennes qu'exposent ses panneaux peints : l'imagination constitue, de fait, la réalité « humaine » du monde. L'imagination ne constitue pas, *toute* la réalité du monde, mais *presque* toute la réalité des hommes devant laquelle la Nature demeure indifférente. Cette identité exposée (de l'imaginaire et du réel), comme vérité de fait, ne peut se comprendre adéquatement qu'à condition de pouvoir penser cette identité du point de vue de la différence, elle, radicale, de l'acte de comprendre et de l'acte d'imaginer. C'est cette différence que le peintre expose aussi.

Ainsi, nous faire connaître combien l'imagination humaine est constitutive de la réalité du monde et de ses institutions (du pouvoir de l'Église comme du pouvoir souverain), nous faire connaître l'imagination elle-même, aussi bien dans ses effets de servitude (comme technique de domination) que dans sa perfection propre (sa puissance créatrice et ses effets possibles d'émancipation), c'est ce que fait effectivement la peinture de Bruegel. Et elle le fait du point de vue de l'exercice de l'entendement.

Ce que construit ainsi Bruegel c'est un véritable dispositif critique qui doit forcer le spectateur à une conversion du regard, soit à une véritable réforme de l'entendement dont les conséquences sont à la fois éthique, politique et théologique. Conversion de la pensée absolument décisive en ce qu'il ne peut y avoir d'alternative chez lui qu'entre comprendre vraiment ou le triomphe de la mort. Triomphe de la mort qui n'est rien d'autre, en vérité, que la victoire de l'imaginaire-réel de la domination théologico-politique. Le *Triomphe de la mort*, peint vers 1566[1], est ainsi à l'horizon de la méditation d'une œuvre qui s'efforce de penser une alternative à cette aliénation généralisée au pouvoir hégémonique de l'Un.
C'est dire combien « comprendre » – et non pas « croire » – est pour Bruegel la source de vie vraie. Deux œuvres nous paraissent, de ce point de vue, significatives quant à la méthode qui est mise en œuvre : *La Chute d'Icare* qui est une méditation sur la chute d'un imaginaire et l'aube d'une nouvelle ère, et un dessin à la plume et encre brune, *Le Peintre et le connaisseur*, réalisé vers 1565. Commençons par examiner le dessin.

Les spécialistes supposent qu'il s'agit d'un autoportrait. Acceptons-en l'hypothèse. Disons, en préalable, que nous ne croyons pas du tout à l'idée, soutenue par Francastel, selon laquelle les clients de Bruegel pouvaient saisir le sens véritable des œuvres. Francastel peut soutenir cette thèse car il ne voit guère chez Bruegel qu'une suite d'interrogations, certes profondes mais aporétiques en ce qu'elles débouchent finalement sur le paradoxe d'une morale de la vanité de toute action dans le monde… Une sorte de désengagement et de désenchantement sceptique vis-à-vis de cette folie généralisée qu'est le réel (nous verrons que Francastel ne tiendra pas cette interprétation jusqu'au bout…). Il est vrai que si l'enseignement de Bruegel n'était que cela, on pourrait effectivement supposer la

1. Le tableau n'est pas daté. 1566 est la date qui est avancée par Larry Silver, *Bruegel*, *op. cit.*

compréhension du spectateur. Mais l'œuvre n'est pas réductible à cette morale sceptique ni effectivement comprise, en son sens véritable, par ceux qui l'achètent.

Le Peintre et le connaisseur, vers 1565, Plume et encres brun gris et brun clair, Graphische Sammlung, Albertina, Vienne.

Et c'est en partie ce que nous apprend *Le Peintre et le connaisseur.* Là où, dans une des grandes monographies consacrées à Bruegel, Philippe et Françoise Roberts-Jones suggèrent une lecture positive de la relation du peintre et du « connaisseur » en lisant de l'estime, de l'admiration et le soutien matériel du client au créateur[1], nous lirons, au contraire, l'exposition d'un radical malentendu. Le client regarde le tableau. Le peintre regarde ailleurs, sur sa gauche (peut-être un modèle). Et, nous, spectateurs, nous ne voyons ni la réalité

1. Ph. et Fr. Roberts-Jones, *Pierre Bruegel l'Ancien*, Paris, Flammarion, 1997 p. 234-236.

que voit le peintre ni le tableau que regarde le client; pour voir la toile il faudrait que nous soyons, comme l'amateur d'art, derrière le peintre et que nous regardions par-dessus son épaule. Et nous éprouvons effectivement le désir de nous déplacer pour regarder ce que nous imaginons que l'amateur voit et qui doit être drôle ou plaisant puisqu'il en sourit. Pourtant, ce que nous indique ce que nous voyons *réellement* dans les limites du dessin de Bruegel, c'est que si nous prenions la place de l'amateur peut-être serions-nous aussi aveugle que lui! Celui-ci porte, en effet, des bésicles ce qui est plutôt un mauvais signe quant à l'état de sa vue, et il a un sourire entendu sur ce qu'il croit voir sur la toile... et il porte déjà la main à sa sacoche pour en extraire l'argent qui lui permettra de s'approprier le tableau. Cette excitation, cette précipitation, ce mélange des deux actions divergentes (contempler et acheter) sont une accumulation de signes négatifs. D'autant plus quand on les compare avec l'accord du regard, du visage et de la main du peintre. Le regard fixe et comme suspendu de l'artiste exprime le temps arrêté d'une contemplation voire d'une méditation du réel. Le pinceau est tenu dans la main comme une plume d'écriture, moyen d'élaboration d'un texte qu'il faut savoir lire, étant donné le sérieux qui est mis dans sa construction. Nous avons ainsi, avec les deux personnages, deux directions de regards, deux objets perçus, deux manières de sentir et de penser qui fondamentalement divergent. Comment, en cette situation, lire une harmonie? Trois indications extérieures au dessin peuvent venir renforcer notre impression et notre première interprétation : le marché de l'art au temps de Bruegel; la façon dont sa peinture est perçue en son temps; enfin ce que peut nous apporter encore ce qu'écrit Ortelius.

Premier point : Bruegel, nous l'avons souligné, vit dans une période d'explosion du commerce des œuvres d'art. Et peut-être le client de Bruegel est-il l'un de ces nombreux marchands très actif dans ces transactions...

Deuxième point : Ce qui ressort de la partie consacrée à Bruegel dans *Le Livre des peintres* de Karel Van Mander de 1604, c'est qu'on a affaire à un peintre « très spirituel et très malicieux » « apte à bien rendre par le pinceau toute paysannerie » et qui, à l'imitation de Jérôme Bosch, a composé de nombreuses scènes fantastiques et bon nombre de drôleries.

Troisième point : il y a enfin, l'éloge funèbre qu'Ortelius a donné de son ami. Bruegel, dit-il, « n'est pas seulement le plus grand des peintres, mais la nature même des peintres », par quoi il veut dire, la vérité même en peinture qui doit donc, comme la nature, servir de modèle aux autres peintres... Bruegel, poursuit Ortelius, « a peint beaucoup de choses qui ne peuvent pas être représentées [*quæ pingi non possunt*] ». Et il ajoute que dans toutes ses œuvres, il y a toujours quelque chose à comprendre en plus de ce qui est représenté – soit qu'il y a là, « plus de pensée que de peinture » ... – Et l'on peut logiquement nous-même penser, en comparant ce que dit le savant Ortelius à ce qu'écrit Van Mander (le « spécialiste » d'art), que ce "quelque chose à comprendre en plus" n'est pas du tout ce qui est perçu par ses contemporains ...

Bruegel le sait. Le visage du peintre est tendu et désapprobateur. On sent même de la colère dans sa manière de serrer les dents, peut-être pour s'empêcher de dire à ce client qui le touche presque (et de dire sans doute à nous-même si nous désirions prendre la place de l'amateur...) ce qu'il en pense! Nous sommes très loin, dans ce dessin, de la jouissance détendue de l'artiste reconnu comme dieu [1] ! Ou bien s'agit-il d'un dieu très agacé! La production artistique est certes, chez Bruegel, une forme de jeu divin, et cela expliquerait plutôt pourquoi l'artiste, dérangé dans son travail, serre les dents! L'acte de peindre impliquant le sérieux absolu des enfants qui jouent, l'artiste n'apprécie guère qu'un ignorant myope à l'air niais

1. « La peinture a donc ce mérite que lorsque les peintres experts en leur art voient qu'on admire leurs œuvres, ils comprennent qu'ils sont presque semblables à un dieu », Leon Battista Alberti, *De la peinture* II, 26, *op. cit.*, p. 101.

et entendu, vienne brusquement s'immiscer dans le sérieux du jeu de la création…

La disposition des éléments du dessin, l'absence de lieu, l'orientation des regards, le geste des mains, nous préviennent d'abord que du point de vue du client, qui croit immédiatement voir et savoir, il n'y a justement rien à voir… Mais, plus profondément encore, que ce que montre la peinture de Bruegel est, par nature, invisible. Que sa peinture a bien pour fonction de montrer quelque chose – la réalité effective que fixe en dehors du dessin le regard du peintre – mais que ce quelque chose est par nature invisible dans la peinture elle-même (le réel est réellement absent du dessin comme du tableau que regarde l'amateur). Ce quelque chose d'invisible que peint Bruegel pourtant et qui ne peut pas être représenté ou peint, ne peut donc être à la fois que senti et pensé.

Senti, selon le jeu d'une mutation affective, qui détermine l'observateur à un déplacement théorique : de la connaissance imaginative à celle de l'entendement. Devant le tableau, il ne s'agit donc pas de rire et/ou de se moquer (bien que l'on puisse rire à la vision des tableaux de Bruegel, mais cela a un tout autre sens que celui de la raillerie que susciteraient les figures représentées) ou encore de se désoler… mais simplement de comprendre. Un *intelligere* qui n'est pas sans affect car, ici, c'est l'affect qui est aussi l'idée.

Le texte d'Alberti nous éclairait déjà sur la question du rapport du peintre à l'argent et à la gloire : c'est une constante, dit-il… et un danger dont (nous le constatons) le peintre (de Bruegel) se méfie[1]. Alberti insiste également sur le rapport du peintre et du philosophe et sur l'« esprit naturellement parfait et supérieur » de celui qui « prend un plaisir passionné à la peinture »[2]. Et si l'on peut tenir le peintre bruegelien pour un philosophe, ce n'est cependant pas le cas, à l'évidence, du « connaisseur » du dessin ! Le peintre est ainsi

1. Leon Battista Alberti, *De la peinture* II, 26, *op. cit.*, p. 115.
2. *Ibid.*, p. 107-113.

comme le semeur de la parabole qui figure sur le premier panneau peint de Bruegel : un tableau significatif, de ce point de vue, de l'idée qu'il se fait, dès ses commencements, de la peinture, de sa mission et/ou de l'acte de peindre[1]. Il faudra, en effet, que comme la semence divine, le tableau rencontre « des yeux pour voir et des esprits pour entendre »[2].

Comme *Le Peintre et le connaisseur, La Chute d'Icare*[3] trace également la séparation épistémologique entre entendement et imagination. Il s'agit d'un tableau non daté que les spécialistes situent dans la première partie de l'œuvre peint. C'est une magnifique mise en image d'un passage des *Métamorphoses* (VIII, 183-235).

Remémorons-nous le récit d'Ovide. Dédale qui est prisonnier du roi Minos sur l'île de Crète déclare :

> Minos peut bien me fermer les chemins de la terre et des ondes, mais, du moins, le ciel me reste ouvert. C'est la route que je prendrai. Fût-il maître de tout, Minos n'est pas maître de l'air.

Et Dédale se met en quête « d'un art inconnu, ouvrant de nouvelles voies à la nature », l'art de voler. Avec des plumes, du lin et de la cire, Dédale construit alors des ailes pour lui-même et pour son jeune fils, Icare, à qui il recommande pour son vol, de se

> tenir à mi-distance des ondes, de crainte que, si tu vas trop bas, elles n'alourdissent tes ailes, et du soleil, pour n'être pas, si tu vas trop haut, brûlé par ses feux; vole entre les deux [...]. Prends-moi pour guide de la route à suivre.

1. *La Parabole du semeur*, 1557. Huile sur bois, 73,7 × 102,9 cm, San Diego, Timken Art Gallery, The Putnam Foundation.
2. Matthieu 13, 2-23.
3. *La Chute d'Icare*, huile sur toile, 73,5 × 112 cm, Musées Royaux des Beaux-Arts de Belgique, Bruxelles. Le tableau n'a ni date ni signature. Son attribution à Pieter Bruegel l'Ancien est contestée depuis 1931. Il s'agit vraisemblablement d'une copie d'un original que la plupart des spécialistes s'accordent à situer, plutôt, au début de l'œuvre, vers 1555, alors qu'avec des arguments assez convaincants Lary Silver (*Bruegel, op. cit.*, p. 131) le situe aux alentours de 1560.

Et Dédale et Icare de prendre leur envol. Ovide écrit alors que :

> Quelque pêcheur occupé à surprendre les poissons au moyen de son roseau qui tremble, un pasteur appuyé sur son bâton ou un laboureur au manche de sa charrue, qui les vit, resta frappé de stupeur et pensa que ces êtres qui pouvaient voyager dans les airs étaient des dieux.

C'est alors, qu'enivré par ce vol audacieux, l'enfant abandonne son guide et, cédant au désir d'approcher du ciel, c'est, bien au contraire, sa chute qu'il précipite.

> Le voisinage du soleil dévorant amollit la cire odorante qui retenait les plumes. La cire ayant fondu, l'enfant n'agite plus que ses bras nus, et, manquant désormais de tout moyen de fendre l'espace, il n'a plus d'appui sur l'air; et sa bouche criait encore le nom de son père, quand l'engloutit l'eau céruléenne[1].

C'est à ce moment précis où Icare disparaît dans l'eau (on ne voit plus que ses deux petites jambes s'agiter et le bout d'une de ses mains), que Bruegel a décidé de saisir la scène. Mais ce ne sont pas ces fragments de corps minuscules que le spectateur peut voir en premier… Bien au contraire. Tous les critiques notent, avec raison (et évidence), que l'évènement qui donne son titre au tableau (comme c'est aussi le cas pour *Le Portement de croix*) est, de fait, un épisode imperceptible… Et, quand l'évènement est découvert, ce qui frappe au contraire l'observateur, c'est l'indifférence générale dans laquelle se déroule la fin de la séquence de la chute et la noyade. Interrogeons-nous, à présent, sur ce que le tableau de Bruegel modifie du récit d'Ovide ou ce qu'il y ajoute. D'abord, le plus étonnant – et c'est ce qui rend l'identification de la scène très difficile pour le spectateur non averti – le personnage principal, Dédale, est absent du tableau[2]… Mais le laboureur est bien présent; c'est le

1. Nous donnons la traduction de Joseph Chamonard : Ovide, *Les Métamorphoses*, Paris, GF-Flammarion 1966, p. 209-210.

2. Dédale est cependant représenté dans un même tableau, *La Chute d'Icare* d'après Pierre Bruegel l'Ancien (daté de la fin du XVIe siècle), dont on ne connaît pas l'auteur; huile sur bois, 63 × 90 cm, Musée David et Alice van Buren, Bruxelles.

personnage le plus imposant, situé presque au centre du panneau. Il est tout à son travail. Icare ne l'intéresse pas (ou plus). Peut-être même ne l'a-t-il pas vu... C'est pourtant ce laboureur qui occupe la scène et qui capte d'abord l'attention du spectateur – d'autant plus que Bruegel l'a vêtu d'une chemise rouge vermillon recouverte d'un manteau gris au bas plissé, dont les plis sont répétés, au sol, par le dessin du tracé parfait des sillons. Le laboureur est entièrement à son travail et à sa terre. Il est identifié à sa terre. Ce qui s'est passé dans le ciel l'a, au fond, laissé indifférent. Le monde des dieux n'est pas le sien. Lui, creuse obstinément le sillon du réel contre toute abstraction, contre le vide des mythes et de l'imagination. Le ciel n'est pas son affaire ni son lieu. Il est pleinement là, dans son champ, avec sa chemise rouge, son corps et sa terre. Et c'est vers ce personnage et ses sillons que s'est, tout d'abord, orienté notre œil. Le berger est bien là aussi, nettement plus petit que le laboureur, mais c'est lui – nous le découvrirons par la suite en observant mieux – qui occupe réellement le centre géométrique du panneau (du moins qui en est le plus proche). Et il regarde encore vers le ciel. Il y a également le pêcheur, plus discret, de dos, penché sur sa canne, en bas à droite. Comme le laboureur, il est, à présent, tout entier dans sa pêche aux aguets du moindre frémissement de son roseau. Icare, qui se noie à quelques dizaines de mètres de lui n'attire pas du tout son attention. C'est pourtant – sur le tableau – immédiatement « au-dessus » du pêcheur, que Bruegel a peint la détresse d'Icare et tout proche aussi, sur une branche d'arbre, une perdrix – que l'on rencontre également chez Ovide dans un autre passage des *Métamorphoses* (la perdrix évoque le personnage de Perdrix, transformé en oiseau qui, après avoir chuté du haut d'une tour, est devenu cet oiseau prudent qui « ne s'élève jamais très haut » mais « voltige près de la terre »)[1].

Le fils de Dédale disparaît, au large du rocher sur lequel se trouve le pêcheur, entre la côte et un grand navire qui, toutes voiles dehors,

1. Ovide, *Les Métamorphoses*, Livre VIII, *op. cit.*, p. 256-259.

s'apprête à prendre la mer. Ce magnifique navire n'est pas indiqué dans le récit d'Ovide. Il occupe pourtant une place picturalement importante chez Bruegel, pas très éloigné d'Icare... Et puis, il y a le soleil qui est, aussi, un élément décisif du récit. On le cherche donc dans le ciel, brillant à son zénith. C'est ainsi que Bruegel, fidèle à l'histoire d'Ovide, l'a dessiné pour une gravure intitulée, *Trois-mâts armés près de la côte avec la chute de Dédale et Icare dans le ciel* (de 1561-1562) [1], sur laquelle on voit Icare au tout début de sa chute, entre le soleil et Dédale (placé plus bas, au-dessus de la mer). Notre surprise est grande lorsqu'on constate alors que, dans *La Chute d'Icare*, Bruegel a peint le soleil d'une couleur très claire, jaune pâle, et extrêmement bas sur la mer, un soleil à moitié, lui-même aussi, coupé en deux par l'eau – comme Icare – et par la ligne d'horizon. On se demande alors comment Icare a pu s'approcher du soleil en montant « plus haut » (comme l'indique le texte) alors que celui-ci se trouve, sur le tableau (contrairement au texte d'Ovide et à la gravure de Bruegel, lui-même), au plus bas... au ras de l'eau ! On se demande même aussi comment, avec un soleil si faible, la cire de ses ailes a pu fondre... À l'évidence Bruegel peint, au cœur de l'histoire qu'il semblait vouloir nous transmettre fidèlement, une flagrante contradiction dont la conséquence immédiate est la mise en question de la cohérence de son récit en regard du texte d'Ovide. Il s'agit bien, en effet, de la cohérence du récit *de* Bruegel, devenu incohérent, *en regard du texte d'Ovide.* Or, si l'on pose que c'est *volontairement* que Bruegel a dérogé au texte des *Métamorphoses* (introduisant ainsi dans son histoire une impossibilité logique), c'est peut-être vers une *autre* cohérence (interne celle-là) et sans doute vers un autre récit, *un récit et une leçon propres au tableau lui-même*, que le peintre nous invite à orienter nos recherches.

Approfondissons donc la contradiction devant laquelle nous laisse *La Chute d'Icare.* Ce soleil sur l'horizon, nous imaginons, d'abord, malgré sa pâleur, qu'il s'agit d'un soleil crépusculaire. Mais c'est

1. Par Frans Huys, burin et eau forte, 22,6 × 29,4 cm.

pour immédiatement penser que ce n'est sans doute pas, peu avant la disparition du soleil, que Dédale et Icare ont dû prendre leur envol. Il y a là encore quelque chose de peu crédible… Et, si nous revenons aux *Métamorphoses*, nul projet de vol de nuit n'est inscrit dans le récit d'Ovide! De plus, ce ne peut pas être, non plus, au crépuscule que le navire s'apprête à prendre le large… Et nous nous disons aussi que, bien au contraire, il semble préférable de labourer, de pêcher ou même de faire paître ses moutons, aux aurores plutôt qu'à la tombée de la nuit. L'hypothèse d'un soleil levant serait-elle alors plus cohérente?

Avant de vérifier cela, voyons ce que disent les critiques d'art sur la composition du tableau et sur son interprétation. Sur la composition, les critiques s'accordent sur la construction du panneau en deux secteurs séparés par une diagonale qui, de l'angle, en haut à gauche, jusqu'au coin, en bas à droite, divise la représentation entre le réel-concret (situé ainsi essentiellement sur la gauche du spectateur et tout le bas du tableau) et le monde du mythe (qui occupe alors, l'espace au-dessus), sans que cependant, précisent les critiques, les deux mondes ne soient vraiment séparés de manière aussi absolue que ne l'impose le découpage géométrique. En ce qui concerne l'interprétation, ce serait la lecture moralisante du texte d'Ovide au XVIe siècle que l'on retrouverait globalement chez Bruegel même si celui-ci a su en enrichir le sens. Avec la chute d'Icare, c'est donc l'aventure transgressive de l'orgueil humain qui serait punie. Le peintre opposerait ainsi la folle ambition, vouée à l'échec, à l'humilité du travail du laboureur; comme la témérité s'oppose aux tracés raisonnables de ses sillons et à la récolte à venir. Philippe et Françoise Roberts-Jones écrivent en ce sens : « l'image de Bruegel montre le drame auquel conduit le rejet du conseil » du père de « voler entre les deux » c'est-à-dire de vivre loin des extrêmes[1]… Quant au soleil sur l'horizon – que l'on trouve aussi sur l'estampe de 1557, *La Patience*, associé à cette vertu – ne serait-il pas significativement « le

1. *Pierre Bruegel l'Ancien*, *op. cit.*, p. 290.

contrepoint de la témérité? »[1]. Nous ne sommes guère convaincus, avouons-le, devant l'image d'un Bruegel aussi pusillanime et si peu « téméraire » quand nous savons ce qu'expriment, par ailleurs, ses dessins et ses tableaux! Mais la dernière remarque interprétative, sous forme de question, n'est pas sans intérêt. Elle a le mérite d'indiquer que le soleil de *La Chute d'Icare*, pourrait bien être un soleil levant... Car que signifierait s'il en était autrement la vertu de patience – en regard de la position de l'astre sur l'horizon – et l'attente qui l'accompagne nécessairement, sinon le désir de voir la lumière, degré par degré, grandir et s'amplifier jusqu'à son apogée? Retenons cette hypothèse car elle est aussi, nous allons le voir, prospective. En effet, si le soleil que peint Bruegel est celui d'une aube, c'est à une tout autre histoire que nous pourrions assister : celle de l'avènement d'un temps nouveau, celui du progrès, ou plus précisément, le récit du croisement de deux histoires dont le tableau exprime clairement, au présent, le commencement et la fin. Vérifions cette hypothèse.

La fin tout d'abord. Ce qui s'estompe des esprits les plus libres, en cette seconde moitié du XVIe siècle, c'est le regard sombre que la tradition augustinienne a posé sur la nature humaine. C'est ainsi que Montaigne, dans ses *Essais*, ne traite plus de la misère de l'homme en termes théologiques, et la chute n'a plus non plus, chez lui, d'usage théologique[2]. Il en va de même pour Bruegel qui multiplie, humoristiquement dans son œuvre, la représentation des « chutes » *empiriques* dont les significations s'éloignent de plus en plus de la tradition religieuse voire contestent directement la théologie de la Chute. Cela se vérifiera en étudiant *La Tour de Babel, Le Dénicheur, Le Misanthrope* ou *La Parabole des aveugles*; et aussi, parmi les dessins, *La Chute du magicien Hermogène.* Nous avons déjà commenté la chute de Saül dont la signification renvoie

1. *Pierre Bruegel l'Ancien, op. cit.*, p. 291.

2. E. Faye, *Philosophie et perfection de l'homme : de la Renaissance à Descartes*, Paris, Vrin, 1998, p. 191-192.

l'observateur à une vérité effective qui est celle de la domination théologico-politique (une domination qui comprend, elle-même, dans ses moyens, la théologie de la Chute et de la Rédemption...). Il est vrai que dans une de ses œuvres majeures, *La Chute des Anges rebelles*[1], Bruegel aborde un thème directement suscité par le principe théologique du Mal et l'action maléfique de Satan dont l'orgueil, dans sa révolte contre Dieu, est au principe du péché d'Adam et de sa déchéance. Or, la manière rayonnante et alerte dont Bruegel peint ses monstres ainsi que le mouvement de la chute de la multitude de démons qui déferlent vers nous, prend le ton curieusement enlevé, léger et joyeux d'une catharsis intégrale. On croit entendre éclater, du cœur de cette multitude carnavalesque, le rire clair de Bruegel, heureux comme un enfant d'avoir une nouvelle fois terrifié ses élèves avec des images fantastiques de monstres, de démons, de revenants et de bruits surnaturels que son dispositif déverse allègrement vers le spectateur ... pour la santé de l'esprit de chacun! Car il s'agit, après ce fantastique nettoyage cosmique (et d'une certaine manière, comique...), de faire place nette pour un nouveau commencement : « Ne voyez-vous pas, semble clamer le peintre, que tout ce remue-ménage qui vous terrifie, n'est qu'un jeu d'images? Le jeu de l'imagination des hommes, comme de la peinture elle-même qui le réfléchit! » En peignant *La Chute des Anges rebelles*, c'est, en effet, le Mal, dit « originel », que Bruegel semble vouloir expulser de l'esprit de ses contemporains. Il peint le désir de voir le principe même du péché emporté par le flux d'images qui se veulent terrifiantes (que les théologiens présentent comme terrifiantes...) mais que lui, Bruegel, peint pourtant de manière amusante, avec distance et légèreté, désamorçant ainsi le lourd sérieux théologique de l'affaire. « Des images d'images » – nous dit-il –, directement venues des fantasmagories de l'imaginaire biblique et de la théologie boschienne, c'est-à-dire du temps obscur des superstitions, à la fois extrêmement proche, contemporain

1. Huile sur bois, 117 × 162 cm, Musées Royaux des Beaux-Arts de Belgique, Bruxelles.

même, et déjà pourtant si lointain. Un temps et une fantasmagorie que des Anges lumineux, ardents défenseurs de la liberté et de la vie, expulsent joyeusement en usant, avec dextérité, de « l'épée de l'esprit » que Bruegel a placé entre leurs mains[1]. Comparant Bruegel à Bosch, C.-H. Rocquet écrit avec acuité, que *La Chute des Anges rebelles* est

> l'expression majeure [d'un] esprit d'exorcisme [...]. Le même thème chez Bosch touche à l'essentiel : les anges rebelles, devenus monstres, sont précipités et vont ensemencer de mort et de folie l'Eden. Ici, panse crevée, l'amas de rébellion bascule en un plaisant et lourd chaos que fustige l'épée d'anges clairs et graciles, irrésistibles. Cette victoire céleste a toute la force et toute la grâce d'un printemps. Et l'on dirait une victoire de la lucidité humaine sur tous les monstres des abîmes[2].

On ne saurait mieux dire, car il s'agit bien de la victoire de l'entendement sur les délires de l'imagination superstitieuse. Ou de la victoire du courant humaniste anti-théologique, le plus joyeusement rationnel des Lumières de la Renaissance...
Et sans doute, sous l'éclairage rétrospectif de *La Chute des Anges rebelles* (daté de 1562), le dispositif réflexif de *La Chute d'Icare* (dont la date de la conception est peut-être assez proche) est-il entièrement au service d'une remise en question de l'ordre ancien. C'est, de fait, une réflexion critique précise sur les significations et les valeurs imaginaires qui constituent cet ordre. Par un curieux détour (au fond très *renaissant...*) qui conduit l'observateur à devoir admirer puis déchiffrer un épisode des *Métamorphoses*, Bruegel démonte, en vérité, le thème théologique de la Chute...

Pierre Francastel indique que seul le berger – qui a un « esprit lent » – continue encore à chercher Icare dans le ciel... L'attitude

1. Nous reprenons ici une expression qui se trouve chez Paul, Éphésiens, 6, 17 : « Prenez aussi le casque du salut et l'épée de l'Esprit qui est la parole de Dieu » ; cf. aussi Épître aux Hébreux, 4, 12.
2. C.-H. Rocquet, « Bruegel l'Ancien (Pieter) », *Encyclopædia Universalis, op. cit.* p. 638.

persistante et, à présent, unique du berger est, en effet, remarquable puisque Ovide a écrit que le laboureur et le pêcheur ont, eux aussi, les yeux tournés vers Dédale et son fils et que tous trois croient que ces êtres, qui peuvent voyager dans le ciel, sont des dieux. Pourquoi Bruegel, après que notre attention a été spontanément attirée par le laboureur à la chemise rouge et les voiles blanches déployées du trois-mâts, nous conduit-il à découvrir, au centre de sa composition, le berger au milieu de son troupeau, la tête levée vers le ciel ? Pour nous amener à chercher – avec le berger lui-même – où se trouvent Dédale et Icare ? Peut-être... À moins que le peintre ne souhaite, tout simplement, que nous nous arrêtions sur la figure du berger afin de réfléchir au sens que peut bien avoir sa position centrale, au milieu d'une diagonale dont nous avons dit qu'elle séparait l'espace réel de la vie ordinaire des hommes, de l'espace imaginaire qu'occupe, dans leur esprit, le monde des mythes... Comme si le sujet principal du tableau devait être déplacé de la chute conjoncturelle d'Icare vers le *nexus*, à la fois singulier et universel, de la réalité et du mythe. Et vers la question essentielle qui accompagne leur articulation : comment et par qui le mythe est-il produit ? Quand nous nous posons une telle question, le berger, loin d'être cet esprit lent (qu'imagine Francastel), apparaît clairement, bien au contraire, comme celui qui est au principe et au cœur de l'abondante et fructueuse activité imaginaire de la production des mythes. Et c'est pourquoi sans doute, sa tête levée vers le ciel, est au plus proche du centre de la composition. L'ordre du monde ancien tourne, en effet, autour de cette tête ou de la *figure pastorale*... Jusqu'à la chute, non pas du jeune Icare, mais du mythe de la chute lui-même. Jusqu'au jour où, du cœur du XVI e siècle, se lève un nouveau soleil.

C'est, en effet, d'un peuple de bergers qu'est né l'univers mythologique qui a dominé la pensée de l'Occident jusqu'aux commencements de l'humanisme. C'était, symptomatiquement, un vieux berger qui, chez Pétrarque, dissuadait déjà les deux jeunes grimpeurs du mont Ventoux de se lancer dans leur projet audacieux d'une périlleuse *ascension*[1]. Entreprise ô combien transgressive qui, arrivée à son faîte, sera aussi condamnée par le texte des *Confessions*[2]. Entre la figure pastorale et la pensée d'Augustin la continuité était alors (encore) presque parfaite. Ce n'est plus le cas au temps de Bruegel.

Et il est alors significatif d'un esprit Renaissant, que ce soit par le retour à un texte antique, et par son détour, que Bruegel, tout en rompant avec l'ordre ancien, rappelle à ses propres « lecteurs » la vérité effective qui permet de comprendre son tableau… comme de comprendre aussi, par lui, le nouveau réel. À savoir que la figure biblique du berger, comme sa figure morale, telle qu'elle s'est imposée à travers le modèle pastoral théologico-politique, ont une longue histoire. Une histoire qui a son commencement dans l'extraordinaire aventure du peuple de l'Écriture et aussi sa fin en un siècle qui s'ouvre aux nouveaux mondes et aux nouvelles humanités et à combien d'« arts inconnus ouvrant de nouvelles voies à la nature » (comme l'écrivait déjà Ovide à propos de l'ingéniosité *renaissante* de Dédale). Une fin que Bruegel expose brutalement sous nos yeux en *retournant* le sens moralisateur du mythe. À une culture qui tient la chute et la corruption de la nature humaine pour un fondement civilisationnel, le tableau oppose les activités productives des hommes : des travaux quotidiens les plus humbles

1. François Pétrarque, *L'Ascension du Mont Ventoux et Testament* : « Nous trouvâmes dans les gorges de la montagne un pâtre d'un âge avancé qui s'efforça par beaucoup de paroles de nous détourner de cette ascension. Il nous dit que cinquante ans auparavant, animé de la même ardeur juvénile, il avait monté jusqu'au sommet, mais qu'il n'avait rapporté de là que repentir et fatigue, ayant eu le corps et le vêtement déchirés par les pierres et les ronces. Il ajoutait que jamais, ni avant ni depuis, on n'avait ouï dire que personne eût osé en faire autant. Pendant qu'il prononçait ces mots d'une voix forte, comme les jeunes gens sont sourds aux conseils qu'on leur donne, sa défense redoublait notre envie », traduit du latin par V. Develay, Marseille, Éditions Librairie 43, 1999, p. 10.

2. *Ibid.* : « Mon frère, désireux d'entendre par ma bouche quelque chose de saint Augustin, se tenait debout, l'oreille attentive. J'atteste Dieu et celui qui était à côté de moi qu'aussitôt que j'eus levé les yeux sur le livre, j'y lus : *Les hommes s'en vont admirer les cimes des montagnes, les vagues de la mer, le vaste cours des fleuves, les circuits de l'Océan, les révolutions des astres et ils se délaissent eux-mêmes* », *op. cit.*, p. 18. Pour le texte de saint Augustin, *Les Confessions*, X, VIII, 15.

(le labourage ou la pêche) aux plus grandes aventures du désir humain… C'est le sens de la présence du magnifique bateau qui lève les amarres dans un merveilleux effet de lumière de soleil levant qui donne, au spectateur, « un sentiment panthéiste de la nature »[1], alors que, dans un même temps, le vieux mythe s'enfonce dans les abîmes. Étudiant la série d'estampes dite des *Grands Paysages* (réalisée avant 1560), Jean-Marc Besse écrit que le « monde » de Bruegel « est un espace où l'on circule »[2]. Le paysage bruegelien, en effet,

> *montre* ce dont il s'agit dans la géographie, c'est-à-dire l'expérience sensible de la Terre comme espace ouvert, espace à parcourir et à découvrir. Plus largement, la représentation du paysage vient "incarner" graphiquement la nouvelle pensée et la nouvelle expérience de la Terre comme sol universel de l'existence humaine, qui se met en place dans la géographie du XVIe siècle à la suite des grandes navigations et de la découverte des nouveaux mondes.

Et Jean-Marc Besse de conclure :

> ce que le "paysage de monde" bruegelien donne à voir, sur le plan de la figuration sensible, c'est non seulement un nouveau sentiment de l'espace, caractérisé par l'expérience du franchissement des limites et de l'agrandissement des échelles, mais c'est aussi un nouveau concept, celui de la Terre comme œkoumène élargi, comme espace universellement habitable et ouvert dans toutes les directions[3].

Le magnifique bateau de *La Chute d'Icare*, qui, rappelons-le, n'existe pas dans le récit d'Ovide, est pourtant ici imposant et,

1. Pierre Francastel écrit, à propos de *La Chute d'Icare* comparée au tableau *Le Semeur* : « L'artiste a introduit, en particulier, la fable antique, le mythe païen sur le même plan que la légende chrétienne, et nullement par hasard. Il y a aussi le merveilleux effet de lumière d'un lever de soleil qui annonce Claude Lorrain et un sentiment panthéiste de la nature destiné à un immense essor », *Bruegel*, *op. cit.*, p. 116-118.

2. J.-M. Besse, *Voir la Terre*, « La Terre comme paysage : Bruegel et la géographie », Arles, Actes Sud, 2000, p. 65.

3. *Ibid.*, p. 65-66.

par ailleurs (sous différentes formes), très présent dans l'œuvre de Bruegel[1]. Le soin avec lequel le peintre s'applique à dessiner différents types de navires, à les peindre avec précision, le nombre de dessins qu'il en donne, indique l'intérêt majeur qu'il porte aux nouvelles constructions technologiques et aux aventures nouvelles qu'elles rendent possible. Des bateaux qui viendront illustrer les grandes cartes, établies pour « le premier atlas entièrement moderne, le *Theatrum orbis terrarum* »[2] d'Abraham Ortelius. Car le regard du peintre et du cosmographe se rencontrent dans leur exploration du champ de la modernité :

> Le *Theatrum orbis terrarum* constitue sans doute un moment crucial dans l'histoire des institutions de savoir, et plus précisément dans l'histoire de la réflexion sur les espaces de représentation de connaissances. Et il n'est pas, à cet égard, surprenant de voir la carte et l'atlas devenir à partir de la fin du XVI e siècle des modèles opératoires pour la classification des connaissances, et en général pour l'encyclopédie [...]. De Leibniz à d'Alembert et Condorcet, la cartographie est appelée ainsi à devenir un modèle spatial pour l'organisation du savoir[3].

Ce qui conduit Jean-Marc Besse à affirmer :

> Le regard du peintre et le regard du cartographe ne sont pas alors séparés, même s'ils ne se confondent pas. Ils participent d'une même attitude cognitive et d'une même compétence visuelle[4].

Dans cette véritable réorganisation/exposition des savoirs à laquelle s'attache le peintre, les forces naturelles qui peuvent rendre le vieux mythe « indifférent », sont essentiellement celles des activités

1. Manfred Sellink présente la dizaine de gravures de différents types de navires réalisées par Frans Huys (essentiellement) et Cornelis Cort à partir de dessins de Bruegel, *Bruegel*, *op. cit.*, p. 162-172.

2. F. Lestringant, « Le monde ouvert », dans *L'Europe de la Renaissance, 1470-1560*, coordonné par G. Chaix, Nantes, Éditions du Temps, 2002, p. 19.

3. J.-M. Besse, *Les Grandeurs de la Terre*, *op. cit.*, p. 293.

4. J.-M. Besse, *Voir la Terre. Six essais sur le paysage et la géographie*, « La Terre comme paysage : Bruegel et la géographie », *op. cit.*, p. 37.

de persévérance et d'exploration qui monopolisent l'attention et l'énergie des hommes : cultiver la terre, pêcher, prendre la mer, se protéger.

Des armes, posées sur un rocher près du champ, sont à portée de main du laboureur. Car – Bruegel ne l'oublie jamais – la mort rôde, tout près des hommes, à l'orée du bois. Un cadavre étendu dans les buissons derrière les premiers arbres en fond de champ (nous n'apercevons à travers les herbes qu'un crâne éclairé) le rappelle à l'observateur vigilant. Nous n'existons, nous n'agissons, qu'en proximité absolue de la mort. Il faut savoir se garder (et s'en garder)... C'est une première interprétation de la présence de l'arme. Mais le lien entre la charrue et le glaive, pourrait aussi donner une dimension politique inattendue au tableau : celle de la vertu républicaine, représentée dans le travail tranquille et pacifique du laboureur; une vertu prête cependant au combat quand la cité l'exige. N'est-ce pas, en effet, un simple laboureur que les sénateurs romains sont venus chercher quand il s'est agi de défendre la république? Et cette tâche exigeait autant de courage que d'humilité : le contraire de l'orgueil et du désir de domination dont Bruegel a mené la critique tout au long de l'œuvre. C'est, peut-être, vers cette vertu républicaine modeste – qu'a incarnée le personnage de Cincinnatus qui, après avoir assuré la défense de Rome s'en est retourné à ses champs – que font signe le glaive et la charrue qui relient l'audace du guerrier à la plus grande simplicité du laboureur. Une vertu ancienne (pré-chrétienne), une *virtù*, qui se manifeste au présent quand c'est la liberté commune qui, par elle, est revendiquée. Ce sont donc des désirs des plus audacieux (de la revendication de la liberté républicaine à l'aventure de la navigation hauturière) qui manifestent, sur ce tableau, l'esprit de modernité que Bruegel oppose radicalement à l'ordre ancien (mais toujours présent) de la domination monarchique et du mythe mortifère du péché originel et de la chute que perpétuent les Églises. Les significations de la charrue et du bateau ne doivent donc pas être opposées comme le font habituellement les interprètes. Les deux mondes (de la terre et de la mer), dans les activités humaines qu'ils supposent, s'opposent ensemble, bien au contraire, au mythe. Un texte de 1557, immédiatement contemporain du tableau, établit cette relation en relatant le voyage de Villegagnon au Brésil. Son auteur, André Thevet (1516-1592), est le cosmographe du Roi de France. Et il fait l'éloge de « cette tant noble navigation » en établissant, comme Bruegel, le parallèle peu habituel entre le travail de la terre, « avec soc et charrue », et le voyage maritime de découverte :

> Or tout ainsy que le laboureur ayant sondé la terre et reçeu grand emolument : un autre non content de voir les eaux superficiellement, les a voulu sonder au semblable, par le moyen de ceste tant noble navigation, avec navires et autres vaisseaux. Et pour y avoir trouvé, et recueilli richesses inestimables (ce qui n'est outre raison, puisque toutes choses sont pour l'homme) la navigation est devenue peu à peu tant fréquentée entre les hommes, que plusieurs ne s'arrestans perpetuellement és isles inconstantes et mal asseurées, ont finablement abordé la terre ferme, bonne et fertille : ce que avant l'experience l'ont n'eust jamais estimé, mesmes selon l'opinion des anciens [1].

Sonder et explorer la Terre sur toute sa surface (et ses surfaces, même picturales...), c'est l'expérience culturelle nouvelle à laquelle nous ouvre audacieusement le tableau de Bruegel, alors que le mythe fondateur de l'ancienne civilisation disparaît de la surface du globe...

1. André Thevet, *Les Singularitez de la France Antarctique, autrement nommée Amérique*, Paris, chez les héritiers de Maurice de La Porte, 1557, 1558, chap. I, f. 1 v°, cité par F. Lestringant, « Le monde ouvert », *op. cit.*, p. 21-22. F. Lestringant poursuit : « De sorte que, par une métaphore venue des poètes grecs et latins, le marin, s'avançant plus avant que le laboureur, pénètre tour à tour deux sols ou deux écorces, comme l'on voudra : d'une part l'étendue liquide que fend l'étrave du navire, de l'autre le voile flottant à l'horizon des îles-fantômes qui dérobent à la vue la réalité des mondes nouveaux ».

Concluons. Dans le tableau de Bruegel, seul le berger continue à regarder le ciel, à attendre et à espérer… quand d'autres s'affairent et que l'activité humaine est devenue le nouveau principe immanent et constituant du monde, sa nouvelle espérance. En peignant *La Chute d'Icare* Bruegel écrivait donc, contre la théologie de la chute, un puissant et audacieux manifeste humaniste.

Mais dans cet immense bouleversement du savoir, quand le péché originel est renvoyé du côté du mythe et que sa figure ancestrale s'enfonce dans les flots, où maintenant situer la figure du Christ et l'enseignement de l'Écriture ? Dans ce formidable chamboulement, où la figure du divin a rejoint la puissance même des choses, où est le Christ et qui est le Christ ? C'est en 1564 que Bruegel a peint *Le Portement de Croix.* L'œuvre sûrement la plus puissante et la plus complexe de l'ensemble de sa création. C'est en elle que nous allons, d'abord, chercher une réponse.

Le Portement de croix, 1564, Huile sur bois, 124 × 170 cm , Kunsthistorisches Museum, Vienne.

chapitre 4
du Christ de la multitude à la multitude-christ

où est le Christ ?

Le Portement de croix est de la même période que *Le Peintre et le connaisseur*. C'est un panneau peint, daté de 1564, qui ouvre, à notre regard, un très vaste panorama parcouru par d'innombrables personnages en activité (plus de cinq cents ont été comptés). Un mouvement semi-circulaire de la foule se dessine cependant avec évidence sous nos yeux, de la gauche vers la droite ; de la grande ville fortifiée en bas, vers le haut d'un plateau où, en fond, se distinguent les maisons d'un hameau, bordant une vaste étendue d'herbe jaune rase sous un ciel sombre et menaçant. On remarque, en revenant vers la ville, que le ciel est, au-dessus d'elle, d'un blanc-bleu encore très lumineux et que la nature, dorée sous le soleil, est verdoyante. La scène se déroule sans doute au printemps, à cette époque où la pluie et le vent se mêlent aux rayons du soleil sous la course rapide des nuages. Mais l'arbre planté tout à notre droite, est un arbre mort ; et près de lui se dresse un gibet. Au centre de la plaine et du tableau, et en retrait de la foule qui semble se déplacer autour de lui comme sur une meule tournant autour de son axe, un grand piton rocheux surmonté d'un moulin ; c'est une émergence isolée, très étrange dans ce paysage de collines et de vallonnements.

La question « Où est le Christ? » est enveloppée dans plusieurs dispositifs bruegeliens : parfois le personnage de Jésus est directement représenté sur l'image mais de manière cachée, comme c'est le cas dans *La Parabole du semeur* (de 1557) ou *La Prédication de Jean-Baptiste* (de 1566) ; parfois c'est seulement l'*idée* du Christ (ou son image déplacée sur d'autres personnages) qui est présente et c'est alors une véritable énigme que l'image propose de déchiffrer, comme dans *L'Adoration des mages* (1564), *Le Printemps* (1565) ou *Le Repas de noce* (de 1567 ou 1568). Dans *Le Portement de Croix*, tous les critiques notent, alors que la chute du Christ occupe le centre géométrique de la composition – Bruegel a effectivement peint un Chemin de Croix –, ce n'est qu'assez difficilement pourtant que le regard du spectateur (surtout s'il ne connaît pas le titre du tableau) va découvrir la scène principale qui est noyée au milieu de la multitude des personnages, de leurs actions et activités diverses [1]. Le spectateur est, par contre, très rapidement frappé par la différence de style (en contraste avec l'ensemble du tableau) de la scène explicitement religieuse (car codifiée en tant que telle) qui occupe – en bas à droite – le premier plan. C'est un véritable tableau dans le tableau que compose ici le groupe de la Vierge en pâmoison que s'apprête à soutenir l'apôtre Jean, entouré de deux saintes femmes. Cette scène pourrait être une peinture d'un des Primitifs flamands. Plus précisément un tableau de Rogier Van der Weyden. Celui-ci a nettement manifesté en effet, dans plusieurs de ses œuvres aux thèmes religieux, la démarcation radicale de l'image peinte avec la vie ordinaire. Van der Weyden – comme c'est le cas des personnages du groupe peint par Bruegel – donne, en ce sens, à ses personnages des positions physiquement impossibles et théâtralisées. Pensons particulièrement à la *Déposition de croix* (vers 1432-1435) du musée du Prado (où les acteurs de cette mise

1. J'en ai fait l'expérience avec mes étudiants en séance du séminaire. Sans son titre et en l'absence – pour plusieurs participants – d'une réelle culture chrétienne, le sujet du tableau demeure pour la plupart énigmatique.

en scène sont comme enserrés et esthétiquement entremêlés dans l'écrin d'une très étroite scène de théâtre) ou au *Diptyque du Christ en croix* (1455-1459) du musée de Philadelphie, ou encore au *Triptyque Villa* (vers 1455) de la Fondation Abegg de Riggisberg.
En 1994, Rose-Marie et Rainer Hagen écrivaient encore qu'« il n'a pas été possible de déterminer pourquoi le peintre [Bruegel] a introduit un autre niveau stylistique dans son tableau par ailleurs si réaliste dans les détails »[1]. En 1996, Michael Gibson, qui a consacré un livre entier au *Portement de croix*, avance la thèse selon laquelle les figures du premier plan exprimeraient l'« opposition » entre l'extériorité de la vie ordinaire, « quotidienne et concrète » (que manifeste le reste du tableau), et la « vie intérieure spirituelle » qu'exprime la « communion d'intériorité douloureuse et transcendante dont Marie est le centre »[2]...
Cette déclaration, qui valorise le « tableau » religieux du premier plan, est une présupposition. Par son affirmation la lecture de Gibson pose, en effet – sans voir, dans son présupposé *explicite*, ni confusion ni problème... – un autre présupposé, *implicite* celui-là, à savoir que la peinture de Bruegel est spontanément identifiable (comme le serait une image dans un miroir) avec une approche ou une conception religieuse de la réalité humaine; une réalité qui envelopperait naturellement l'évidence d'une croyance particulière mais pourtant communément partagée. Et qu'ainsi, le « vrai sens » du tableau, loin d'être un sens spécifique et interne à l'activité constructive de la peinture – un vrai sens qui est donc à produire à partir de la lecture du tableau par le tableau lui-même selon la singularité de son dispositif pictural –, recouperait ou s'identifierait spontanément, bien au contraire, avec un « sens vrai », toujours déjà-là, celui de la vérité universelle de la foi chrétienne et, plus précisément ici de la foi catholique... Un sens vrai que manifesterait, en vérité, l'autorité, aussi bien esthétique que théologique, d'une

1. R.-M. et R. Hagen, *Pieter Bruegel l'Ancien*, *op. cit.*, p. 26.
2. M. Gibson, *Portement de Croix*, *op. cit.*, p. 105.

tradition : celle, dans les Anciens Pays-Bas, des Primitifs flamands, tradition dominée par les œuvres de Van der Weyden et de Van Eyck. C'est donc dans ce « sens vrai », porté par la forte tradition esthétique et catholique des Primitifs flamands, que Bruegel s'inscrirait, spontanément, naturellement, en y soumettant sa création. Ainsi, comme Charles de Tolnay soumettait, en 1935, le sens de l'œuvre de Bruegel à une idée philosophique qui lui était à la fois antérieure et extérieure (en l'occurrence, la philosophie de Nicolas de Cues), Michael Gibson soumet, quant à lui, le vrai sens du *Portement de croix* à une vérité *extérieure* qui est celle d'une tradition religieuse et esthétique. C'est ignorer et forclore, dans un même geste, la puissance d'agir singulière, constituante et éminemment cognitive, de l'acte de peindre de Pieter Bruegel ; c'est méconnaître sa puissante critique théologico-politique ainsi que la séparation de l'imagination et de l'intellect que sa réforme en acte de l'entendement suppose et suscite.

Une analyse *interne* du tableau montre que c'est, bien au contraire, une tradition catholique *doloriste* – avec sa théâtralité métaphysique d'une intériorité spirituelle, personnelle et malheureuse, confrontée aux obscurs mystères de la transcendance – qui est ici interrogée de manière critique dans ses aspects mythologiques et/ou imaginatifs et aussi ses conséquences théologico-politiques. Une imagination, une mythologie, une théologie, réunies dans une tradition, à laquelle Bruegel – l'homme du savoir par expérience et de la pratique – oppose diamétralement la vérité effective des choses, connue en premier lieu par les yeux du corps puis de l'âme. C'est d'abord ce savoir d'expérience que le peintre expose sur son panneau. Un savoir, de fait, largement partagé qui invite le spectateur à mieux observer les choses afin de mieux les comprendre.

Le premier savoir oppose ainsi deux mondes : celui de « tout un chacun » (ou de l'homme ordinaire) *et* celui des puissants. Mais c'est aussi de l'imagination au service de l'oppression (et/ou des images religieuses que les oppresseurs ont soumises à leur usage) dont il est question. Et le Christ et sa Passion sont alors l'enjeu de l'interprétation.

Ce que montre, en effet, Bruegel – tout en le cachant au milieu de la multitude de ses personnages – c'est d'abord un Christ *profane* qui plie effectivement sous la croix de l'oppression théologico-politique ; il montre un Christ de la multitude ou la multitude elle-même comme Christ (nous reviendrons sur ce second aspect du « vrai sens »). L'oppression et l'oppresseur sont clairement ici désignés ; ils sont connus de tous… Il s'agit des « tuniques rouges »[1] au service des catholiques espagnols et de l'empire des Habsbourg dont l'emblématique aigle à deux têtes se devine sur la bannière qui précède la charrette des condamnés. Et comme pour tourmenter un peu plus, du fond de son XVIe siècle, les commentateurs qui, aujourd'hui encore, s'obstinent, contre toute évidence, à soutenir la nature non démonstrative et non politiquement engagée de l'œuvre de Bruegel, Pieter le Drôle peint, dans les charrettes auprès des deux larrons condamnés (tenus aussi, au temps du tableau, pour deux hérétiques…), les représentants des deux ordres monastiques qui sont, dans la Flandre espagnole, les fers de lance de l'Inquisition : un franciscain et un dominicain… Se pose donc la question du statut que Bruegel a souhaité attribuer à l'icône de la Vierge et de saint Jean *qui tournent le dos au Christ* : cette image qui s'impose à nous comme un tableau dans le tableau et même comme *le* tableau (ou l'image) qui, par sa prégnance, a relégué, d'abord, au second plan, la vérité effective des choses que Bruegel a peinte.

1. Sans doute ces cavaliers vêtus de tuniques rouges évoquent-ils les « roode rocx », mercenaires wallons au service du pouvoir espagnol. Même si, en référence à une étude précise des vêtements que portaient ces « hoquetons rouges » extrêmement redoutés, Roger H. Marijnissen remarque que les cavaliers qu'a peints Bruegel ne sont pas, tout à fait, habillés de même (*Bruegel*, *op. cit.*, p. 224).

Une analyse de la direction des regards – c'est-à-dire de ce qui nous est donné réellement à voir dans et par le dispositif pictural (et ce, en dehors de tout présupposé et de toute conjecture sur ce que peut bien penser ou croire Bruegel lui-même) – nous conduit à faire les constatations suivantes :

– *Premièrement*, le premier plan, sous un éclairage de théâtre qui met la scène en valeur et attire notre regard, suscite au moins *un* spectateur en adoration et en prière. Il s'agit d'une vieille femme accompagnée d'un enfant qui, lui-même, « voit » et/ou « croit » naturellement voir ce que sa mère (ou sa grand-mère) voit et croit. Cependant, alors que l'enfant regarde, légèrement sur sa droite, vers une des deux saintes femmes qui pleure la tête penchée sur un immense manteau de pourpre (sans doute la « chlamyde écarlate »[1] dont les soldats romains ont revêtu le Christ), le regard de la femme en prière (qui tourne donc, elle-même – comme la Vierge – le dos au chemin du Calvaire et à la chute du Christ du centre du tableau) se porte lui, non pas vers la Vierge en déploration, mais plutôt sur la droite, au-delà de cette scène, vers le haut d'un rocher sur lequel repose un crâne de cheval. Le regard de la vieille femme s'oriente donc vers le hors champ du tableau vers quelque chose que nous ne voyons pas. Et nous nous interrogeons alors sur ce qui pourrait être l'objet caché de sa dévotion[2]...

Pour répondre à cette question, il nous faut repartir du sujet principal, à savoir le Portement de croix et/ou le chemin du Calvaire qui, selon les Évangiles, conduit le Christ du Prétoire de Jérusalem au sommet du Golgotha (où il va être crucifié entre deux larrons). Ce chemin est clairement indiqué, sur le tableau, par le mouvement de la foule qui conduit notre regard vers le lieu de la crucifixion.

1. Matthieu 27, 28.

2. Je dis « nous nous interrogeons », mais je n'ai pas trouvé ce questionnement chez d'autres commentateurs. Celui-ci nous paraît pourtant d'importance puisque la réponse à la question engage le dispositif pictural construit par Bruegel et par là sa production de sens.

Au loin, en effet, en haut à droite, sous la ligne horizontale de la lisière d'un plateau, l'emplacement de la crucifixion est prêt. Deux croix (minuscules étant donné la distance du lieu élevé et opposé d'où nous les voyons) sont érigées : ce sont les croix des larrons amenés, quant à eux, en charrette; on distingue un homme qui creuse le trou où sera plantée la croix que le Christ est condamné, quant à lui, à porter lui-même jusqu'au lieu de son supplice. Les spectateurs sont déjà là, très nombreux, rassemblés en cercle autour des croix, indifférents au cortège, encore assez éloigné, des trois condamnés et des soldats qui les escortent; un cortège qui s'avance dans la plaine, au bas du vaste plateau... Nous pensons aux textes des Évangiles qui précisent chacun que Jésus est supplicié sur le sommet du Golgotha, c'est-à-dire le « lieu dit du Crâne »[1], ainsi qu'aux multiples représentations picturales qui montrent la croix du supplice érigée, loin de la ville et de ses maisons, plantée sur un rocher élevé solitaire en forme de crâne... Notre surprise dans *Le Portement de croix*, c'est de voir le Golgotha devenu, sous le pinceau de Bruegel, un immense champ plat, légèrement incliné vers nous, entouré de bocages, de maisons et bordé d'un labour où s'activent des paysans; l'un d'entre eux est en train de semer. Point de rocher en forme de crâne donc... Sur le flanc du plateau on peut voir beaucoup de gibets (on en compte seize) avec, pour certains encore, des cadavres attachés aux roues ou pendus au bout d'une corde. Les corbeaux s'en délectent. C'est dire que si la crucifixion, à laquelle nous allons assister, attire les foules, les exécutions ne sont cependant pas, dans ce pays, exceptionnelles. La mise à mort doit y être quotidienne. Elle fait partie du paysage et de la vie de tout un chacun qui pourrait, lui-même, en être victime. En allant ou en revenant de la ville, beaucoup doivent voir, tous les jours, les gibets et leurs cadavres; ou simplement en ouvrant leurs fenêtres, ou encore en travaillant aux champs... Jésus est seulement l'un

1. Matthieu 27, 33; Marc 15, 22; Luc 23, 33; Jean 19, 17.

d'entre eux, « tout un chacun », l'une de ces innombrables victimes de la répression…

Tout un chacun ? Pas tout à fait cependant quand on songe à ce qu'est devenue, pour les Églises chrétiennes, l'histoire de cet homme en Occident. Car il y a la réalité effective des choses que montre le tableau – Jésus victime parmi les victimes – et la grande mythologie qui en est née : une mythologie et/ou une imagination qui sert, au présent, à l'oppression par la légitimation (religieuse et philosophique) de la souffrance, sous le signe de la Croix ! Ce qui nous ramène à la Vierge, à saint Jean et aux saintes femmes… Car la scène, ici représentée simultanément au Portement de croix et à la chute de Jésus, est une *image* que la tradition (religieuse et picturale) situe habituellement *au pied de la Croix* sur laquelle le Christ vient d'être crucifié[1]. Il en est ainsi chez Van der Weyden et il pourrait bien en être de même pour *Le Portement de Croix* de Bruegel sinon que, cette Croix, nous ne la voyons pas… N'est-elle pas, en effet, attendue ailleurs, sur le vaste plateau entre les croix des larrons, par le cercle de spectateurs que nous voyons en haut à droite de notre tableau ?

Cependant, ce que nous voyons sur la droite de saint Jean et de Marie, en bas, en bord de tableau, c'est un rocher arrondi sur les flancs duquel sont posés un crâne de cheval et un grand os[2]. Le

1. Ce qui n'est jamais envisagé par les critiques, sauf par Larry Silver qui le remarque mais sans en tirer de conséquence quant à sa lecture du tableau, *Bruegel*, *op. cit.*, p. 17. Or, nous le constatons, lorsque l'image de Marie déplorée et de Jean est « isolée » – pour une estampe autonome, comme c'est (par exemple) le cas pour le dessin de Jérôme Bosch du Cabinet des Estampes de Dresden (pinceau, 30,2 × 17,2) – l'indication naturellement retenue, comme titre, est celle de *Marie et Jean sous la croix*, alors que la croix est absente de l'image.

2. Alors que – nous l'avons signalé à propos de *La Conversion de Saül* ou de *La Pie sur le gibet* – le cheval est, dans le *Lexique des symboles chrétiens*, « lié à la guerre » et « le propre d'un peuple dominateur » (p. 28), il est étonnant de remarquer qu'aucun commentateur ne pense à cette signification, pourtant éclairante quand on aborde les tableaux de Bruegel. C'est ainsi qu'à propos du crâne de cheval qui vient, dans *Le Portement de croix* comme dans *La Pie sur le gibet*, se substituer au crâne d'Adam sur un rocher qui, dans les deux cas, a la forme d'un crâne (que nous supposons ainsi désigner le

rocher est arrondi comme pourrait l'être un crâne... ou le sommet du Golgotha. Avec sur le rocher – comme c'est le cas dans le *Diptyque du Calvaire* de Van der Weyden où le crâne d'Adam est posé au pied de la Croix accompagné d'un os humain – un crâne et un os long. Mais dans *Le Portement de Croix* de Bruegel, le crâne est celui d'un cheval. Quant à l'os (pas très long proportionnellement à la tête de l'animal), ce pourrait être celui d'un humain... La Croix, nous ne la voyons pas. Ou peut-être... ? Bruegel a peint, en effet, un immense gibet à roue (de la taille d'une grande croix) à proximité du rocher. Sur la roue du supplice, un corbeau (ou une corneille) : peut-être l'indication d'une trahison [1]. Bruegel a peint ce gibet de telle manière, qu'en bord du tableau, et aussi au coin de notre œil droit et du champ de vision – quand nous sommes absorbés dans la contemplation du panneau et de ses multiples sujets – il nous apparaisse, d'abord, comme planté dans le rocher. Cela ne saurait être un hasard. D'autant plus qu'un personnage, traversé par la douleur, pleure la tête posée sur le tronc de ce gibet alors qu'une femme, qui touche également le pied du tronc, tourne, elle, son regard vers le lieu hors champ où pourrait se trouver le Christ crucifié (et les deux personnages nous font penser au thème

Golgotha), Roger H. Marijnissen fait seulement référence – dans la présence du crâne de cheval dans *Le Portement de croix* – à une « association avec des pratiques superstitieuses ou magiques », signalée par Weyns, mais qui ne lui apparaît pas « des plus convaincantes. Il n'est pas exclu – poursuit-il – que le crâne apparaisse ici comme attribut concret du champ patibulaire et donc comme une image de la mort », *Bruegel*, *op. cit.*, p. 224. Image de mort certes, mais plus précisément encore de la mort que porte l'ambition de domination de ceux qui tyrannisent au nom du Christ et de la religion ! Là est le véritable péché qui fait le malheur de l'humanité et une des leçons essentielles de Bruegel.

1. Le corbeau est un signe ambivalent positif/négatif. Pour une certaine tradition cependant, il symbolise l'oubli de la mission et de la vérité. Noé a, en effet, lâché un corbeau de l'arche puis une colombe afin que l'oiseau revienne témoigner de la décrue des eaux (Genèse 8, 6-11) : après un premier voyage infructueux, la colombe reviendra avec « dans le bec, un rameau tout frais d'olivier », preuve de la décrue ; le corbeau ne revint pas. Il devient alors un symbole d'éloignement de Dieu, d'erreur et de paganisme voire d'escroquerie. De ce point de vue, comme métaphores de la crucifixion, la pie sur le gibet et le corbeau sur le gibet sont porteurs d'une même signification négative.

de la Vierge embrassant la Croix, que l'on trouve déjà chez Robert Campin [1] et chez Van der Weyden [2]...). La femme à proximité du gibet regarde dans la même direction que la vieille femme en prière avec l'enfant dont nous nous demandions vers où et vers qui étaient dirigés les prières et le regard... De cet entrecroisement d'images en nous, naît la question : *Où est le Christ?* Et une réponse qui, peu à peu, semble s'imposer. Le Christ ne serait-il pas, à notre droite, hors champ, sur sa Croix, plus dissimulé encore que d'abord nous ne le pensions?

Bruegel aurait-il donc peint *deux* Golgotha sur un même tableau? Et que pourrait-il vouloir nous dire en indiquant, *par* ce tableau (et non pas *sur* son tableau), un *second lieu* de la crucifixion? Un lieu invisible et pourtant, ô combien, prégnant sur les corps, les affects, et les esprits des hommes de son temps? La réponse, c'est le tableau lui-même qui la donne, éclairé par l'ensemble de l'œuvre dont l'analyse dévoile peu à peu la problématique : celle de la différence essentielle – déjà commentée – entre la vérité effective des choses et l'imagination (hors champ du réel) que nous en avons... Mais aussi celle de la prégnance constituante (et donc l'effectivité) que l'imagination a sur la réalité de la vie de chacun... Car cette Vierge en pâmoison, au pied de la croix, dans les bras de saint Jean et au milieu des pleurs des saintes femmes, est beaucoup plus qu'une simple image qui appelle les fidèles à la piété : c'est l'image emblématique d'une vie de misère (cette vallée de larmes...) à laquelle – à l'exemple de la Vierge – tous les hommes sont appelés à *devoir* se soumettre *en obéissant aux autorités... et à leur ambition de domination.* Car c'est bien – comme c'est aussi le cas pour *La Pie sur le gibet* – cette ambition de domination que symbolisent les ossements sur le flanc du Golgotha – des ossements qui donnent son sens à l'ensemble de la scène visible/invisible de

1. *Cf.* la *Crucifixion*, Berlin, Staatliche Museen.
2. *Cf.* le *Triptyque du Christ en Croix* (vers 1445), Vienne, Kunsthistorisches Museum.

l'icône de la crucifixion et à son imaginaire théologico-politique de servitude et de mort. Le crâne de cheval est le marqueur du véritable péché ou de ce que Machiavel nomme l'« humeur » caractéristique des Grands : un immense désir de dominer. Et les deux saintes femmes, qui portent de précieux habits de Cour, ne peuvent, suivant une nécessité inéluctable, que croire au Dieu des Puissants. En l'occurrence, le Christ-Roi qui, par la médiation des Empires et des Princes, domine l'univers, comme la Croix de sa Passion surplombe, avec superbe, le Globe du monde. Et c'est dans le prestigieux (et dérisoire...) manteau du Christ-Roi qu'une des deux saintes femmes épanche ses pleurs... Un Christ aux antipodes du Christ de la multitude et de son enseignement.

Car c'est non seulement le sens de la vie de Jésus mais aussi de son enseignement qui ont été *inversés*. Ce que montre, de fait, Bruegel c'est combien la Parole vivante et salvifique de l'enseignement du Christ est devenue une superstition *minéralisée*. Comme il en est, chez Bosch, de la pierre de folie logée dans le cerveau, il ne reste plus, en effet, de la religion et de son enseignement, qu'un gros caillou fiché dans les crânes. Le rocher du Golgotha est en chacun comme le glaive de la croix planté dans la tête. C'est pour cela qu'à l'image doloriste de l'agonie du Christ sur la Croix – que vient prolonger, dans l'Espagne de Philippe II, la dévotion particulière et spectaculaire à la *Mater Dolorosa* (Notre-Dame des Sept Douleurs) – Bruegel substitue la vaste « aire à battre » sur un immense plateau balayé par le vent. Et cette horizontalité familière de l'aire et du travail est aussi en contraste (et même en diamétrale opposition) avec la verticalité fantastique du nid d'aigle sur lequel est posé le moulin (de la folie imaginative des hommes?) où les grains seront broyés par un meunier solitaire dont le regard domine la plaine... L'aire, c'est l'espace où, sous les rafales du vent, le travail commun et méthodique des hommes séparera d'abord le grain de son enveloppe et de la paille avec laquelle il est mêlé (soit de toutes les figures mortifères de la superstition...). Bruegel dessine ainsi un plateau où, des champs seront labourés et les graines semées ; et où les hommes procèderont, à nouveau, à la séparation du bon grain de l'ivraie[1]... Afin que puisse être semée encore, et que puisse germer indéfiniment, une Parole salvifique au cœur de la vie quotidienne de chacun, dont les maisons et les champs sont là, tout proches. Cette tâche méthodique de séparation et de discernement c'est aussi celle de l'exercice de l'entendement dans le travail d'interprétation de l'Écriture Sainte. Car s'il est bon et nécessaire de diffuser l'Écriture dans la langue de chacun (ce que font les colporteurs de l'époque – comme peut-être celui, assis avec son grand sac à dos, qui observe la scène au bas du tableau), encore faut-il, aussi, savoir lire les textes sacrés et en comprendre leur enseignement majeur (l'enseignement qui permet justement de qualifier de « sacré » le texte de l'Écriture ...).

En symétrique de la crucifixion invisible (mais ô combien active dans la minéralisation des corps et des esprits...), et suivant une courbe dont le point le plus bas est la chute du Christ au centre du tableau, l'on trouve l'invraisemblable rocher qui touche le ciel et qui est posé là comme un élément fantastique au sein d'un paysage qui apparaît, quant à lui, bien réel. Au sommet du rocher, un moulin (comme une croix) et un personnage penché vers la plaine. Comme la crucifixion (hors cadre) du premier plan, le moulin est un symbole très ambivalent. Il est à la fois de nature christique – le moulin évoque, en effet, l'eucharistie[2] (et le rocher a

1. On trouve certes déjà un Golgotah sous forme de plateau dans *La Montée au Calvaire* (vers 1530-1535) du Monogrammiste de Brunswick (Jan van Amstel ?), tableau dont Bruegel a pu s'inspirer. Mais on ne trouve pas chez ce peintre une confrontation du plateau avec la figure plus traditionnelle du Golgotha ni de tableau dans le tableau, malgré les rochers du premier plan qui, comme chez Bruegel, surplombent aussi le Chemin du Calvaire. Absence également du moulin, bien que l'artiste ait placé au centre de sa composition, quelques rochers plus élevés (le lieu de l'exécution demeure cependant, dans ce tableau, le lieu le plus haut). À propos de la longue tradition picturale de la peinture flamande à laquelle Bruegel a pu se référer, *cf.* L. Silver, *Bruegel*, *op. cit.*, p. 25-33.

2. M. Gibson, *Portement de Croix*, *op. cit.*, p. 44

bien la forme d'une église dont la flèche est surmontée de sa croix) – mais sa signification peut être aussi l'opportunisme et la folie, voire la corruption (des prostituées exerçaient dans les moulins!) et par là même, la destruction de la Parole divine... N'est-ce pas, dans le moulin, que, sous la lourde pierre de la meule, les grains de blé sont – en vérité – *écrasés*? On peut aussi s'interroger sur la position (et l'usage...) d'un moulin réellement *inaccessible* à ceux qui souhaiteraient y amener le fruit de leur travail (et qui tournerait donc à vide...), et/ou d'une Église si réellement éloignée (au-dessus) des hommes, de leurs besoins et de leurs désirs... Une ambivalence donc de la signification du moulin qui trouve un écho dans la scène archaïque du premier plan, représentant aussi des figures radicalement éloignées de la réalité.

Le Christ qui tombe sous le poids de l'oppression et de la croix au centre de la composition, se trouve, quant à lui, au point le plus bas de la rencontre de deux courbes, celle du chemin du Calvaire qui va de gauche à droite, de la ville vers le plateau, et de la courbe que l'on peut également tracer du moulin à l'image, hors champ, de la crucifixion (en bas à droite). En opposition avec la transcendance de la croix (et son image picturale traditionnelle), le Christ du centre, traité de manière réaliste, indique la présence vivante de l'Un « au milieu » du multiple; d'une multitude qui irradie ainsi de son unité christique. La véritable opposition que nous donne ainsi à voir Bruegel, n'est donc pas celle entre intériorité et extériorité (qui sont les deux faces d'une même pièce) mais celle de la rupture critique (épistémologique) entre la réalité de l'immanence – celle d'un Christ indiscernable et indissociable de la multitude – et le domaine mythologique de la transcendance de l'imaginaire (réel) d'une religion minéralisée. Et qui minéralise les esprits.

La scène du premier plan, qui pouvait être tenue chez Van der Weyden pour la mise en scène d'un « tableau vivant », devient, dans *Le Portement de croix*, la mise en images d'une minéralisation mortifère. Bruegel peint, en effet, les figures saintes en parfaite symétrie (et ainsi en identification) avec la forme et le mouvement des rochers qui, sur la gauche, poursuivent le fil de la crête du Golgotha. Les figures saintes – et la religion qu'elles manifestent – sont bien des figures de pierre. Des pierres qui forment la base d'un triangle mythologique – ou d'une Église – à la pointe duquel, sur fond de nuages, Dieu le Père et son moulin, *dominent* le monde et les fidèles comme un Roi domine son peuple. En cette seconde moitié du XVIe siècle, au sein des Anciens Pays-Bas, c'est cette architecture pyramidale fondée sur des figures du passé, que la peinture de Bruegel conteste.

Face aux pouvoirs théologico-politiques et au destin de terreur et de mort qu'ils imposent, ce que peint Bruegel c'est, au contraire, la joyeuse et puissante dynamique de la vie commune, une multitude, certes opprimée, mais qui manifeste aussi toute sa puissance de résistance et de vie. Bruegel peint, non pas des icônes isolées, fixées dans leur rôle aristocratique de modèle dans le ciel d'un imaginaire mortifère, mais des *relations transversales vivantes car dynamiques.* Dans cette confrontation, Bruegel retrouve ainsi un enseignement majeur du Cusain[1]. Car la réalité de la multitude est bien dans et par ces « relations », ou les affections particulières par lesquelles les hommes communiquent non pas seulement entre eux mais aussi avec le monde, avec tous les éléments naturels du monde qui les affectent. Comme ce groupe d'hommes pris dans une bourrasque sous le rocher du moulin et qui passe près d'un arbre verdoyant qui indique, sans doute, l'avènement du printemps (ou le mouvement de renaissance indéfinie de la vie que même la plus terrible des oppressions ne saurait étouffer). Un groupe dont les gestes forment, entre eux comme avec les éléments du monde, une sorte de danse, un mouvement improvisé et pourtant à la fois commun et, en chacun, singulier. Le premier personnage tient curieusement son chapeau devant lui au bout du bras (un chapeau qui vient sans

1. « Privilégiant parmi les catégories celle de “relation“, Nicolas [de Cues] considère toute connaissance comme une confrontation ou comparaison dont la “mesure” est le seul instrument valable [...] », M. de Gandillac, *Nicolas de Cues*, *op. cit.*, p. 14.

doute de s'envoler) ; d'autres tentent de maintenir leur coiffe sur leur tête ; un autre tient prudemment son chapeau à la main ; le manteau du dernier semble donner des ailes au groupe qui forme ainsi un seul corps, un seul individu… Et cela compose aussi, avec le groupuscule des cinq enfants qui les suivent et qui jouent en courant, une sorte de danse commune aux antipodes des figures individuelles, doloristes et minéralisées de la religion. Ces jeux et ces danses, nous le savons, traversent allègrement l'œuvre de Bruegel et la caractérisent. Qu'il s'agisse de danseurs au son de la cornemuse ou bien, comme c'est ici le cas, d'une danse que le peintre imprime à des mouvements communs alors que les enfants courent et que ces hommes sont simplement en train, ensemble, de marcher. Mais les deux groupes forment une partition commune, rythmée et secouée d'une dynamique syncopée qui semble, au gré des vents, séparer puis rapprocher joyeusement les éléments qui les composent. Un bel exemple de cette danse immanente aux mouvements quotidiens de la vie, se trouve dans *La Fenaison* (de 1565) dans la marche véritablement chorégraphique de deux groupes de personnages (les trois femmes aux râteaux et les trois porteurs de paniers) qui se croisent sur le chemin des champs… comme en dansant ! Ces chorégraphies naturelles, immanentes, manifestent les forces de résistance d'une *vie commune* : vie commune des hommes, vie commune du monde, vie commune des hommes avec le monde… Comme le souligne avec pertinence Michael Gibson, la peinture de Bruegel se garde de tout éloge de l'individualisme naissant :

> On ne rencontre aucune trace chez Bruegel de ce génial narcissisme italien, décelable chez Raphaël, imposant chez Michel-Ange. Les personnages de Bruegel ne sont pas centrés sur leur moi : la séduction n'est pas leur souci [1].

Bruegel, en effet, ne peint pas de portraits, ni de dignitaires religieux, ni de nobles, ni de commerçants enrichis. *Il peint la multitude* ; et pas seulement des paysans, mais, comme dans *Le Portement de croix*,

1. M. Gibson, *Portement de Croix*, *op. cit.* p. 78.

la multitude dans la diversité du populaire et de ses contradictions. Mais Bruegel ne peint pas non plus – et, en ce sens, nous nous séparons de la lecture de Gibson – l'intériorité souffrante et solitaire de personnages isolés dans le Ciel catholique des images. S'il l'a fait dans *Le Portement de croix*, à la manière de Van der Weyden avec les figures emblématiques de Marie et de saint Jean, c'est pour diamétralement *opposer* la réalité du Christ-de-la-multitude, porteur d'espérance, de résurrection et de salut, aux *icônes* de l'oppression. Bruegel iconoclaste ? À sa manière, sans doute. C'est-à-dire en peintre-philosophe, qui pense dans l'image et par l'image. Car il ne s'agit pas, pour le peintre, de situer sa pensée (et sans doute aussi sa foi) par-delà ou en deçà des images, mais plutôt de déterminer, dans et par l'acte de peindre et la déconstruction que sa création met en œuvre, un bon et un mauvais usage des images : celui (artistique et philosophique) qui éclaire et libère contre la servitude superstitieuse de son usage théologico-politique.

– *Seconde constatation.* Toujours sur la première partie basse du tableau (constituée par la masse des premiers rochers), mais légèrement en contrebas, face à la scène du portement de croix, on remarque deux personnages placés symétriquement à l'image de la Vierge mais qui sont traités dans le style réaliste général de la composition (soit indépendamment de ce que nous avons appelé l'élément mythique). Il s'agit d'un colporteur, assis avec son barda sur le dos, dans le passage d'un col qui débouche au-dessus de la plaine et du Chemin de Croix. L'autre personnage se situe à la marge extrême, à droite du tableau (ce personnage de bord est même légèrement coupé dans le dos ; il est comme adossé au bord du panneau pour pouvoir s'ouvrir le plus grand angle de vue). C'est un homme dans la force de l'âge, vêtu d'un manteau blanc avec un bonnet sur de longs cheveux clairs. Il porte une belle barbe claire d'un ton roux. L'homme observe attentivement la scène de la chute du Christ avec une grande intensité, droit, impassible, serein. Sa différence (tant corporelle qu'affective) avec les personnages qui l'entourent, est nette. Cette différence apparaît d'autant plus visible que Bruegel l'a peint auprès d'un homme qui est écrasé par la douleur (qui le défigure) et qui ne se soutient (nous avons déjà rencontré le personnage) qu'en s'accrochant au pied du gibet à roue. Des commentateurs ont suggéré que l'homme au manteau blanc pouvait être Bruegel lui-même comme « personnage de bord ». Nous adhérons volontiers à cette hypothèse en constatant que le personnage ressemble à celui du dessin (de la même année), *Le Peintre et le connaisseur*, et qu'on peut le rapprocher aussi de l'homme accompagné de sa famille dans l'angle droit du haut du tableau *La Prédication de Jean-Baptiste* (de 1566). La même prestance, la même intensité dans le regard et une même attention, émane de ce personnage. S'il s'agit de Bruegel remarquons que dans *Le Portement de croix*, le peintre tourne alors explicitement (physiquement) le dos à la crucifixion *comme mythe*. Sans doute pour inviter ses contemporains à « voir » sans œillères, c'est-à-dire à penser, non seulement la vérité historique de la répression (c'est-à-dire les exécutions de masse dans les Pays-Bas du XVIe siècle : il y a des gibets partout!) mais aussi la relation causale entre l'image religieuse (comme hypostase), et la mort réelle que l'icône de la crucifixion enveloppe et diffuse. La traînée de sang que forment, dans la plaine, les tuniques rouges des gardes wallons, trouvant alors sa source dans l'immense étoffe rouge dans laquelle pleure l'une des deux saintes femmes : c'est le sang du peuple que verse le pouvoir[1]...

C.-H. Rocquet a déjà donné une interprétation globale de l'image de la Vierge et des saintes femmes allant en ce sens du mythe. Il écrit :

> Il est permis de voir en ces figures hiératiques, et anciennes, le passé chrétien désormais imaginaire pour la conscience nouvelle.

1. Érasme écrivait : « L'Église chrétienne ayant été fondée par le sang, confirmée par le sang, accrue par le sang, ils continuent à en verser, comme si le Christ ne saurait pas défendre les siens à sa manière », *Éloge de la folie*, *op. cit.*, chap. LIX, p. 78.

> L'Incarnation n'est plus, comme elle l'était encore chez Bosch, ce point autour duquel le temps des hommes et de chacun s'ordonnait. La civilisation occidentale se cherche un autre centre [1].

R. Genaille écrit également :

> en montrant ainsi dans des formes surannées la Vierge et les Saints, c'est-à-dire l'Église tournant le dos au Christ, Bruegel pouvait suggérer qu'elle en a méconnu la vérité profonde comme Véronique, si contente d'elle-même sur le *Portement de Croix* de Bosch (Gand), se satisfait d'une image sur un voile et tourne le dos au sauveur souffrant et martyrisé [2].

Mais ces lectures critiques, qui nous semblent adéquates, restent cependant isolées et peu développées.

Avançons de notre côté en examinant, à présent, notre premier personnage : le colporteur. À l'observer assis, avant de reprendre sa marche, à l'orée d'un col, la leçon de Bruegel serait-elle qu'il nous faut *passer* de la foi catholique à celle, nouvelle, de la Réforme ? Est-ce ce « pas » que le colporteur, le bâton de marche à la main, nous invite à franchir ? À la frontière des deux mondes, ancien (les figures hiératiques) et nouveau (le Christ au milieu des siens), le colporteur, en effet, transporte, clandestinement, des livres et des idées nouvelles. C'est, en partie, par lui que se diffusent les idées subversives de la Réforme [3]… et peut-être aussi cette éternelle Sagesse dont les livres de Dieu « qu'il a écrits de son propre doigt » [4] disent – avec « l'Idiot » – qu'elle « crie ouvertement sur les places

1. C.-H. Rocquet, « Bruegel l'Ancien (Pieter) », *Encyclopædia Universalis*, *op. cit.*, p. 638-639.
2. R. Genaille, « La montée au Calvaire de Bruegel l'Ancien », *Jaarbock van het Koninklijk Museum voor Schone Kunsten Antwerpen*, 1979, p. 184.
3. Que, dans *Le Portement de croix*, Bruegel confesserait sa foi anabaptiste – et que ce sont les colporteurs qui ont été les « émissaires du baptisme » –, est une thèse défendue par Michaël Auner, in « Pieter Bruegel. Umrisse eines Lebensbildes », *Jahrbuch van het der kunsthistorischen Sammlungen in Wien*, LII, 1956, p. 103.
4. Nicolas de Cues, *La Sagesse selon l'Idiot / Idiotia De Sapientia*, édition bilingue, trad. Fr. Coursaget, introd. et comm. R. Bruyeron, Paris, Hermann, 2009, Livre I, 3, p. 33.

publiques »[1]. La grande cuiller en bois, en effet, très visible sur l'arrière du sac de ce colporteur, au chapeau à plumes un peu ridicule, indique peut-être – à l'attention de quelques lettrés – que, comme le tailleur de cuillers de bois du *De Mente* de Nicolas de Cues[2], ce colporteur pourrait être aussi un porte-parole (« l'Idiot ») d'une Sagesse biblique... D'autant plus que le bâton sur lequel il s'appuie pourrait être (car on peut, là encore, y reconnaître une métaphore du Cusain) le « bâton de la raison »... Son symétrique, cependant – l'homme au manteau blanc – n'a lui, semble-t-il, aucune intention de bouger. Rien de ses affects ou de ses gestes ne trahit une quelconque intention de faire autre chose que ce qu'il fait. Mais que fait-il ? Il observe avec une très grande intensité. Mais il ne se désole pas ; il n'y a pas, non plus de haine sur son visage ni d'ailleurs de satisfaction ; il ne prie pas non plus, il observe et médite. On ne sait cependant rien de ses émotions ni de ses pensées. L'homme regarde seulement très attentivement et s'efforce, avant tout, de comprendre. Et il invite tous les observateurs de la scène (et/ou du tableau) à faire de même. On pense, en l'observant, au *sustine et abstine* stoïcien dont il semble, au premier abord, suivre la leçon. Cette assignation semble cependant discutable en fonction d'un « comprendre » qui ne saurait – d'après ce que nous a appris le tableau (et, plus généralement, l'œuvre de Bruegel) –, conduire celui qui « connaît » (et ceux qui le suivent) à aimer et à vouloir le monde tel qu'il est. Si comprendre réjouit et engendre par là même une puissante sérénité (celle dont le personnage au manteau blanc rayonne) et un amour de la connaissance que nous avons du monde et de nous-même, cela n'implique pas du tout que celui qui « sait » accepte, et moins encore aime, le monde tel qu'il le connaît ! Et sans doute, à travers l'immobilité méditative de ce personnage, Bruegel met-il, au minimum, en garde les spectateurs de son temps,

1. *Ibid.*
2. Nicolas de Cues, *De la pensée* (*De mente*), trad. M. de Gandillac, dans E. Cassirer, à la suite de *Individu et cosmos*, *op. cit.*, p. 246-247 ; extrait des *Œuvres choisies*, éd. de M. de Gandillac, Paris, Aubier-Montaigne, 1942.

contre le désir qu'ils pourraient avoir, face à l'image de l'injustice et de l'indignation qu'elle suscite, d'un déplacement trop rapide de « position » (ou de croyance) qui serait aussi intempestif qu'illusoire (disons, idéologique) et qui ne conduirait (dans la précipitation) que d'une mort imagée à une autre, d'un fanatisme à un autre, d'une superstition à une autre, d'une minéralité à une autre…
En effet, sous les trois blocs de rochers, à gauche du tableau, le peintre représente l'interpellation de Simon de Cyrène; il peint aussi l'altercation qui s'en suit et l'attroupement des badauds : cette situation provoque la curiosité; c'est encore un spectacle à déchiffrer et à comprendre! Profitant de la confusion, Bruegel montre aussi que trois hommes se sont emparés des sacs de farine que Simon et sa femme portaient au marché. Et ces hommes s'empressent de fuir, chacun de son côté avec son butin. À travers les trois voleurs, n'est-ce pas la division du christianisme (entre catholiques, luthériens et calvinistes) que Bruegel a voulu ici évoquer? Ou le véritable vol que chaque Église a historiquement opéré sur la Sagesse éternelle de la Parole divine (ici symbolisée par la farine) alors que chacune la détourne à son profit et la trahit par ses superstitions propres et son intolérance singulière mais pourtant partagée? Pourquoi alors vouloir passer de la domination d'un voleur à un autre, d'une Église à une autre quand bien même l'une d'entre elles (l'Église catholique *via* l'Espagne de Philippe II) dépasserait, comme c'est le cas en cette période, toutes les limites du supportable? Le peintre-philosophe (et/ou son personnage) travaille à un tout autre type de *déplacement*, qui échappe justement, au piège de la comparaison et du choix et finalement aussi à l'aveuglement face à la vérité du rapport d'identité symétrique (et/ou spéculaire) des différentes Églises. Le déplacement qu'appelle Bruegel (et son personnage de bord…) est celui d'une *réforme*, non pas dans la religion mais de et par l'entendement lui-même. Une voie par laquelle les hommes pourront alors, peut-être, après-coup, retrouver le sens authentique et éternel de la Parole divine, de sa Sagesse et/ou de l'enseignement véritable du Christ. Ce qui supposait, pour le peintre-philosophe,

une convergence éthique entre la philosophie (le libre exercice de l'entendement) et l'enseignement majeur de l'Écriture Sainte.

– *Troisième constatation.* Le Christ est au centre de la composition. C'est donc un fondement ou un principe. Mais en quel sens? Sûrement pas au sens d'un Prince et/ou d'un Pouvoir. Si le Christ est placé au centre, c'est plutôt comme symbole et comme célébration de tous les persécutés des pouvoirs théologiques et politiques. Car – c'est une vérité de fait – c'est bien la Croix (celle mythique des pouvoirs religieux et politique) qui, en vérité, écrase de tout son poids historique, théologico-politique, l'homme ordinaire du centre du tableau (comme la meule du moulin écrase le grain). Le Christ est donc un symbole qui appelle à la compassion et à la solidarité universelle avec tous les opprimés *dont il ne se distingue pas*. Un appel – et/ou un enseignement – qui n'est guère entendu. En témoigne l'attitude de la femme de Simon de Cyrène qui empêche son époux d'aller aider l'homme qui plie sous la croix – elle lui défend ainsi de venir en aide aux persécutés du XVIe siècle flamand dont la figure du Christ est le symbole... et la Croix le signe de leur oppression (ce n'est pas sans ironie que Bruegel place entre les mains liées des deux larrons, une petite croix qui, de fait, sème la terreur de la répression et de laquelle, selon les Inquisiteurs-confesseurs, ils devraient attendre leur salut!). C'est encore le Christ, comme symbole vivant, que Bruegel oppose – toujours très ironiquement – à la croix et au rosaire qui se détachent clairement sur le tablier blanc de la femme de Simon; un chapelet avec lequel celle-ci doit égrener quotidiennement ses *Ave Maria*! Bruegel déplace donc la figure du Christ de la minéralité écrasante du mythe du Golgotha – qui est expulsé du tableau comme il doit l'être des esprits – à la dynamique vivante et libératrice du symbole (la vie du Christ et son enseignement). Là est le véritable décentrement : le peintre déplace son cadrage de la scène mythique primitive traditionnelle à la réalité effective, au présent, de l'oppression des corps et des esprits. Déplacement du mythe qui opprime vers un dispositif d'images qui, loin de faire obstacle à l'entendement, en provoque, au contraire, le libre exercice dans et par la dynamique de l'imagination critique que suscite le tableau pour une analyse totale du présent, et pour tous les présents.

Dernière remarque : dans la confusion engendrée par la réquisition de Simon de Cyrène, trois sacs de farine ont été volés, une cruche a été renversée (son lait se répand sur le sol)... mais aussi un jeune agneau est tombé à terre. Cet agneau (qui allait, sans doute, être vendu sur le marché) a les pattes entravées. Il est abandonné de tous *et il nous regarde.* C'est le Christ qui, *via* son symbole de victime sacrificielle[1], vient, lui-même, interroger l'observateur sur la confusion des vies et des esprits dans laquelle l'ambition de domination a jeté les hommes et le monde... Et le lait (symbole de connaissance et de fertilité) répandu près de lui, indique combien la voie de l'enseignement véritable du Christ a été perdue.

Freud, dont le cabinet de psychanalyse est à quelques encablures du Kunsthistorisches Museum de Vienne, avait-il contemplé les tableaux de Bruegel ? C'est probable... Les appréciait-il ? Nous ne le savons pas. Une anecdote sur le mot d'esprit dans ses leçons données aux États-Unis en 1904, nous ramène pourtant indirectement au peintre flamand et à nos interrogations[2]. Car c'est d'une petite histoire que Freud raconte à ses auditeurs de la Clark University de Worcester dans le Massachussetts, que nous avons tiré le titre de ce premier paragraphe, sous forme d'interrogation : « Où est le Christ? ». Le mot d'esprit, tel que l'inconscient lui-même le pratique, explique Freud, suit le même processus de pensée que celui d'un critique d'art qui se trouverait devoir juger des portraits de deux nouveaux riches, prétendants à une reconnaissance sociale. Il s'agit des portraits « que, deux commerçants peu scrupuleux ayant réussi à acquérir une grande fortune au moyen de spéculations

1. Actes des Apôtres, 5, 6.
2. S. Freud, *Cinq leçons sur la psychanalyse*, trad. Y. Le Lay, Paris, Petite Bibliothèque Payot, 1971.

pas très honnêtes »[1], ont commandé à un « peintre très célèbre et très cher », pensant que ces portraits seraient des moyens utiles afin « d'être admis dans la bonne société ». Les deux spéculateurs organisent donc une grande soirée pour faire admirer leurs portraits et conduisent eux-mêmes le « critique d'art influent devant la paroi du salon où les portraits étaient suspendus l'un à côté de l'autre »[2]. Le critique, poursuit Freud,

> considéra longuement les deux portraits, puis secoua la tête comme s'il lui manquait quelque chose, et se borna à demander, en indiquant l'espace libre entre les tableaux : "Où est le Christ?"[3].

Et cette plaisanterie – au premier abord, sans rapport avec l'attente des commerçants – est, en vérité, une insulte :

> le critique a voulu dire : "Vous êtes deux coquins, comme ceux entre lesquels on a crucifié Jésus-Christ." Cependant il ne l'a pas dit. Il a dit autre chose qui, au premier abord, paraît tout à fait étrange, incompréhensible, sans rapport avec la situation présente[4].

Comme quand Bruegel peint *La Pie sur le gibet*, *Les Jeux d'enfants* ou *Le Portement de croix*... Car, chez Bruegel, c'est le dispositif de l'œuvre elle-même, et non pas (comme dans l'exemple de Freud) l'esprit du critique d'art, qui enveloppe la procédure du mot d'esprit que le commentateur doit, à l'inverse, patiemment déchiffrer. Un mot d'esprit qui exige donc que, face à plusieurs de ses tableaux et en fonction de leur dispositif et de ses exigences internes, nous nous posions la question, « Où est le Christ? ». Une question, nous l'avons vu, qui, chez Bruegel, ne peut, en aucun cas, présupposer la connaissance et/ou la nature de celui que nous cherchons. Car ce n'est qu'en répondant à la question « Où est le Christ? » que nous pouvons répondre à cette autre question vers laquelle le peintre nous conduit et sur laquelle nous allons à présent

1. *Ibid.*, p. 33.
2. *Ibid.*
3. *Ibid.*
4. *Ibid.*

nous arrêter : « *Qui* est le Christ ? ». Une question aux réponses picturales multiples qui défient notre principe d'identité.

qui est le Christ ?

Si le Christ est bien au centre géométrique de la composition du *Portement de Croix*, pour Bruegel ce centre n'en est pourtant pas un. C'est plutôt un *milieu* au sens où l'Évangile de Jean – vers lequel Bruegel fait sans doute signe – dit : « Au milieu de vous il est quelqu'un que vous ne connaissez pas… » (Jean 1, 26). Être « au milieu » de la multitude, ce n'est pas, en effet, en occuper le centre ; soit occuper le lieu du pouvoir et/ou du commandement – comme c'est le cas du personnage central à cheval devant ses troupes dans *Le Massacre des innocents*. Être au milieu c'est, bien au contraire, vouloir déserter cette position centrale de domination afin de devenir un maître-serviteur. Être au milieu de la multitude, c'est alors souffler comme un vent dont tu entends la voix mais dont « tu ne sais ni d'où il vient ni où il va » (Jean 3, 8). Ce souffle, qui semble – comme la puissance de l'absolument infini – n'avoir ni commencement ni fin, est certainement le même souffle qui secouait, brusquement, le groupe d'hommes pris dans les rafales sous l'étrange piton rocheux du haut du tableau. C'est, sûrement aussi, le souffle puissant qui, dans *La Chute d'Icare*, vient gonfler les voiles du navire qui s'apprête à partir en haute mer. C'est le souffle qui anime aussi les enfants qui jouent… Et le même souffle encore qui nourrit, en vérité, selon les forces propres de l'art pictural, la dynamique bruegelienne des tableaux. Dans l'Écriture sainte, c'est le mot hébreu *ruagh* qui est employé. *Ruagh*, au sens propre, signifie le « vent » ou le « souffle », mais c'est pour dire l'Esprit de Dieu qui anime puissamment un homme, dans son intention, sa décision, sa volonté, son esprit, son courage, sa capacité, sa force, sa vertu[1]…

1. C'est ce qu'expliquera, un siècle plus tard, Spinoza dans le chapitre I [21-22], de son *Traité théologico-politique*, en donnant les références des diverses significations et des différents passages de l'Écriture où le mot *ruagh* est utilisé, *op. cit.*, p. 95-97.

C'est ce même souffle que Bruegel peint (et transmet…) au cœur même de toutes les « relations » qui construisent, sur ses panneaux, la manifestation vivante de la multitude. Si la multitude bruegelienne a une unité, c'est, en effet, celle divine de ce vent Paraclet pictural. C'est, en effet, la dynamique du souffle qui construit l'*unité* vivante du tableau, qui la constitue, la traverse et la porte. Une « Unité, écrivait Nicolas de Cues, à laquelle ne s'opposent ni l'altérité, ni la pluralité, ni la multitude »[1]. Car l'unité vivante des tableaux de Bruegel se dit bien de l'altérité, de la pluralité et de la multitude même : une unité immanente qui, en construisant son propre plan, se pose et s'affirme, en acte, contre la domination totalisatrice de la transcendance de l'Un.

La notion de « multitude » (sous la forme dans la Vulgate du *multus* – ceux qui sont en grand nombre) est présente dans le texte des Évangiles chez Matthieu (en 26-28) et chez Marc (en 14-24) dans l'évocation de l'institution de l'Eucharistie. La traînée de sang que forment alors dans la plaine, les tuniques rouges, marque sans doute la manière, pour Bruegel, de peindre le sang du Christ « répandu pour une multitude » [*qui pro multis effunditur*][2].

Dans Matthieu (20, 24-28), sont clairement différenciés les deux types de relations que Bruegel met en scène dans *Le Portement de croix* : celle, de domination, qu'instaurent les Maîtres, les Grands et/ou les chefs des nations (qui font sentir leur domination à la multitude), *et* la relation constituante et singulière d'« amour » instaurée par la nouvelle grandeur qui est de « servir » et de « donner sa vie en rançon pour une multitude » [*et dare animam suam redemptionem pro multis*].

Ce que peint *Le Portement de croix*, c'est bien alors l'opposition entre ces deux types de relations, mais aussi la synthèse mortifère et renversante opérée par la domination théologico-politique qui, au nom du Christ (et de la transcendance divine incarnée par

1. *La Docte ignorance*, *op. cit.* partie I, chap. XXIV (76) p. 101.

2. *Cf.* Matthieu 26, 26-29 et Marc 14, 22-25.

le souverain), répand le sang de la multitude. Mais le sang de la multitude c'est *aussi* celui du Christ, car la multitude que peint Bruegel, est non seulement celle des Évangiles de Matthieu et de Marc mais aussi celle qui constitue, selon Paul (Romains, 12, 5-6), la puissance multiple du Corps mystique de Jésus-Christ dont tous les hommes sont réellement les membres.

Qui est alors le Christ? À cette question, Bruegel répond – de manière, en apparence, orthodoxe – par le « souffle » ou la puissance (infinie…) du « Corps » divin dont parle Paul dans plusieurs de ses Épîtres… Un Corps que, sous la figure d'une multitude-christ, construit véritablement le plan d'immanence de ses panneaux peints. Mais c'est par là aussi que la position bruegelienne subvertit toute orthodoxie théologique. Car à la question « *Qui* est le Christ? », le peintre affirme plus précisément les *forces* immanentes qui, physiquement, pluriellement et picturalement, constituent ce que construit et affirme sa peinture même. Sa réponse – *déplacée* sur le plan d'immanence des forces de la création picturale – prend alors un tout autre sens que celui qu'il avait chez l'apôtre Paul. De ces forces en effet, Bruegel expose, à travers ses peintures et ses dessins, toute la puissance matérielle en acte : d'affirmation, de résistance et de résurrection; puissance de renaissance et de promesse d'un printemps indéfiniment renouvelé. Voilà, nous dit-il, ce qu'est *ou plutôt ce que peut* le corps pictural de Jésus-Christ! Le Christ c'est, de fait, la puissance même de la création qui traverse tous les hommes et que nous voyons en œuvre sur les tableaux. Mais Bruegel peint aussi, les usages, ce que les hommes ont fait de cette puissance; il peint la volonté de dominer qui s'est emparée de la figure du Christ et de sa Passion… Soit la terrible servitude, la captation, l'exploitation qui frappe le mouvement de la création. Il peint la puissance-christ pervertie, assujettie par « servile soumission »[1] aux forces tyranniques des « chefs des nations ». Le corps du Christ se donne alors comme ce qui est à libérer afin que le

1. Nicolas de Cues, *De pace fidei / La Paix de la foi*, cité dans M. de Gandillac, *Nicolas de Cues*, *op. cit.*, p. 104; extrait de l'éd. de l'Université de Sherbrooke, *op. cit.*

corps commun de la multitude (ou le corps du commun) retrouve toute la puissance d'affirmation de son innocence naturelle et de sa liberté. C'est sans doute le sens le plus profond d'un dessin de 1565 intitulé *Le Printemps*[1].

Le Printemps, 1563, Plume et encre brune, 223 × 289 mm, Albertina, Vienne.

Alors que les trois mois du printemps, explicitement indiqués au bas du dessin, sont systématiquement représentés par la tonte des moutons et la taille des vignes (en mars), la préparation du jardin et les plantations (en avril), la musique et la fête au bord de l'eau dans un parc et une guinguette (en mai), ce que nous voyons en premier sur ce dessin, ce sont d'abord de robustes paysans qui, courbés, s'affairent intensément à la préparation du jardin sous les ordres d'une maîtresse de maison (ou de la châtelaine elle-même).

1. *Le Printemps*, 1563, en bas du dessin on trouve l'inscription « de lenten Mert April Meÿ » – le printemps, mars, avril, mai –, Vienne, Albertina.

Ces hommes et ces femmes s'attellent à leur travail (chacun à sa tâche) avec beaucoup d'intensité mais aussi beaucoup de crainte, silencieusement. Seule la châtelaine parle pour ordonner. Il n'y a aucune communication entre les serviteurs alors qu'ils réalisent un travail commun… Aucune communication non plus avec le spectateur du dessin et/ou de la scène : ces personnages sont repliés sur leur servitude, isolés par leur travail; leurs attitudes et leurs activités sont totalement régies par « le haut » (l'Un). Et cela – à voir le jardin « à la française » qu'ils sont en train de composer –, au service d'un projet d'assujettissement intégral et/ou de maîtrise totale de la nature et de leur nature! Un projet imposé par la seule volonté de la châtelaine auprès de laquelle l'attitude courbée (et même servile) du vieux jardinier en train de semer, exprime toute une vie de dressage, de crainte et d'obéissance *au cordeau*… Car c'est bien aussi, au cordeau (comme l'indique la ficelle tendue entre deux piquets) que se dessine la géométrie du jardin et les gestes des travailleurs (remarquez – au bas du dessin à gauche – la forme de la pelle qui épouse, le long du cordeau, l'angle de l'allée du jardin et de sa partie cultivée, et son manche de bois qui, pour rendre l'outil plus efficace, n'est pas tout à fait perpendiculaire à la lame…). Et la volonté de domination rationalisante (où la passion de l'ordre géométrique est poussée jusqu'au délire et au ridicule [1]) est bien alors l'ordre général et naturel des choses et des hommes que manifeste ce dessin qui nous dit, sans détour, que les paysans au labeur sont comme des animaux domestiqués, victimes bien « dressées » (comme le petit chien de la jeune femme auprès de la châtelaine), qui se font tondre comme les moutons [2]… et/ou piéger,

1. Comme pour l'arbuste, vers le milieu du dessin à droite, réduit à n'être plus que deux rondelles de feuillage superposées sur l'axe vertical d'un tronc totalement dégarni.

2. Dans *Les Proverbes*, sur la gauche en bas du tableau, est représentée la tonte du mouton à côté de celle du cochon. Le proverbe dit : « *De ene scheert schapen, de andere varkens* » [Celui-ci tond les moutons, l'autre les cochons »], ce qui signifie que l'un « a tous les avantages d'une situation, l'autre tous les inconvénients; l'un vit dans l'opulence, l'autre dans la misère », *cf.* Roger H. Marijnissen, *Bruegel*, *op. cit.*, p. 136 [9]. Dans son ouvrage

exploiter dans leur travail, comme les abeilles dont on distingue, au milieu en haut, le rucher… ou encore "pigeonner" comme ces oiseaux fidélisés à leur colombier qui se dresse sur la gauche des ruches – le mot pigeon, au sens de "dupe" existe depuis la fin du Xe siècle et le verbe pigeonner date du début du XVIe siècle. Alors que, de l'autre côté de la rivière, dans un autre monde qui est pourtant le même, les aristocrates et les riches festoient sous la protection des deux pouvoirs, le château et l'église. Une paysanne, aux limites du domaine, rêve un instant sur le vol des oiseaux sauvages qui dessinent une libre chorégraphie dans le ciel : elle rêve, peut-être, à un autre monde, à un autre type d'ordre ou d'harmonie qui serait celui de la liberté commune. Ce personnage semble, le bras levé, saluer le voyage des oiseaux. Bruegel l'a dessinée sous un portique, symbole du passage d'un ordre à un autre, d'un temps à un autre, là où se joue l'espérance qui est celle du printemps… Mais cette espérance est-elle bien raisonnable si l'on considère la réalité effective des choses ?

C'est significativement que les deux piliers d'une treille qui, après la taille de mars se couvrira, dès la fin de l'été, de pesants pampres de vigne, sont, à l'inverse, deux figures humaines faméliques : c'est bien sur la misère effective que repose et prospère depuis toujours la production de la richesse ! Mais pampres et raisins sont aussi des symboles de la crucifixion [1]… C'est donc de la passion et de la crucifixion des pauvres, dans et par la domination du travail, dont il est aussi question… Le pauvre : c'est le Christ lui-même injustement opprimé qui souffre sous le poids de la croix. Quant au message d'espoir porté par le Christ, il semble absent de ce

consacré à *Jérôme Bosch. Tout l'œuvre peint et dessiné*, R. H. Marijnissen (en collaboration avec P. Ruyffelaere) cite, à propos du *Chariot de foin*, un passage de *Des comincs summe* de 1478 : « les grands prélats, intendants et autres notables, ne devraient-ils pas protéger les braves gens et garder les ouailles ? Or ils sont devenus des loups féroces : ils tondent et ils écorchent ceux qu'ils devraient protéger », Paris, Éditions Charles Moreau, 2007, p. 74.

1. Voir la décoration du fond du panneau central du *Triptyque de l'enterrement du Christ* de Robert Campin (1415), dit aussi *Triptyque Seilern*.

jardin où ne règnent qu'oppression et exploitation. Contrairement au libre déplacement des oiseaux dans le ciel et à l'harmonie naturelle et immanente de leur vol, dans le jardin l'ordre des vies est entièrement soumis à la volonté tyrannique d'un seul. Si nous en restions là, le « printemps » de Bruegel ne serait qu'une antiphrase d'une amère ironie. Bruegel pourtant laisse place à l'espérance. En bas du dessin, en effet, entre les deux personnages qui nous sont les plus proches, une bêche abandonnée est plantée dans le sol, isolée : le jardinier n'est plus là. *Où est-il? Qui est-il?* On se souvient alors d'une bêche sur une fresque de Fra Angelico au couvent San Marco et aussi de plusieurs tableaux du temps de Bruegel : Le Titien (1514), Le Corrège (de 1525), Bronzino (de 1561)... des œuvres que Bruegel a peut-être pu rencontrer ou dont il a ouï parler. On se souvient aussi et surtout de la drôle d'histoire qui a suscité ces images : une histoire que raconte l'Évangile de Jean. Alors que Marie de Magdala pleure près du tombeau de Jésus qu'elle a trouvé vide, deux anges l'interpellent :

> "Femme, pourquoi pleures-tu?" Elle leur dit : "Parce qu'on a enlevé mon Seigneur, et je ne sais pas où on l'a mis."Ayant dit cela elle se retourna, et elle voit Jésus qui se tenait là, mais elle ne savait pas que c'était Jésus. Jésus lui dit : "Femme, pourquoi pleures-tu? Qui cherches-tu?" *Le prenant pour le jardinier*[1], elle lui dit : "Seigneur, si c'est toi qui l'a emporté, dis-moi où tu l'as mis, et je l'enlèverai." Jésus lui dit : "Marie!" Se retournant, elle lui dit en hébreu : "Rabbouni!" – ce qui veut dire : "Maître." Jésus lui dit : "Ne me touche pas, car je ne suis pas encore monté vers le Père"[2].

Cet épisode du *Noli me tangere*, plusieurs fois immortalisé par la peinture d'un Christ ressuscité en habits de jardinier *tenant une bêche à la main* devant Marie de Magdala, pourrait avoir suscité l'idée géniale de l'outil solitaire dans *Le Printemps*. La bêche abandonnée (dont le manche de bois, terminé en triangle, évoque le supplice

1. C'est nous qui soulignons.
2. Jean 20, 11-18.

de la croix) ferait alors directement signe vers la promesse d'une résurrection particulièrement adressée à tous ceux dont les corps sont brisés (crucifiés) par une vie de travail et d'oppression. Une résurrection *des corps* que Bruegel ne renvoie pas à la promesse de la fin des temps, mais qu'il manifeste, ici-maintenant, sur ses tableaux dans les jeux d'enfants comme dans les fêtes et les danses des paysans. C'est dans ces fêtes et ces jeux et dans ses propres créations que, pour Bruegel, le divin Jardinier est réellement vivant, présent et ressuscité. Dans et par le redressement des corps, leur joyeuse affirmation, dans et par leur liberté commune et un authentique *printemps*, celui du soulèvement de la vie. En peignant les danses paysannes ou la *multitude libre* des enfants qui jouent, c'est déjà le Christ que Bruegel peignait. Un Christ caché *au milieu* d'une multitude, puisque le Christ *est*, chez Bruegel, cette vie même du populaire, cette multitude ou ce *milieu* dans sa libre affirmation puissante et joyeuse. Le Christ, c'est alors le vent Paraclet en acte – en actes en tous les membres (et *entre* tous ses membres) –, la vertu ou la puissance même du divin que la peinture manifeste et construit en peignant la *complicité vivante* des créatures, leur lien intrinsèque et sacré. C'est aussi, à sa manière, « le Dieu caché infini » de Nicolas de Cues que Bruegel retrouve par son travail pictural [1]. Le Christ-Dieu de l'immanence et/ou la multitude-christ sont ainsi au cœur de l'œuvre bruegelienne. Non pas comme représentations ni même comme symboles (ce que ce Christ est aussi), mais, avant tout, comme *forces*, comme *souffle*, unité des forces : les forces de création qui traversent le réel et que manifeste puissamment l'acte de peindre au cœur même du mouvement universel de la vie. Dans cet acte, nous dit Bruegel, c'est le Christ qui s'affirme comme puissance, essence même de Dieu ; un Dieu que le Cusain exprimait sous la métaphore de la *sphère infinie du Monde* et que nous retrouvons dans le processus même de la création. Car c'est cette sphère, dont le centre est partout et la circonférence nulle

1. Nicolas de Cues, *Le Tableau ou la vision de Dieu*, *op. cit.*, XII, p. 56.

part, que le dispositif pictural bruegelien travaille patiemment – *à sa manière* – à construire, à montrer et à penser, dans le mouvement même des forces de son engendrement…

La réponse picturale à la question, « Qui est le Christ ? » ne peut donc être, elle-même, que plurielle. Car c'est bien des forces qui, sous différentes figures, s'emparent ou affirment la figure du Christ, dont traitent les dessins et les tableaux de Bruegel. C'est pourquoi la question implicite (elle-même picturale) « Qui est le Christ ? » peut ouvrir à la plus haute des métaphysiques (la pensée de la sphère infinie selon laquelle le Tableau-Christ va conduire l'observateur, comme par la main, vers la vision/conception divine), comme aussi aux réflexions les plus pratiques sur les effets mortifères (de l'antéchrist) de la domination. Et tout cela, à partir de la complexité vivante de la construction picturale de l'image. Les dessins et les tableaux traitent ainsi du Christ comme *forces* dont le dispositif de l'image interroge le *sens*. Un sens qui ne se détermine qu'en fonction des pratiques et/ou des usages. Ainsi, dans *Le Portement de Croix*, les croix du rosaire de la femme de Simon ou celles entre les mains des deux larrons, ou même encore la croix sous le poids de laquelle chute Jésus, n'ont d'usage que de domination, comme c'est le cas – nous l'avons déjà noté – de l'image de la croix en général dans l'ensemble de l'œuvre ; tandis que le Christ, « au milieu » de la multitude qui danse ou qui joue, indique un tout autre usage, inverse celui-là (opposé ou contradictoire), relayé par le souffle du *milieu* qui construit la dynamique même du *multus* et d'un tableau dont l'unité est semblable à celle du Dieu caché infini en ce qu'elle manifeste, en lui et par lui, cette alliance éternelle de connaissance et d'amour dont parle les Écritures ou, dit autrement, selon le langage du Cusain, « la coïncidence des opposés »[1].

En est-il, de ce point de vue, de l'enseignement de l'Écriture Sainte comme de l'usage pictural des figures du Christ ? Soit, là encore, des *forces* qui animent une Parole qui est tenue pour Parole divine

1. Nicolas de Cues, *Le Tableau ou la vision de Dieu*, *op. cit.*, IX, p. 51.

ou sacrée ? Autrement dit, qu'en est-il, chez Bruegel, du traitement de l'Écriture Sainte ? Quelles sont, sur ses tableaux et ses dessins, les *forces picturales* qui donnent sens et valeur à l'Écriture et/ou qui, à l'inverse, la dévalorisent et la condamnent ?

Pour lire l'Écriture comme pour composer un tableau (et/ou une *image*), la méthode bruegelienne demeure la même : il faut d'abord être au clair sur la distinction épistémologique entre l'imagination et l'entendement. C'est à partir seulement de cette distinction que pourra s'étayer une lecture et/ou une composition capables de résister aux mythes ainsi qu'aux institutions de pouvoir qui les incarnent.

La Tentation de Saint Antoine est un dessin à l'encre brune, à la plume et au pinceau, daté de 1556. C'est le plus ancien dessin connu de Bruegel réalisé spécialement en vue de la fabrication d'une estampe. Et Bruegel entame sa carrière de manière assez radicale quant à la vision du monde et de l'histoire que son dessin manifeste ; le dessin est signé, en bas à gauche, *Brueggel (sic) 1556*,

La Tentation de Saint Antoine, 1556, Plume et pinceau, encres brune et gris brun, 21,6 × 32,6 cm, Ashmolean Museum, Oxford.

mais l'inscription est d'une autre main et l'on peut donc supposer que ce premier dessin, comme la gravure au burin de la même année, sont anonymes; sur la gravure est seulement indiqué le nom de l'éditeur, Cock *excud*, 1556.

Remarquons d'abord que les bésicles sur le nez de la monstrueuse figure centrale – bésicles qui servent par ailleurs *aussi* à lire le texte de l'Écriture Sainte … – sont ici du côté de la corruption et du délire (associées à une tête en décomposition qui pourrait être celle du Souverain et/ou aussi celle de l'Église du Christ symbolisée par le poisson éventré, minée par ses luttes intestines mais qui poursuit pourtant son entreprise qui est de tendre des pièges aux étourneaux – une figure récurrente chez Bruegel). Saint Antoine, en bas à droite du dessin, devra résister à toutes ces forces, à tous ces intérêts, à toutes ces peurs (dont celle des Turcs qui pourraient débarquer en Occident avec leur religion menaçante et leurs étranges architectures…)[1]. Il devra résister à toutes ces forces imaginaires/réelles et aussi divergentes afin de lire dans l'Écriture l'enseignement essentiel, le plus simple et le plus universel : celui d'un amour qui permettrait justement, d'abord et surtout, d'échapper à tous les particularismes, à tous les confessionnalismes. C'est ce qu'enseigne le dessin. L'estampe se lit naturellement de gauche à droite : de la vie vers la mort… si notre lecture devait se terminer sur le bois vidé de sève d'un arbre creux. Mais sous cet arbre, Antoine s'efforce de lire… Et sa lecture re-ouvre le sens de l'image. C'est, en effet, un chemin de vie que doit permettre, à nouveau, de retrouver une bonne compréhension de l'Écriture, en dépit de toutes les perversions des pouvoirs qui détournent les hommes de la voie droite qui était celle de ses principes. Pureté du principe : la partie gauche montre, en effet, une nature saine,

1. Menace peut-être symbolisée par la structure de forme orientale – à gauche de l'image au milieu de l'eau – d'où débarque, semble-t-il, une multitude d'hommes munis de lances et d'échelles (mais l'image est assez ambivalente, comme nous le signalons dans les lignes qui suivent, et elle pourrait aussi bien symboliser Constantinople que Jérusalem).

vivante et vigoureuse (comme l'arbre chargé de feuilles) avec, sous ce grand arbre, un couple qui s'aime (qui s'enlace tendrement) et qui s'adonne au loisir simple de la pêche. C'est une image de quiétude heureuse et même de sagesse que trace Bruegel. Peut-être, en effet, la sagesse des origines (des simples ou des idiots) celle qui est justement à retrouver... Celle aussi de l'espérance que porte l'envol des oiseaux (en haut du dessin, toujours dans sa partie gauche). On pourrait suggérer aussi, sur le modèle du mouvement déjà étudié dans *Le Portement de croix*, que la structure d'architecture orientale (à gauche du dessin, au milieu de l'eau), symbolise la ville-origine de Jérusalem d'où sont issus, avec la Parole divine, l'histoire du peuple des fidèles (identifiée ici avec l'histoire de l'humanité entière). Une histoire marquée, au centre de l'estampe, par la double corruption et perversion de ceux qui se sont auto-institués ses chefs et ses guides. Ceux qui se sont acoquinés pour en devenir les mauvais pasteurs : l'Église et l'État (à la langue mensongère faite de noire fumée). De ce point de vue, l'enjeu du dessin apparaît être celui de la redécouverte et/ou du *retour* à la Parole divine, à l'enseignement simple, essentiel, dans et par la bonne lecture (la bonne interprétation) du texte lui-même, en deçà des usages pervers (et spéculatifs) qu'en font les pouvoirs théologico-politiques. Le saint Antoine de Bruegel, penché avec force et attention, sur le texte de l'Écriture Sainte, renoue ici avec le principe essentiel du monachisme : Antoine manifeste – comme historiquement le monachisme dont il est le symbole – un mouvement de résistance explicite à l'Église « officielle » intégrée à l'Empire. Loin d'être le saint catholique que répandent abondamment les images pieuses de l'orthodoxie, l'Antoine de Bruegel est ce *résistant* au nouveau complexe théologico-politique qui, avec Pachôme le fondateur du cénobitisme (« la vie en commun »), avait refusé, en son temps – celui de la collusion politique de la religion chrétienne et de l'Empire (à partir de Constantin) – d'être ordonné prêtre... La symétrie du dessin nous dit ainsi que c'est à la bonne interprétation de l'Écriture de nous permettre, à présent, de retrouver la pratique de vie vraie. Et que ce n'est donc pas une confuse et aveugle croyance qui nous permettra de résister aux imaginations et aux perversions théologico-politiques, mais plutôt une *claire intelligence* de la Parole divine libérée des délires de l'imagination superstitieuse et des pouvoirs qui l'ont assujettie et pervertie…

Retour, disons-nous, à l'enseignement simple de l'Écriture Sainte… qui fait justement de la Parole enseignée une Parole sainte, divine ou sacrée… Sans doute cet enseignement que Bruegel, dix ans plus tard, écoute dans *La Prédication de Jean-Baptiste*[1]. Certains critiques ont reconnu en effet le peintre lui-même, dans le personnage assis à même le sol, assez jeune, barbu aux cheveux longs, observateur attentif, qui est situé, en haut à droite du panneau. Il serait accompagné de sa jeune épouse, habillée de rouge, et de sa belle-mère dans une robe sombre[2]. Nous sommes en 1566 et la question religieuse est devenue encore plus prégnante et plus insistante dans les violences qu'elle suscite. Comme les moines anticléricaux qui, au IVe siècle en Asie Mineure, avaient fait preuve d'un véritable radicalisme évangélique en créant des assemblées à part, les dissidents calvinistes des Pays-Bas se retrouvent dans des assemblées clandestines nombreuses. C'est à partir de 1562 que les premières communautés « hérétiques » se sont réunies dans la campagne, aux alentours d'Anvers, pour écouter la parole divine libérée des structures de l'Église officielle et de sa collusion avec les pouvoirs politiques du moment. Mais, sur le tableau de Bruegel, ce n'est pas tout à fait cela que nous voyons. Ce n'est pas un vicaire du Christ, un pasteur itinérant, qui enseigne et commente la Parole de Dieu. La scène principale n'évoque, bien au contraire, aucune parole, aucun long discours, mais seulement un seul signe

1. *La Prédication de Jean-Baptiste*, 1566, Huile sur bois, 95 x 160,5 cm, Musée des Beaux-Arts, Budapest.

2. Cette hypothèse vraisemblable, étant donné une certaine ressemblance du personnage avec les portraits de Bruegel sur les estampes de Lampsonius et de Sadeler, se trouve chez M. Auner, *Pieter Bruegel, op. cit.*; elle est reprise par G. W. Menzel, *Pieter Bruegel der Ältere*, Leipzig, 1966.

et une « personne »[1]. C'est, en effet, selon un anachronisme dont Bruegel nous a rendu familiers, celui qui a, le premier, « reconnu » le Christ et qui lui a donné le baptême le long du Jourdain – Jean le Baptiste – qui fait simplement un geste discret de la main pour désigner le Christ qui est là, *en personne*, anonyme et silencieux parmi la foule (le Christ est doublement présent dans ce tableau : son personnage parmi la foule, les bras croisés[2], se distinguant par des traits convenus et une robe gris clair au milieu d'un groupe de personnages aux habits sombres ; mais Bruegel a peint aussi, en minuscule, au bord du fleuve que l'on aperçoit au loin, la scène originelle de son baptême)[3]. C'est un simple signe que fait Jean-Baptiste pour dire, à chacun et par-dessus les siècles, que la seule et unique Parole divine, sainte ou sacrée, n'est pas faite de longs discours mais, avant tout, de chair et d'une pratique ; un signe qui indique que la Parole divine ne dit rien d'autre qu'une vie humaine exemplaire, effective et toujours présente parmi les hommes, une vie avec laquelle chacun peut entrer, ici-maintenant, en *filiation*. Car le Christ de Bruegel est modèle de vie. Non pas le Christ modèle de la mythologie chrétienne mort sur la croix pour sauver les péchés du monde ; non pas le Christ des spéculations théologiques et des Églises, mais un Christ *sans Église*, et même *contre* l'Église comme le montre une grisaille réalisée l'année précédente, *Le Christ et la femme adultère*. Avant cependant de commenter ce tableau poursuivons sur ce que peut encore nous apprendre *La Prédication de Jean-Baptiste* car c'est ce panneau qui nous permet de passer d'une conception, disons « ontologique », de la multitude-Christ

1. Philippe et Françoise Roberts-Jones citent le compte rendu d'un prêche calviniste clandestin, établi par les magistrats d'Anvers en juin 1566, qui nous apprend que, devant 4 à 5000 personnes (dont certaines étaient perchées sur les arbres), le pasteur avait parlé de « une à cinq heures », *Pierre Bruegel l'Ancien*, *op. cit.*, p. 254.

2. Remarquons que la jeune femme à la robe rouge – tenue pour l'épouse du peintre – croise ses bras à la manière du Christ (comme aussi deux autres femmes proches de Jean-Baptiste). Aucun homme n'a, par ailleurs, cette posture.

3. La présence effective du Christ n'est pas accordée par tous les commentateurs. Celle-ci est cependant signalée par R.-M. et R. Hagen, *Pieter Bruegel l'Ancien*, *op. cit.*, p. 8 ; et L. Silver, *Bruegel*, *op. cit.*, p. 270.

(soit de l'unité immanente des différents dans la sphère infinie) à l'enseignement éthique (ou évangélique) qui s'en déduit : le projet irénique de conciliation universelle des opinions et des croyances, *en dehors des Églises* et dans le respect de la liberté de conscience de chacun.

D'abord, *La Prédication* est le second grand panneau (après *L'Adoration des mages*, daté de 1564) dont le point de vue est assez bas pour donner au spectateur le sentiment qu'il est lui-même l'un de ces fidèles qui arrive, un peu en retard, pour assister à la prédication, derrière les derniers rangs des auditeurs. Et Bruegel radicalisera ce changement de point de vue dans ses dernières œuvres. Que ce soit avec *La Prédication de Jean-Baptiste* que Bruegel ait repris cette perspective n'est pas indifférent. En entrant par le bas et de plain-pied dans le tableau, comme le fidèle clandestin par un des chemins du bois, c'est, en effet, non pas à un grand spectacle et/ou à la prédication d'un célèbre pasteur itinérant qu'est invité le spectateur mais bien à une *rencontre*. Une rencontre avec le Christ certes. Mais une rencontre qui, loin d'être directe, est médiée par cette foule très nombreuse qui occupe la plus grande partie du panneau. Une multitude de personnages (de corps et de têtes) qui, physiquement, nous séparent de lui et nous obligent – par la singularité de chacun d'eux, qui retient notre attention – à ne pas pouvoir faire abstraction de cette multitude pour ne la considérer que comme un simple décor (ou comme une masse informe et indifférenciée, bref comme un ensemble sans signification). Bruegel invite donc bien le spectateur *qui arrive par le bas* à rencontrer le Christ, mais selon un certain chemin multiple et sinueux imposé à son regard par les formes et les couleurs contrastées qui s'imposent d'abord à lui dans et par la bigarrure de cette partie du tableau. C'est donc cette multitude que Bruegel souhaite que nous rencontrions *d'abord*. Et ce n'est donc qu'en déchiffrant le tableau lui-même (qu'en *traversant* ce champ pictural qui nous sépare du Christ), que l'observateur sera conduit vers celui-ci, c'est-à-dire qu'il saura, après ce détour, *qui* le peintre l'invite véritablement à rencontrer et/ou qui est ce Christ que Jean-Baptiste, c'est-à-dire Bruegel lui-même, a souhaité désigner, en dernière analyse, à notre sagacité. Que voyons-nous, en effet, en arrivant sur le lieu de l'assemblée? D'abord cette foule remarquable par la diversité des individus qui la composent (hommes, femmes et enfants). Des êtres représentés tout d'abord dans leur diversité sociale : on voit là, aussi bien des bourgeois, des aristocrates que des soldats (reconnaissables à leurs tenues), des gens du peuple dans de drôles accoutrements (comme cette cantinière sur le bord gauche) ou des pauvres (sans doute des mendiants) ; des êtres dans leur diversité de croyances et de nations, ensuite : certains habits indiquent des orientaux, des ottomans et des chinois; on remarque également un pèlerin qui se rend à Compostelle ou qui en revient (mais si c'est le Christ seul qu'il faut *suivre* que signifie alors la pérégrination du pèlerinage?) [1], et aussi un très jeune enfant dans les bras d'une gitane (qui est devant nous avec son manteau jaune à raies rouges et son vaste chapeau rond, jaune et plat) ; un bohémien, avec son chien, l'accompagne; une autre gitane (ou peut-être une esclave africaine...) – repérable à son large chapeau – avec un jeune enfant à la peau sombre se trouvent aussi tout près du prédicateur; d'autres vêtements austères évoquent nombre de protestants (calvinistes ou luthériens) mêlés à des catholiques et à leurs représentants (les moines : on distingue des franciscains sur la droite et peut-être un dominicain, sur la gauche, en habit clair) ; outre leurs vêtements, tous ces personnages se distinguent aussi par la variété de leurs visages et de leurs expressions affectives et intellectuelles; certains sont venus seuls, par curiosité ou conviction, d'autres avec leur enfant ou en famille, l'un chuchote, un autre bâille, un autre s'interroge, d'autres observent, etc. Tous sont là, dans leur grande diversité, avec leurs singularités, leurs différences, pour découvrir la Parole... Du moins, nous dit Bruegel, cette Parole s'adresse-t-elle à tous les hommes, de

1. Rabelais, dans une formule inspirée d'Érasme, décrit les pèlerinages comme « odieux et inutiles voyages », *Gargantua,* chap. XLV, dans *Œuvres complètes,* M. Huchon (éd.), « Bibliothèque de la Pléiade », Paris, Gallimard, 1994, p. 123.

toutes les nations, de toutes les croyances, de toutes les conditions. C'est donc l'universalité du message que veut sans doute fortement souligner le peintre. Ce qui ne signifie pas que tous les hommes peuvent l'*entendre*. Le poids des préjugés et des superstitions est immense. C'est ce que montre l'artiste – dès notre entrée dans le tableau – en peignant, devant nous, un gentilhomme (et non pas un rustre!) qui se fait lire les lignes de la main par un bohémien qui a tourné la tête à notre arrivée... Beaucoup de critiques ont spéculé sur l'identité de ce gentilhomme jusqu'à émettre l'hypothèse – selon nous absurde – qu'il pourrait s'agir du peintre lui-même « se dépeignant en pécheur » (!); bien que, souligne quand même le critique, « les traits ne semblent pas être les siens »! Que Bruegel (autre supposition qui a été avancée) ait voulu représenter Philippe II (qui tourne le dos au Christ et à la Parole divine en s'adonnant aux délires de la superstition) est une hypothèse plus cohérente avec la vérité effective des choses et avec la logique générale de l'œuvre; cette hypothèse est plus vraisemblable aussi, historiquement, même si la chose est invérifiable[1]. Nous remarquerons, quant à nous, la ressemblance de ce personnage, ainsi que de la petite scène autonome et de retrait qu'il compose avec celui qui pratique la chiromancie, avec un autre personnage de Bruegel, qui, dans *Le Repas de noce*, s'est aussi extrait, en bout de table, de la fête des paysans, afin de s'entretenir, seul à seul, avec un moine franciscain qui semble le confesser ou, du moins, le guider... Nous reviendrons, plus loin, sur cette scène qui oppose symboliquement – c'est l'hypothèse que nous émettrons – le couple *superstitieux* du pouvoir théologico-politique dominant que forment l'Église et l'État, à la puissante pratique commune du partage du pain et du vin du repas pascal (comme, dans *La Prédication de Jean-Baptiste*, tous les invités du *Repas de Noce* sont venus, aussi, en dernière analyse, partager la même Parole...).

1. *Cf.* G. W. Menzel, *Pieter Bruegel der Ältere*, *op. cit.*, p. 79 (en fonction de sa ressemblance avec Philippe II dans le détail d'un vitrail de la cathédrale d'Anvers), signalé par Marijnissen, *Bruegel*, *op. cit.*, p. 305.

Dernière remarque : Bruegel a déjà conçu un dessin, pour la série des *Vertus* (1559), qui avait pour sujet *La Foi*. Et il est intéressant de confronter l'estampe avec *La Prédication*. Car *La Foi*[1] montre aussi un prêche, mais au sein d'une église catholique où un frère prêcheur perché sur sa chaire sermonne une assemblée de fidèles quasiment *identiques* tant dans l'uniformité de leurs attitudes que dans leurs tenues. Le contraste est frappant avec la très grande diversité de la multitude de *La Prédication* dont on remarquera la variété des couvre-chefs comparée au voile unique qui, dans *La Foi*, recouvre de manière identique tous les personnages féminins. Ce contraste ne dit cependant pas que Bruegel ait choisi le camp protestant contre les catholiques – le problème n'est pas là – mais que se joue, entre ces deux types d'assemblées, et par-delà l'affrontement historique entre les Églises, une profonde interrogation « humaniste » sur ce qu'est un vrai « fidèle ». Et la réponse de Bruegel apparaît évidente : le fidèle n'est sûrement pas celui qui est soumis corps et âme (et même dans la manière de se vêtir!) aux commandements d'une Église, à son dogme, ses rites et/ou à la parole d'un seul qui prône du haut d'une chaire, comme sur un théâtre (plusieurs critiques ont, à ce propos, indiqué l'ironie compatissante qu'enveloppe le dessin sur *La Foi*). Ce que montre *La Prédication de Jean-Baptiste* c'est que, quelle que soit sa condition, sa manière d'être, ses mœurs, sa nation et même ses croyances propres, le vrai fidèle est celui qui *entend* la Parole et qui, par elle, entre véritablement en *filiation* avec l'Esprit du Christ dans et par sa pratique de vie. Une pratique dont le Christ a donné l'exemple par son enseignement et sa Passion. En désignant le Christ *présent*, ce n'est donc pas à une nouvelle croyance et à une nouvelle soumission théologico-politique à une Église que Jean-Baptiste appelle mais à une *pratique nouvelle* qu'éclaire un homme, sa vie, son *exemple*. La Parole, est ainsi un enseignement des plus simples : c'est seulement la pratique de l'amour du prochain, enseignement *essentiel* de l'Écriture, c'est-à-dire l'enseignement de la justice et de la charité *en ce monde* dans

1. Plume et encre brune, 22,5 × 29,5 cm, Rijksmuseum, Amsterdam.

le respect de la différence et de la liberté de chacun de croire, de penser et de vivre à sa guise. Dans la représentation dogmatique de *La Foi* dominent les hauts murs des Institutions (l'église, les ecclésiastiques, les nonnes, les sacrements[1]) ; mais aussi les textes sacrés (les Tables de la Loi, le Nouveau Testament) ; mais aussi les symboles (la colombe du Saint-Esprit, les instruments de la Passion)… Dans *La Prédication de Jean-Baptiste*, c'est la libre nature et la vie du monde qui sont l'essentiel ; ou la vie *commune* dans et par la diversité et la liberté de ses manières d'être et de croire qui se sont substituées au monolithisme rigide des institutions et du dogme. Et c'est à partir de la multitude dans sa libre diversité, de ses différentes manières d'être affectée et de nous affecter selon ses couleurs et ses formes (nous spectateurs, qui observons le tableau) que Bruegel a reposé la question de la foi et du vrai fidèle… ou la question : *Qui est le Christ?* Ou, ce qui revient au même, quel est l'enseignement qu'il nous a laissé ?

La rupture qu'opère et que manifeste la pensée picturale de Bruegel vis-à-vis des Églises comme vis-à-vis des Pouvoirs, c'est ce que permettait de comprendre aussi son choix (qu'il faut dire « éthique ») de reprendre, en peinture, le thème évangélique de la femme adultère. Il l'a fait, semble-il, pour lui-même ; ce tableau n'étant pas, d'après les spécialistes, l'objet d'une commande.

Le Christ et la femme adultère, est une magnifique grisaille (une huile sur bois monochrome en camaïeu gris, de 1565)[2] dans laquelle Bruegel illustre l'Évangile de Jean 8, 3-9, et cela de manière extrêmement fidèle. Le texte raconte que,

1. Larry Silver signale que « les sept sacrements se déroulent pratiquement tels que Rogier Van der Weyden les figurait dans son triptyque des *Sept Sacrements* (le « triptyque Chevrot ») plus d'un siècle auparavant », *Bruegel*, *op. cit.*, p. 190. Ce qui montre combien, comme il le fait dans *Le Portement de croix*, Bruegel « cite » Van der Weyden quand il s'agit d'indiquer l'orthodoxie catholique et une certaine « image » ancestrale de la foi.

2. *Le Christ et la femme adultère*, huile sur bois, 24,1 × 34,4 cm, Courtauld Institut of Art, Londres, Seilern Collection.

> les scribes et les Pharisiens amènent une femme surprise en adultère et, la plaçant au milieu, ils dirent à Jésus : “Maître, cette femme a été surprise en flagrant délit d’adultère. Or dans la Loi, Moïse nous a prescrit de lapider ces femmes-là. Toi donc, que dis-tu ?” Ils disaient cela pour le mettre à l’épreuve afin d’avoir matière à l’accuser. Mais Jésus, se baissant, se mit à écrire avec son doigt sur le sol. Comme ils persistaient à l’interroger, il se redressa et leur dit : “Que celui d’entre vous qui est sans péché lui jette le premier une pierre !” Et se baissant de nouveau il écrivait sur le sol. Mais eux, entendant cela, s’en allèrent un à un, à commencer par les plus vieux ; et il fut laissé seul, avec la femme toujours là au milieu. Alors se redressant, Jésus lui dit : “Femme, où sont-ils ? Personne ne t’a condamnée ?” Elle dit : “Personne, Seigneur.” Alors Jésus dit : “Moi non plus, je ne te condamne pas. Va, désormais ne pèche plus”.

Bruegel représente la scène au moment où le Christ est penché vers le sol sur lequel il écrit avec l’index de sa main droite (mais, sans doute, la peinture exprime-t-elle, de même, les séquences qui suivent). La femme est bien, comme dans l’Évangile, au centre de la scène sur la marche du Temple sur laquelle le Christ écrit, alors que les scribes et les Pharisiens – qui continuent à l’interroger – lui font face, et que plusieurs fidèles sont déjà en train de partir (ce qui veut dire que la peinture montre *aussi* le Christ dans la seconde étape de l’écriture, *après* sa réponse aux scribes et aux Pharisiens, et que l’œuvre esquisse par là même le mouvement de la scène qui se vide avant que Jésus ne se lève afin de s’adresser, cette fois-ci, à la femme adultère avec qui il se retrouve seul). Qu’a écrit le Christ sur le sol ? Le texte de l’Évangile ne le dit pas mais Bruegel désamorce ce qui pourrait envelopper le mystère en inscrivant lui-même sur le sol la phrase essentielle (qui dénoue la crise) et que le Christ prononce tout haut envers l’assemblée en se redressant : « Que celui d’entre vous qui est sans péché lui jette le premier une pierre ». Que la parole écrite et la parole prononcée soit la même, la chose paraît, au premier abord, logique. Pourtant cette identité marque la volonté de ne pas laisser en suspens la signification de cet acte :

c'est bien *de la terre* que provient la Parole et non pas seulement de la bouche de l'individu-Jésus[1]. Comme il le fera, l'année suivante avec *La Prédication de Jean-Baptiste*, où il déplace le centre d'intérêt du tableau de la parole (silencieuse) des personnages principaux (Jean-Baptiste et le Christ) vers la multitude diverse et bariolée qui assiste à la prédication, Bruegel fait ici porter notre attention principale vers la terre (le sol) sur lequel Jésus écrit une parole qui aurait pu n'être pourtant que seulement orale[2]. C'est que la terre, le sol, vers lesquels Bruegel oriente notre attention, sont ici l'équivalent de ce qu'est, dans d'autres œuvres, la *vie* de la multitude des hommes (son souffle) que Bruegel n'a eu de cesse, en lui donnant une dimension christique, d'opposer à la rigidité exclusive du dogme, de la Loi et du pouvoir des théologiens – ici, l'État-Temple de Jérusalem –. L'ordre symbolique de la Loi défendu par les Pharisiens détermine ce qui est pur et impur, sacré ou profane, soit ce qui est conforme et ce qui est péché et qui doit être par là même expulsé, retranché, *lapidé*. De même qu'au XVIe siècle chaque Église (chaque État chrétien) trace, du point de vue du dogme (et de son intérêt), sa frontière entre fidèles et hérétiques… Face à la transcendance de la Loi de tel ou tel, c'est le *sens* de la terre que Bruegel rappelle dans sa grisaille : la terre qui

1. C'est le tableau du Titien (de 1510-1511) qui inaugure le thème en peinture (*Le Christ et la femme adultère*, Glasgow, Art Gallery and Museum, huile sur toile, 139 × 181 cm, dimensions actuelles). Et c'est alors seulement la confrontation physique de Jésus avec le Pharisien qui intéresse le peintre vénitien. Rien n'est inscrit sur le sol. Le Titien reprendra ce même thème quelques années plus tard (vers 1535-1540) ; dans ce second tableau, qui se trouve à Vienne au Kunsthistorisches Museum, les personnages sont coupés au niveau de la taille. Il faut attendre Poussin pour retrouver l'inscription au sol, mais celle-ci est indéchiffrable et le Christ se tient alors debout (1653, Musée du Louvre) ; Joséphine Le Foll, dans *Le Christ et la femme adultère*, « Le prénom de l'adultère », Paris, Desclée de Bouwer, 2001, p. 95.

2. Joséphine Le Foll souligne, en la regrettant, cette « confusion » où « l'écrit et la parole se trouvent condensés en un seul geste ». Pour elle, en effet, « cette confusion a pour effet d'escamoter le sens mystérieux de ces signes en leur en attribuant un et d'omettre la dimension morale de l'enseignement du Christ ». Mais si cette « confusion » était volontaire ? (*Le Christ et la femme adultère*, *op. cit.*, p. 99).

est ce « lieu commun » à toute l'humanité dans son universalité même[1] d'où sourd et d'où souffle le texte véritable et original de la loi ou la véritable Parole divine « qui permet l'existence toujours possible d'une communauté nouvelle »[2]. Cette voix de la terre (qui résonne avec celle de la multitude d'une humanité que les voyages de découvertes ont révélée dans sa diversité[3]), c'est celle d'un Christ de l'immanence. Car comme l'enseigne le Prologue de l'Évangile de Jean : « Il [le Christ] était dans le monde, [...] et le monde ne l'a pas reconnu » (1, 10). Que la religion véritable soit inscrite dans le monde et non pas dans des dogmes ou des textes écrits avec de l'encre sur du papier, c'est aussi ce qu'enseignent, tant l'Ancien Testament (qui, avec Jérémie, prédit le temps où la loi divine serait inscrite dans les cœurs), que le Nouveau Testament qui confirme, avec Paul, dans sa deuxième Épître aux Corinthiens, que ceux qui propagent l'enseignement du Christ ont pour seule « lettre de recommandation » de « parler dans le Christ », c'est-à-dire selon une lettre « écrite non avec de l'encre mais avec l'Esprit du Dieu vivant, non sur des tables de pierre, mais sur des tables de chair, sur les cœurs ». Des textes de l'Écriture Sainte que ceux qui – en ce XVIe siècle étouffé par les querelles religieuses – sont profondément

1. Commentant, indépendamment du tableau de Bruegel, Jean 8, 3-9, Jean Caillot écrit ces lignes qui éclairent, pour nous, la démarche de Bruegel dans sa conception du *Christ et la femme adultère* : « par ce seul geste d'une écriture silencieuse, avant même toute sacralisation des lieux où les hommes religieux se tournent vers le divin (que ce soit la montagne, tel, ici, le *mont des Oliviers*, ou le Temple), avant même toute référence au texte qui peut régir devant Dieu et en son Nom, les relations que les humains sont invités à tisser en commun (*la Loi*), Jésus souligne qu'il y a ce lieu, ce lieu « profane » sur lequel tout le monde marche, qui porte et supporte l'existence de tous. Lieu *commun* au sens fort du terme, sorte de principe fédérateur d'une alliance plus universelle encore (et plus ancienne en tout cas) que toute loi, ou que tout lieu saint; lieu commun qui permet l'existence toujours possible d'une communauté nouvelle », « L'espace de la libre marche », dans *Le Christ et la femme adultère, op. cit.*, p. 78.

2. *Ibid.*

3. Sur l'avènement au XVIe siècle de cet « œkoumène » ou de ce « sol universel de l'existence humaine », ainsi que sur sa dimension à la fois scientifique, spirituelle et éthique, J.-M. Besse, *Les Grandeurs de la Terre, op. cit.*

épris de liberté et de concorde, ne manqueront pas de traduire en les laïcisant : pour une pratique, certes encore dans l'Esprit du Christ, mais qui n'est plus cependant religieuse mais pratique puissante d'une vie vraie sous la conduite de la raison. Que la loi divine soit, en effet, pensent-ils, inscrite dans le cœur des hommes, ne signifie rien d'autre que l'esprit humain est par lui-même capable, selon la seule lumière naturelle de la raison, de connaître en vérité les règles du bien vivre et du bien agir et aussi de les mettre librement en pratique pour son perfectionnement. *Exit* donc la légitimité des organisations, des Églises, des théologiens et des pasteurs à dicter leur loi à la conscience des hommes ! Bruegel, dont on a expérimenté, dans la méthode même, l'optimisme et la confiance à l'égard du libre exercice de la raison et de la volonté humaine, dont on a vérifié aussi à travers les dessins et les peintures l'anticonfessionnalisme, le refus de l'intolérance et le désir irénique d'unification éthique, Bruegel s'inscrit dans cette lignée qui, d'Érasme en passant par Castellion, se poursuit en son temps, dans les Anciens Pays-Bas, avec l'œuvre émancipatrice de Dirk Coornhert.
Il faut donc nous arrêter sur la pensée et la vie de Coornhert qui ont certainement (mais de quelle manière ?) croisé la vie et la pensée de Pieter Bruegel.

Coornhert, à l'époque de Bruegel (les deux hommes ont quasiment le même âge) est un graveur sur cuivre que le peintre a peut-être rencontré avec ceux qui ont, comme lui, fréquenté, à Anvers, l'éditeur Jérôme Cock et l'imprimerie Plantin. Il est donc possible que Bruegel et Coornhert se connaissent ; peut-être même ont-ils quelques fois échangé sur leur travail, peut-être ont-ils été amis... Mais nous n'avons, pour confirmer cette hypothèse, aucun témoignage direct, sauf la proximité (déjà soulignée) de leur âge, de leur métier mais aussi (ce qui peut être déterminant) des connaissances et/ou des amis communs que nous pouvons identifier : comme l'éditeur Jérôme Cock (pour lequel les deux artistes ont travaillé), le graveur Philippe Galle (qui a été l'élève de Coornhert à Haarlem en 1556) et aussi le géographe Abraham Ortelius. Coornhert a, en effet, confié à ce dernier, dans une lettre datée du 15 juillet 1578, tout le bien qu'il pense de Bruegel (qui est décédé neuf ans plus tôt). C'est à l'occasion du commentaire admiratif de *La Mort de la Vierge* qu'il a reçue en cadeau – une estampe de Philippe Galle à partir d'une création de Bruegel qui avait, lui-même conçu cette grisaille pour son ami Ortelius qui la lui avait sans doute commandée[1] – qu'on apprend que Coornhert connaît très bien le travail de Bruegel et de Philippe Galle (qu'il nomme familièrement Philippe). Coornhert écrit :

> Cher Ortelius, votre précieux cadeau m'est bien parvenu et je ne sais comment vous exprimer ma gratitude. J'en ai hautement apprécié la finesse du dessin et la qualité de la gravure. Bruegel et Philippe se sont surpassés. Je considère même qu'ils n'ont jamais été meilleurs. La bonté de leur ami Abraham Ortelius permet de mieux faire connaître leur talent, de sorte que les passionnés d'art des temps à venir pourront s'en délecter. Je crois bien n'avoir jamais vu plus belle représentation dessinée ou gravée que cette triste chambre. Que dis-je? Il me semble véritablement entendre les paroles d'affliction, les sanglots, les larmes et l'expression du malheur. Les plaintes et les gémissements deviennent ici réalité. Dans cette œuvre, nul ne peut s'empêcher de participer avec ferveur à la tristesse de l'évènement. Il s'agit d'une chambre mortuaire, et pourtant tout paraît vivant, tant l'authenticité est grande[2].

Nous sommes en 1578 et Coorhnert – qui est de confession catholique – est revenu à Haarlem où il exerce le métier de notaire. Les dernières années du graveur ont été tumultueuses : après avoir

1. C'est en 1574 qu'Abraham Ortelius a commandé à Philippe Galle la confection de la gravure de *La Mort de la Vierge* (grisaille, huile sur bois, 36 × 55 cm ; date invisible, vers 1564).

2. Abraham Ortelius, *Epistolæ*, J. H. Hessel, 1887 (*Abraham Ortelli et virorum ad eundem... epistolæ*), cité par Popham Arthur Edward, « Pieter Bruegel and Abraham Ortelius », *Burlington Magazine* 59, 1931, p. 187. La Collection van de Koninklijke Bibliotheek abrite l'original de la lettre de Coornhert du 15 juillet 1578.

participé à la vie publique (il a été nommé secrétaire de la ville d'Haarlem en 1562 puis secrétaire des bourgmestres en 1564), il s'est fortement engagé dans la Révolte auprès de Guillaume d'Orange (converti, quant à lui au calvinisme) dont il a rédigé, en 1566, le manifeste (il sera ensuite, en 1572, son secrétaire d'État). Arrêté et emprisonné à La Haye, Coornhert a réussi à s'évader de sa prison et il vivra plusieurs années en exil jusqu'à son retour à Haarlem. À l'occasion de la Pacification de Gand (1576) Dirk Coornhert prend ses distances avec la conjoncture politique pour « se consacrer entièrement à l'étude et à la controverse religieuses »[1]. C'est, pour lui, une autre manière de poursuivre son combat pour la défense des libertés individuelles et publiques. Au cours de cette période, Coornhert revendiquera fermement – dans la lignée de Castellion – le respect de la liberté de conscience face à la position de Juste Lipse qui justifie la « répression des dissidents par le prince afin de maintenir l'unité religieuse dans l'État : *Clementiae non hic locus* »[2].

Si Bruegel et Coornhert se sont probablement rencontrés, du fait même de la proximité de leurs métiers, Bruegel n'a cependant pas connu l'œuvre majeure du grand savant que Coornhert va devenir[3]. Les ouvrages principaux de Coornhert, qui défend la

1. J.-M. Besse, *Les Grandeurs de la Terre*, *op. cit.*, p. 352.

2. Juste Lipse, *Politicorum sive Civilis Doctrinae libri sex*, Livre 4, chap. 2, Anvers, éd. de 1610, p. 79 (première édition 1589), cité par J.-M. Besse, *Les Grandeurs de la terre*, *op. cit.*, p. 353; *cf.* aussi J. Lagrée, *Juste Lipse, La restauration du stoïcisme*, Paris, Vrin, 1994, p. 83-90.

3. « Dirk Volckertszoon Coornhert est né à Amsterdam en 1522. De profession, il était graveur sur cuivre et ce n'est que dans un âge relativement avancé qu'il s'est orienté vers les questions théologiques et a appris les langues mortes. Il a traduit en hollandais Boèce, Cicéron, Érasme [...]. Il est mort à Gouda en 1585 [...]. Parmi ses nombreux écrits, méritent d'être retenus son *Éthique* (*Zedekunst*), ses œuvres en faveur de la tolérance religieuse (*Epitome processus de occidendis haereticis*, 1591; *Defensio processus de non occidendis haereticis*, 1593), sa critique de l'Église romaine (*Verschooninge van de Roomsche Afgoderye* [De l'idolâtrie romaine], 1562) et de l'anabaptisme révolutionnaire (*Klein Munster*, 1590) ». On voit que, parmi ces ouvrages, seule la critique de l'idolâtrie catholique a pu être connue de Bruegel; *cf.* L. Kolakowski, *Chrétiens sans Église.*

liberté de conscience et le droit des autorités politiques sur les Églises – des idées qui vont être, dans les provinces du Nord, à la base du mouvement des remonstrants[1] –, ont été, en effet, écrits et publiés bien après la mort du peintre. Mais sans doute Bruegel sait-il déjà, en son temps, que Coornhert est, comme lui, un disciple d'Érasme, qu'il enseigne, comme lui, l'anticonfessionalisme (voire l'anticléricalisme) et que leur idéal irénique de conciliation est aussi un idéal commun. Bruegel et Coornhert se rejoignent également sur le refus du péché originel et, par là même, sur le statut du Christ qui, loin des spéculations théologiques (qui métaphorisent son meurtre en une œuvre de salut pour quelques élus), est tenu pour un exemple de vie vraie et de perfection morale vers laquelle l'existence de tous et de chacun peut tendre, selon une filiation pratique sur laquelle Nicolas de Cues avait déjà, en son temps, mis

La conscience religieuse et le lien confessionnel au XVIIe siècle, trad. du polonais A. Posner, Paris, Gallimard, 1969, note 1, p. 129 du paragraphe II, 2, consacré à Coornhert : « La tradition de l'humanisme. Dirk Coornhert », p. 72-77.

1. « Bien qu'il [Coornhert] fût resté catholique, du moins de nom, tout le monde savait "qu'il tenait une bonne partie des enseignements et des pratiques catholiques pour de l'idolâtrie et de la vanité et estimait que la plupart des chefs de l'Église catholique étaient des loups dévorants". Même s'il était d'accord avec les protestants sur nombre de questions, il ne se rallia jamais à leur parti mais passa sa vie à faire, de la façon la plus libérale, grief tant aux catholiques qu'aux protestants et aux anabaptistes de leurs fautes et de leurs erreurs. Bien que son *Proces vant' ketterdooden ende dwangh der conscientien* soit certainement le plus connu de ses écrits, à mes yeux il n'a eu nulle part ailleurs des paroles aussi justes et aussi définitives en faveur de la tolérance que dans la remontrance qu'il rédigea à la demande du gouvernement de la ville de Leyde. Dès 1579 avait été soulevée, à propos d'un évènement en réalité mineur, la question de savoir si, dans la jeune république, l'Église serait dépendante de l'État ou si l'autorité séculière aurait à se conformer aux préceptes de l'Église. La municipalité de Leyde, toute pénétrée des principes du Prince d'Orange et de Coornhert, tint ferme sur ses droits, même lorsque le Synode National, réuni en 1581 à Middelburg, lui donna tort et justifia le pasteur, entre temps destitué, dont le comportement avait été à l'origine de la polémique. Déjà, antérieurement, le gouvernement de la ville aux clefs avait eu recours à la plume de Coornhert pour défendre son point de vue. Et, bien décidé à ne pas céder, il lui demanda encore son aide pour rédiger une remontrance contre les décisions du Synode », K.O. Meinsma, *Spinoza et son cercle. Étude critique historique sur les hétérodoxes hollandais*, trad. S. Roosenburg, Paris, Vrin, 1983, p. 24-25.

l'accent[1]. Une perfection-puissance d'agir qui écarte toute vision ascétique, comme en témoignera un ouvrage de Coornhert de 1586, *Zedekunst, dat is Wellevenskunste* [L'Art de vivre moralement, c'est l'art de bien vivre][2], mais qui porte, bien au contraire, sur la nature réjouissante de la vertu. Et Bruegel, dont on a déjà souligné l'« épicurisme » et la puissante et joyeuse « vertu » de ses personnages dans leur persévérance et leur affirmation, pense picturalement de même : la vertu (dans sa dimension morale) doit envelopper nécessairement la force du « souffle » et de la joie partagée de vivre, comme dans *Le Repas de noce, La Danse des paysans* ou l'allégresse des enfants qui jouent. Le seul et unique adversaire de Bruegel comme de Coornhert, le seul contraire *absolument contradictoire*, qui ne peut pas entrer dans ce désir partagé de conciliation universelle ou de co-existence pacifique des différents vertueux (et rassasiés, dans et de leur égalité), c'est la volonté de domination exclusive des Églises. Si, comme le montre l'assemblée sylvestre, ouverte et attentive à *La Prédication de Jean-Baptiste*, des hommes différents peuvent vivre ensemble dans l'égalité de l'Esprit de Dieu et/ou du Christ quelle que soit leur nation ou leurs croyances, cette assemblée a cependant pour limite et pour adversaire (dont elle doit se garder avec vigilance[3]), tous ceux qui désirent soumettre les corps et la conscience des fidèles à une seule religion ou à une seule Église. Et Coornhert comme Bruegel savent que cette limite à la conciliation des contraires concerne les menées sectaires de *toutes* les Églises, que ce soit la catholique, la calviniste, l'anabaptiste

1. Dans ses notes du *Sermon « Ubi est qui natus est »* de Nicolas de Cues (pour l'Épiphanie de 1456), Maurice de Gandillac souligne que pour la « perspective irénique », dans laquelle se place le Cusain, « l'accent est mis sur la "filiation", rien sur le rachat sacrificiel d'un péché d'origine », *Nicolas de Cues, op. cit.*, note 1, p. 107.

2. Des commentateurs ont déjà remarqué la proximité éthique entre le principe humaniste de Coornhert « *Deught verheught* » [la vertu réjouit], et celui de Spinoza, un siècle plus tard : « *Bene agere et laetari* », *cf.* K. O. Meinsma, *Spinoza et son cercle, op. cit.*, note 10 p. 55.

3. D'où la présence du garde armé, sur la gauche, derrière l'arbre, qui surveille les nouvelles arrivées.

même (dont Coornhert aurait été en grande sympathie d'esprit mais sans jamais y être engagé[1]). Et que c'est aussi le constat et la puissante conviction d'une position irénique qui les ont tous deux convaincus que changer de religion n'avait, en ces temps de violences religieuses, aucun sens… même s'ils n'en pensaient pas moins de la religion catholique dans laquelle ils avaient été baptisés (preuves les nombreuses et acerbes critiques des estampes et tableaux de Bruegel et aussi l'ouvrage, à la même époque, *De l'idolâtrie romaine* de Dirk Coornhert, de 1562).

Mais bien que, comme Bruegel, Coornhert soit resté extérieurement catholique, ce dernier a cependant explicitement choisi son camp politique – celui de la Révolte – en mettant son courage et ses compétences au service de Guillaume le Taciturne. Alors que Bruegel a décidé de demeurer à Bruxelles avec sa femme et son enfant en bas âge … Mais – quand on étudie les œuvres des années 1566 à 1568 – c'était sans doute moins (comme motif principal) par souci de sa famille et, moins encore, par indifférence ou retrait des événements qui frappaient le pays, que l'artiste est resté chez lui. Ce dont l'œuvre témoigne, bien au contraire aujourd'hui, c'est que, dans le silence de son atelier, Bruegel a, à sa manière, affronté la crise, avec ses moyens, dans et par ce qu'il savait le mieux faire : exercer son art de peindre. C'est solitaire, qu'il va continuer à construire, à concevoir voire à modifier, ses dispositifs picturaux à travers lesquels il réfléchit philosophiquement la guerre civile dans laquelle sont entrés les Pays-Bas, l'unité toujours possible entre les différents mais aussi l'impasse dans laquelle s'enferment,

1. C'est Leszek Kolakowski qui note cette proximité de Coornhert avec un des groupes religieux les plus libéraux, « l'aile des mennonites dits de Waterland avec lesquels il sympathisait à maints égards », *Chrétiens sans Église*, *op. cit.*, p. 77. Rappelons que M. Auner a, de son côté, soutenu la thèse d'un Bruegel anabaptiste (*Pieter Bruegel*, *op. cit.* ; signalé par H. Marijnissen, *Bruegel*, *op. cit.*, p. 304). Comme pour Coornhert cependant, si une proximité avec des thèses mennonites, est, en effet, repérable chez Bruegel, on ne saurait cependant identifier sa position iréniste avec une Église particulière, si libérale soit-elle.

à ses yeux, ses contemporains. Car, depuis plusieurs années déjà, Bruegel considère que le vent de révolte religieuse qui secoue le pays enveloppe en lui tout ce dont ce mouvement souhaiterait pourtant se défaire. L'artiste est, en effet, non seulement hanté par le problème métaphysique, théologico-politique et éthique de la subsomption du multiple sous l'Un (sa critique, à travers l'image de l'orbe crucifère, porte ainsi, historiquement, aussi bien contre l'unité transcendante du règne des Habsbourg, que contre la volonté de domination exclusive de telle ou telle Église), mais aussi par la figure du double qui, en acte sous ses yeux, détruit la vie dans le face-à-face infini des contraires identiques. L'Un divisé en deux, c'est toujours l'Un et, par conséquent, la destruction de la puissance christique salvifique de la sphère infinie du Monde… On peut dire ainsi de Bruegel ce que Kolakowski écrit de Coornhert et de ces humanistes dont l'avancée même de la pensée en matière religieuse les empêchait d'adhérer à l'une quelconque des communautés réformées dans lesquelles ils déchiffraient déjà les causes profondes qui avaient justement déclenché la contestation de l'ancienne Église – soit la volonté aveugle de reconstituer une organisation exclusive et dogmatique :

> Les humanistes ont une attitude de défiance à l'égard de la Réforme, dans la mesure où celle-ci est confessionnelle, exclusive et ennemie de la raison ; par là même, ils rejettent donc sa doctrine de la prédestination, de la grâce et du péché originel ; ils rejettent la théorie selon laquelle la nature humaine, intégralement corrompue, est incapable de faire quoi que ce soit pour son propre salut, et ils la rejettent en faveur d'une religion fondée sur la responsabilité personnelle [c'est-à-dire] en dehors de la communauté confessionnelle [1].

Et, tandis que Bruegel avait, à sa manière, exposé ces questions dans ses dessins ou sur ses tableaux, Coornhert n'aura lui aussi de cesse, de combattre dans son propre camp « politique », la tendance des

1. L. Kolakowski, *Chrétiens sans Église*, *op. cit.*, p. 73-74.

pasteurs calvinistes à vouloir construire, à nouveau, ce qu'ils avaient souhaité par ailleurs détruire chez leur pire ennemi [1].

Dès ses premières œuvres, Bruegel s'était, quant à lui, déjà engagé dans une interrogation radicale sur la nature du pouvoir quand ce pouvoir se veut « exclusif ». Tout en s'interrogeant, dans le même geste, sur les chemins de capture, d'exploitation, d'oppression et de mystification que ce pouvoir doit nécessairement déployer afin de se nourrir de la vie multiple, de son souffle et de sa puissance. Alors que *Les Jeux d'enfants* ou *Les Proverbes* manifestent cette énergie infinie du multiple qui échappe au pouvoir exclusif de l'Un, c'est plus particulièrement la manière dont Bruegel – au cœur de l'affrontement religieux – a expliqué (ou développé) comment l'Un se divise en deux, que nous allons à présent étudier.

1. K.O. Meinsma, *Spinoza et son cercle*, *op. cit.*, p. 25.

Le Combat de Carnaval et Carême, 1559, Huile sur bois, 118 × 164,5 cm, Kunsthistorisches Museum, Vienne.

chapitre 5
de l'économie de l'univers

« le Contr'Un » : Un se divise en Deux, le Même *est* l'Autre

Le thème de l'Un qui se divise en deux apparaît pour la première fois en 1559 dans *Le Combat de Carnaval et Carême.* Bruegel peint (et pense) dans ce tableau une véritable généalogie de la religion chrétienne et de ses conflits en pointant la perte (et/ou l'absence) du principe. Dans *Le Combat de Carnaval et Carême* il est, en effet, significatif de remarquer qu'au bas du panneau, la lutte des deux contraires se déroule avec, au centre géométrique du tableau, plusieurs figures qui doivent nous forcer à penser.

Tout d'abord un puits qui ne donne pas d'eau. Les commentateurs ne semblent pas remarquer que la femme regarde, en effet, le fond de son seau vide qu'elle vient de retirer du puits. À l'évidence cette femme n'est pas en train de boire comme certains l'ont écrit. Sa bouche est fermée et ses lèvres ne sont pas en bordure du seau[1] ; c'est bien la tête que cette femme introduit dans le seau renversé pour vérifier, avec stupéfaction, que le seau et le puits sont vides (si le seau contenait, en effet, l'eau qu'elle est censée boire, l'eau

1. Ce que rend plus évident encore la reproduction du tableau par Pieter Brueghel (le Jeune), qui se trouve à Bruxelles, aux Musées Royaux des Beaux-Arts de Belgique.

coulerait du bord du seau – du fait même de son inclinaison). Et cette constatation d'un vide (ô combien symbolique de la seconde nature) au centre même du panneau, est déterminante. Derrière le puits, un porc qui dévore des détritus (un excrément, selon ce qu'a vu sur le tableau de son père, Pieter Brueghel qui reproduit la scène avec clarté). Sur la droite de la femme, des poissons sur l'étal du poissonnier. Des poissons nécessairement morts, éventrés, découpés… Ces trois éléments – le puits, l'étal de poissons, le cochon – forment un bloc compact avec, à leur proximité immédiate mais séparés, à droite, un cadavre transporté par deux misérables à l'intérieur d'un chariot de bois ouvert en forme de cercueil et, à gauche du puits, un bouffon avec un flambeau. Deux personnages vêtus de manière assez cossue qui forment un couple (l'homme conduisant la femme par sa main droite placée dans son dos) semblent suivre le bouffon. La femme porte accrochée à sa ceinture, une belle et grosse lanterne dorée *mais éteinte*; l'homme a une étrange excroissance dans le dos qui n'est pas la bosse habituelle d'un bossu (le personnage se tient parfaitement droit et la partie la plus grosse de l'excroissance déborde le bas de ses reins – comme si quelque chose d'assez volumineux et de pesant était caché sous son vêtement; peut-être un sac bien rempli, du type du sac de pains porté autour du cou par le personnage au bonnet rouge, en bas à droite du tableau); cette chose étant maintenue au-dessus de la taille par la ceinture mais, par son poids, la chose tire sur les reins. Le personnage, qui est armé d'une épée et d'un poignard, porte un large chapeau assez singulier dans l'œuvre de Bruegel. Au-dessus de ces figures centrales, des hommes, des femmes et des enfants jouent … En haut du tableau, sur la droite d'une maison et/ou d'une boutique où les femmes s'activent au travail (dans un grand ménage de printemps sans doute), deux personnages débouchent sur la grande place en jouant du fifre et du tambour, d'autres dansent en faisant une ronde, et une confrérie religieuse suit, en procession, un joueur de cornemuse. Sur la gauche de la maison, c'est la sortie de l'église de fidèles-pénitents en rangs serrés. Un père fait respecter le deuil de la Semaine Sainte en empêchant son fils d'aller rejoindre le groupe des enfants qui jouent. Le côté droit du tableau où se trouve l'église et vers lequel est tiré le cadavre dans la caisse, est celui de la pénitence exigée durant la période du Carême et de la charité due envers les déshérités. Le côté gauche est celui du Carnaval et de ses déguisements. Au-delà de cette distinction, la tragique réalité effective des choses quotidiennes – les pauvres, les estropiés, les aveugles, les enfants malades, des cadavres... – occupe les deux côtés du tableau[1]. Ces différentes figures habituelles du malheur se trouvent ainsi distribuées sur la surface du panneau peint tandis que les personnages principaux de Carnaval et Carême s'affrontent, de manière comique, au bas du tableau dans un tournoi médiéval gargantuesque.

Nous n'avons pas commencé par eux, mais Carnaval et Carême sont les deux personnages qui retiennent d'abord l'attention du spectateur. Mais il se pourrait bien que, comme dans d'autres tableaux de Bruegel, ces deux figures principales et contraires, amusantes, prégnantes et colorées, détournent notre regard de l'essentiel. Au-delà, en effet, de Carnaval et Carême, de leur suite et de leurs différents attributs folkloriques traditionnels, le tableau est construit comme une « ronde » autour du bloc central du puits, avec la mort à sa droite et la folie à sa gauche. Et autour d'un couple qui cherche son chemin... Comme le note Roger H. Marijnissen, « il n'est pas exclu qu'il [Bruegel] ait attribué à ce couple un rôle

1. Ces vérités sont données avec une telle prégnance par Bruegel qu'elles ont été supprimées par un premier propriétaire du tableau. Ces figures qui ont été recouvertes de peinture sont cependant réapparues lors d'examens techniques du panneau. Ainsi le linge blanc à terre situé dans l'angle inférieur droit du tableau masque le cadavre dénudé d'un noyé au ventre gonflé ; un autre cadavre d'un homme squelettique se devine sous le surpeint de couleur brune de l'intérieur de la caisse que traînent deux misérables ; deux enfants malades étendus à terre sont à la porte de l'église (devant la table ronde recouverte d'une grande nappe blanche) ; dans la reproduction du tableau de son père, Pieter Brueghel a peint ces deux enfants allongés sur des planches, recouverts d'une couverture, alors que sur le tableau de Vienne, un rectangle de peinture recouvre ces figures ; « Ces surpeints n'ont pas été supprimés », Roger H. Marijnissen, *Bruegel*, *op. cit.*, p. 146.

important qui, jusqu'à présent, n'a pas été éclairé »[1]. Or, si la ronde dont nous parlons est celle de la destinée humaine scandée par la temporalité chrétienne, pourquoi ne pas penser alors au couple « premier » de l'histoire de l'humanité, Adam et Ève? Les personnages représentés n'ont, il est vrai au premier abord, rien de commun avec le couple biblique, sinon que – mais cela nous paraît essentiel – comme Adam et Ève ce couple a, semble-t-il, bénéficié de tous les bienfaits de Dieu (et/ou de la vie). Sans avoir d'extraordinaires parures les deux personnages, dans leur sobriété, sont cependant très bien soignés, protégés, chaudement vêtus, et ils ont, de plus, les « armes » comme les ressources (le sac rempli dans le dos de l'homme) pour aborder, au mieux, l'existence. Ils ont, aussi, un atout absolument essentiel, leur entendement : ils *peuvent* penser. C'est pourtant en aveugles (lanterne éteinte et donc inutile, oubliée derrière le cordon de la ceinture de la femme qui, de plus, porte son chapeau devant les yeux!) qu'ils vont suivre le flambeau de la folie (et/ou de leurs passions)... Adam guide ainsi son couple à ce qui sera la ruine du genre humain... Et c'est donc logiquement Adam qui, « historiquement » pour les juifs, les musulmans, les catholiques ou les réformés, *porte le chapeau...* (c'est-à-dire est tenu, par la tradition monothéiste, pour le seul responsable de la tragique destinée humaine). Par l'incarnation picturale d'une expression populaire qui remontait à la tradition de certains jeux du Moyen Âge où l'on faisait « porter le chapeau » (de fleurs) à celui qu'on voulait distinguer – une tradition qui « semble s'être conjuguée avec celle, moins drôle, de l'Inquisition qui envoyait les gens au bûcher coiffés d'une sorte de chapeau conique d'hérétique qui les destinait à l'enfer »[2] –, Bruegel, en coiffant son personnage d'un chapeau aux larges bords, pointe le rôle de « bouc émissaire » d'Adam de la manière la plus déroutante et la plus amusante qui soit tout en s'interrogeant aussi, mais beaucoup plus sérieusement,

1. Roger H. Marijnissen, *Bruegel*, *op. cit.*, p. 147.
2. Cl. Duneton, *La Puce à l'oreille*, *op. cit.*, p. 336.

sur l'apport historique du nouvel Adam qu'a été le Christ. Un apport (celui de son enseignement et de son *Esprit*) dont, semble-t-il, il ne reste *rien*, sinon la comédie récurrente des traditions, la coutume des gestes rituels… et de violents conflits religieux. Le puits est, en effet, vide et les poissons morts. Ces symboles au centre du tableau sont extrêmement forts. D'abord le puits qui,

> symboliquement met en relation le ciel et les entrailles de la terre [et] qui réunit trois éléments : l'air, la terre et l'eau. Le puits apporte à l'homme l'eau dont il a besoin pour vivre : il se charge ainsi de toute la symbolique liée à l'eau et revêt tous les caractères d'un lieu sacré [1].

C'est également auprès d'un puits [2] « que le Christ révéla à la Samaritaine ce qu'est la véritable eau vive, une eau qui donne la Vie éternelle (Jean 4, 1-14) » [3]. Or, dans *Le Combat de Carnaval et Carême*, le puits central est vide… Il y a aussi, tout proche, l'étal de poissons. Le poisson est le symbole par excellence du Christ, ou le véritable *credo* vivant. Or les poissons sont morts, éventrés, découpés en plusieurs morceaux, vendus… En écho avec cette déchéance, cette division et cette perte de l'Esprit – qui, pour Bruegel est celle des Églises – un porc (symbole de la dilapidation des biens spirituels – Matthieu 7, 6) apparaît derrière le puits. Il se nourrit d'excréments. Nous sommes alors au plus bas de l'humanité désertée par le souffle divin… Ce « rabaissement » n'est cependant pas sans ambivalence, à la fois négation mais aussi et surtout affirmation [4]. Le « bas » qu'est la « seconde nature » est le lieu privilégié d'un re-commencement. Et les deux personnages, que nous avons assimilés à Adam et Ève, ce sont alors aussi, pour

1. M. Feuillet, *Lexique des symboles chrétiens*, *op. cit.*, p. 94.
2. Le puits de Jacob, Genèse 33, 18-20 ; 48, 21-22 ; et Josué, 24, 32.
3. M. Feuillet, *Lexique des symboles chrétiens*, *op. cit.*, p. 94. À Nicodème le Christ dira – reprenant ainsi les paroles du Baptiste (en Jean 1, 32-34) – qu'« À moins de naître d'eau et d'Esprit, nul ne peut entrer au Royaume de Dieu » (Jean 3, 5).
4. C'est la leçon de Mikhaïl Bakhtine dans *L'Œuvre de François Rabelais*, *op. cit.*, p. 30.

Bruegel, chacun d'entre nous, nous-mêmes, *tout un chacun ...* Chaque homme, chaque femme, chaque couple qui, confronté à la réalité effective du monde, doit penser et trouver les chemins de la source vivante de sa vie en évitant (si possible) les différents pièges qui lui sont tendus. Des pièges qui vont de la comédie des rituels à l'affrontement meurtrier des contraires. Et comme l'ont souligné certains interprètes, sans doute faut-il voir aussi dans le « combat » de Carnaval et Carême, le combat plus meurtrier que se livrent, au présent, catholiques et protestants. Une folie du combat des contraires, autour d'un enjeu vide – celui d'un fondement illusoire des Églises que l'eau, la vie ou le « souffle » divin ont déserté. Cette vie puissante, c'est dans le « réalisme grotesque »[1] du multiple carnavalesque du jeu du tableau lui-même que Bruegel la défend et l'affirme. Au cœur de la place publique, c'est le « chœur » du peuple, dans sa diversité, sa fertilité, sa croissance et sa surabondance, dont Bruegel se fait le « coryphée »[2]. Un multiple vivant et puissant que le combat des contraires risque de totalement capter, capturer, anéantir. Car *Le Combat de Carnaval et Carême* est un véritable corps « grotesque », corps vivant, en excès, aux enchevêtrements complexes des temporalités différentielles que sont les temps du carnaval et du carême, du rire et des pleurs, de l'abondance et de la misère, de la santé et de la maladie, de la jeunesse et de la vieillesse, de l'hiver et du printemps, du jeu et de la prière, de la fête et de la pénitence, de la vie et de la mort. Et alors que de l'enseignement du Christ il ne reste rien, c'est, à travers la création picturale, l'inépuisable principe matériel et affirmatif de la promesse éternelle du multiple carnavalesque qui résiste activement au terrible et mortifère combat idéologique des contraires. C'est « le peuple » en fête qui est le véritable « puits » inépuisable, dans son alliance éternelle de connaissance et d'amour avec le tout universel du monde... Le peuple, ou le Tableau de Bruegel.

1. *L'Œuvre de François Rabelais*, *op. cit.*, p. 28.
2. *Ibid.*, p. 471.

Dans *Le Suicide de Saül ou La Bataille du mont Gelboé* de 1562, la question semble définitivement réglée. Tragiquement. Le multiple s'est massifié et les contraires ont été finalement confondus en un seul bloc minéralisé qui ne laisse plus de place à l'espoir : la logique de mort est, ici, parvenue à son terme. La légendaire mélancolie de Saül a envahi le monde (c'est-à-dire le Tableau) : c'est à cette mélancolie radicale à laquelle le spectateur est alors

Le Suicide de Saül ou La Bataille du mont Gelboé, 1562, Huile sur bois, 33,5 × 55 cm, Kunsthistorisches Museum, Vienne.

confronté : une manière pour Bruegel d'exposer brutalement une autre version du *Triomphe de la mort* (les deux œuvres sont, sans doute contemporaines). Sur le panneau, on ne voit d'abord qu'une forêt sombre de lances (et d'armures) toutes identiques d'où émergent les drapeaux des armées rivales. Le sujet est ici bien plus sérieux et autrement plus intéressant, mais remarquons que, dans sa signification, la bataille biblique du mont Gelboé apparaît l'équivalent de l'estampe (sans doute de 1563) dans laquelle Bruegel confrontera *Les Tirelires et les coffre-forts*[1]. Dans les deux cas, en effet, les rivaux ne forment qu'un seul et même ensemble massifié traversé par une contradiction mortelle. L'Un se divise en deux : c'est une logique du suicide. Cette logique est explicitement exposée dans *La Bataille du mont Gelboé* où Saül et son écuyer ne sont que la version éclairée, en miroir, de l'identité du même et de l'autre renvoyée à une masse obscure. Et Saül et son compagnon tirent, logiquement, les conséquences dernières du dispositif structural, infernal et sans issue, dans lequel Bruegel les a *exemplairement* placés : ils retournent contre eux-mêmes leur épée.

Pourquoi Bruegel a-t-il peint un tel tableau à partir d'une histoire certes racontée dans la Bible mais qui n'avait été, jusqu'alors, que rarement traitée en peinture? La réponse exige le détour par le texte auquel nous renvoie explicitement le peintre qui a pris soin de signaler, en bas à gauche, de son tableau la référence de l'épisode biblique. Il s'agit du premier Livre de Samuel, 31, 1-6. Il est vrai que cet épisode est le moins connu de tous ceux que Bruegel a dessinés ou peints en regard de l'Écriture Sainte et son indication est donc indispensable. Le texte dit :

> Les Philistins combattaient contre Israël. Les Israélites s'enfuirent devant les Philistins. Des victimes tombèrent sur le mont Gelboé. Les Philistins serrèrent de près Saül et ses fils. Les Philistins frappèrent Jonathan, Abinadab et Malki-Shua, les fils de Saül. Le poids du combat se porta sur Saül. Les tireurs, hommes armés d'un arc le découvrirent et il trembla fort à la vue des tireurs. Alors Saül dit à son écuyer : "Tire ton épée et transperce-moi de peur que ces incirconcis ne viennent et ne se jouent de moi." Mais son écuyer ne voulut pas, car il avait très peur. Alors Saül prit son épée et se jeta sur elle. Voyant que Saül était mort, l'écuyer se jeta lui aussi sur son épée et mourut avec lui. Saül mourut ainsi que ses trois fils, son écuyer et aussi tous ses hommes, ce jour-là, tous ensemble.

1. La gravure (24 × 31 cm) de Pieter Van der Heyden, d'après Pieter Bruegel, est datée de 1570 ; New York, The Metropolitan Museum of art.

Si l'on confronte le tableau à la lettre du texte, nous nous apercevons, d'abord, que la fuite des Israélites devant les Philistins, qui n'est guère lisible par un spectateur non-informé, ne nous apparaît que lorsque nous nous rapprochons de ce petit tableau afin de le scruter de très près. On distingue alors, en effet, des soldats (à pied et à cheval) qui tournent le dos à la bataille et qui grimpent sur la pente raide qui mène vers la forêt de l'autre côté du vallon. Bruegel ne peint cependant pas la mort de Jonathan, d'Abinadab et de Malki-Shua, les fils de Saül, et on ne saurait dire où sont leurs cadavres. On ne voit pas, non plus, les tireurs d'arc qui ont découvert Saül. Bruegel peint, en bord de tableau (au-dessus de son coin gauche en bas) le roi et son écuyer isolés, en bordure de falaise, physiquement pris au piège ; et les deux personnages sont saisis au moment de leur suicide quand ils se jettent sur leur épée (avec ce léger décalage de temps qui montre, qu'alors que Saül est déjà à terre transpercé, son écuyer, en train de s'effondrer, n'a effectué son geste que quelques instants après son maître).

Que Bruegel ait voulu nous donner l'impression que les deux armées sont indissociablement mêlées, c'est ce que manifeste d'abord la tenue des soldats qui, en ce qui concerne tout le cœur de la bataille, apparaît être identique. C'est ce que montre, aussi, la position des drapeaux rivaux placés en tous points de la cohue : une multitude de petites oriflammes arrivent sur la gauche ; un drapeau rouge est porté, en bas, par un cavalier dont le cheval tourne le dos à la mêlée ; on distingue trois drapeaux clairs au centre, et plus haut, arrivant de dessous le rocher qui s'avance au centre du panneau, deux bannières plus foncées qui se confondent avec la dominante verte de l'ensemble ; au bas du coteau, un drapeau rouge puis, au-dessus de lui, un drapeau clair… On ne sait si, ce dernier, appartient aux poursuivants ou aux poursuivis (les bannières rouges entre elles, comme les bannières claires, étant elles-mêmes différentes quand on se rapproche…) – même si l'on peut imaginer l'armée des Israélites encerclée au centre du vallon par des Philistins (aux bannières rouges ?) et que la grande oriflamme claire est celle des Israélites défaits… À moins que ce ne soit la *même* armée des Israélites qui, sous la pluie des flèches des Philistins placés, sur l'éperon rocheux, en hauteur au centre (et qui se distinguent par des turbans orientaux qui évoquent aussi l'Islam), s'enfuit en panique, en retournant, pour se dégager, ses lances contre elle-même ! Que la fuite s'effectue à l'opposé de la position de commandement occupée par Saül est aussi assez peu compréhensible. Bref, Bruegel veut donner l'impression d'armées rivales indiscernables pour forcer à penser les processus corrélatifs de la massification du multiple et du suicide collectif dans l'affrontement des contraires identiques. Ce qui rend alors radicalement obsolète l'argument de Saül qui ne veut pas mourir par l'épée étrangère d'un « incirconcis » ! C'est l'illusion suprême, et le ridicule de la méconnaissance de soi… Le peuple qui s'imagine « élu » de Dieu, ou le peuple qu'on dit païen, "ce sont les mêmes" affirme fortement Bruegel ! Car c'est un seul et même délire qui traverse les nations : la folie de l'orgueilleuse ambition de l'Un. Le suicide de Saül n'est pas, en effet, l'aboutissement de n'importe quel échec : c'est l'échec exemplaire du règne du *premier roi* d'Israël. Mais c'est, à travers lui, l'échec également de toute une nation qui a abandonné ses institutions démocratiques (qui assuraient qu'il n'y aurait ni pauvres, ni domination de l'homme par l'homme dans l'État – il s'agit des institutions théocratiques, que lui avait léguées Moïse) pour se donner, *à l'imitation de tous les autres peuples*, un Roi [1]. Outre l'identité des contraires, c'est donc le

1. On peut voir, en ce sens, un soldat israélite se suicider en se jetant également sur son épée (la scène se situe au-dessus du drapeau rouge le plus haut – qui est là, sans doute, pour, de sa pointe, indiquer ce suicide qui est significatif de l'ensemble du tableau. Seul Larry Silver voit (par-delà toutes les interprétations « morales » qui sont données de l'histoire de Saül et de la peinture de Bruegel), la raison « politique » qui, en vérité, condamne Saül et le peuple hébreu, en rappelant le livre de Samuel (I, 8, 5-6) et son avertissement qui prévient qu'un « roi prendra leurs fils et leurs biens pour se battre, et qu'ils pleureront et regretteront plus tard mais que Yahweh ne leur répondra plus à ce moment-là » (I, 8, 10-18). Et, en effet, Yahweh déclare : « Le peuple m'a rejeté pour que je ne règne plus sur eux et a choisi un souverain humain » (I, 8, 7), *Bruegel, op. cit.*, p. 253.

destin de mort que porte le régime monarchique – et cela, quelles que soient les époques – qu'a voulu pointer Bruegel. Et l'histoire du peuple hébreu est, en ce sens, exemplaire. C'est donc, à la fois, un paradigme universel de la logique de l'Un qui se divise en deux et aussi un exemple historique concret que montre le tableau, en mettant en présence le combat d'Israël contre les Philistins sous forme de deux armées modernes identiques, aux accoutrements militaires qui sont clairement ceux du XVIe siècle. Et le texte biblique, qui fait entièrement partie de la démonstration et auquel Bruegel nous renvoie explicitement, est, aussi, dans sa conclusion sans appel : *tous moururent.* Et sans doute le peintre songe-t-il au tragique destin des Pays-Bas qui, après avoir vécu sous des institutions qui garantissaient les libertés communales, sont tombés sous le joug de la monarchie espagnole… Et la mécanique du suicide s'est alors, là encore, enclenchée entre ceux qui s'auto-proclament les élus de Dieu et ceux qui, parce qu'ils souhaitent vivre, penser et croire, de façons différentes, sont tenus pour des « incirconcis »… ou des hérétiques ! L'avènement du Christ, l'enseignement de Paul, n'ont rien changé à cette logique irrémédiable de l'Un (et à l'Un qui se divise en deux) : que cette ambition soit celle des rois chrétiens et/ou des Églises chrétiennes dans leur volonté exclusive de domination (sans oublier l'Islam, comme paradigme tyrannique ultime, ici encore évoqué) ! Cette nécessité qui traverse la vie des hommes est inéluctable : c'est une loi de la nature qui vaut pour les passions comme pour les croyances et même pour les constructions métaphysiques que les hommes se donnent. Et c'est pour cela que les suicidés de Bruegel ressemblent réellement à deux pantins… Ou, plus précisément, à deux marionnettes désarticulées par le jeu de la nécessité de ficelles invisibles auxquelles est suspendu leur destin[1].

1. Il est remarquable de constater qu'à l'exception des suicidés, la mort est paradoxalement absente de la bataille qui manifeste plutôt ainsi une logique inéluctable : celle de l'identité des contraires et de sa conséquence mortifère.

Notre description du suicide de Saül, dans un contexte de nécessité (en un sens logique), évoque l'atmosphère philosophique néostoïcienne qui commence à se propager dans le milieu humaniste anversois en cette seconde moitié du siècle et qui culminera (fin XVIe – début XVIIe) avec l'œuvre de Juste Lipse. Et Jean-Marc Besse a effectivement montré, en regard du travail des cartographes, combien la série bruegelienne des *Grands Paysages*, réalisée entre 1552 et 1555, était déjà imprégnée de stoïcisme, c'est-à-dire d'une vision de la terre impliquant « l'idéal de la vie contemplative que développent, au même moment en Italie, les théoriciens de la *villa* » (dans la filiation des vues de paysages des lettres de Pline le Jeune). Un paysage qui se fait « image de monde » que l'on contemple de haut, et aussi, à travers ce paysage, une expérience de la terre et des hommes qui y vivent : « En cela, la carte et la vue de paysage sont porteuses d'un nouveau genre d'expérience du monde terrestre », selon une « attitude "désintéressée", c'est-à-dire sans faire intervenir des considérations pratiques et utilitaires » ; même si le monde contemplé est un espace ouvert, peuplé de mouvements naturels (nuages, rivières, chemins…) et d'hommes qui s'y déplacent. C'est ainsi que Jean-Marc Besse lit, dans les *Grands Paysages* de Bruegel, une pensée de type cicéronien que le peintre partage avec son ami Ortelius :

> La perspective qui s'ouvre ici chez Bruegel, dans cette articulation du paysage et du voyage, est clairement celle d'un cosmopolitisme de type stoïcien, qui fait de la surface de la Terre, dans sa totalité présomptive, l'horizon de l'habitation humaine.

Le petit tableau de *La Bataille du mont Gelboé* semblerait alors, du moins en première analyse, aller plus loin encore dans cette perspective d'une rencontre de Bruegel avec la philosophie du Portique. Non seulement, en effet, le peintre y répète la distance et la structure contemplative des dessins des années cinquante, mais il met de plus en scène un thème philosophique majeur du stoïcisme :

le suicide. La nature de la filiation semblerait donc manifeste et assumée. Nous sommes pourtant en 1562 (près d'une dizaine d'années après la série des *Grands Paysages* et surtout « après » *Les Proverbes, Carnaval et Carême, Les Jeux d'enfants*...) et c'est bien alors d'un *échec radical de la libre affirmation de la vie* – de la puissance multiple et vitale affirmée dans ses grandes œuvres antérieures – dont traite Bruegel. Un échec dont il explicite la cause récurrente : la volonté hégémonique et montante du pouvoir monarchique impérial. Et de ce point de vue, politiquement *oppositionnel*, c'est, bien au contraire, à une prise de distance intellectuelle avec le stoïcisme à laquelle nous assistons plutôt qu'à une adhésion. En effet, l'effacement du grotesque carnavalesque de la puissance du multiple (ou de la multitude), qui est voulu (et exposé ici) par le jeu immanent de l'écrasement pictural des différences (et des singularités) dans et par la confusion de la bataille et l'identité des protagonistes, c'est la dissolution même du *populaire* en tant que tel – ou du moins tel que Bruegel le conçoit dans sa dimension christique – qui est ici actée mais aussi dénoncée et refusée. Effacement/étouffement par le pouvoir hégémonique de l'Un. Les éléments déterminants du néostoïcisme des *Grands Paysages* apparaissaient dans la démonstration du parallèle que l'on pouvait établir entre le travail du peintre et celui du géographe ; un parallèle qui est également celui, stoïcien, de l'amour désintéressé du monde. Or si Bruegel se réjouit sûrement de la compréhension intellectuelle que lui procure sa méditation picturale, il ne saurait inversement, dans et par cet amour, aimer le monde tel qu'il est (comme l'implique nécessairement la position stoïcienne de l'*amor fati*). Le monde tel qu'il est, Bruegel en montre et en démontre, bien au contraire, les logiques meurtrières immanentes selon un engagement éthico-politique interne à la singularité de son acte pictural par lequel il dénonce la nocivité de la domination absolutiste et (corrélativement) l'erreur *suicidaire* qui consiste pour un peuple, à abandonner l'égalité et la liberté démocratiques qui lui étaient acquises. Car le suicide qu'expose Bruegel, loin d'être la manifestation d'une liberté (ce qu'affirme la position stoïcienne) est, bien au contraire, la *conséquence inéluctable ou nécessaire* de cet abandon. Le suicide est ainsi, non pas, comme l'enseigne le stoïcisme, le *summun* de la manifestation de la liberté humaine (les deux hommes sont réduits à l'état de marionnettes et le populaire à une masse de fourmis guerrières) mais la tragique résultante immanente de son abandon. Telle est la leçon bruegelienne de *La Bataille du mont Gelboé* : il ne s'agit pas seulement de supporter la guerre civile, l'oppression, les révoltes, la pauvreté, les misères, mais aussi de se donner intellectuellement les moyens d'y résister en s'efforçant d'abord de penser les causes du malheur des hommes mais aussi les raisons qu'il y a toujours d'agir et d'espérer. Une leçon radicalement contraire à celle du néostoïcisme et de l'expression picturale majeure qu'en donnera *La Mort de Sénèque* peinte, plusieurs années plus tard (en 1615), par Paul Rubens à la demande de l'humaniste néostoïcien Balthazar I Moretus [1].

C'est du traitement d'une logique immanente du suicide à celui de l'*effondrement fatal* que Bruegel va passer quand, quelques mois plus tard, il signe *La Tour de Babel*, sur une des pierres taillées pour sa construction, en bas à gauche du panneau. Un effondrement annoncé dont la fatalité n'a cependant rien de prédestiné ni de mystérieux si, là encore, on sait en déterminer les causes naturelles

1. Ainsi, si un courant stoïcien traverse les dessins de paysages de Bruegel des années 1552-1555, ce courant n'est cependant pas caractéristique de la pensée bruegelienne, restée sur le fond fidèle à la voie érasmienne (qu'il radicalise) d'une « *philosophia Christi* d'inspiration purement évangélique », contre laquelle se développe, justement au XVIe siècle, le nouveau stoïcisme chrétien qui souhaite, quant à lui, donner « une philosophie à la religion chrétienne » à partir du « renouvellement de la philosophie antique » ; cf. à propos de la formation de ce néostoïcisme « en ces temps de Contre-Réforme triomphante », P.-Fr. Moreau, « Les trois étapes du stoïcisme moderne », dans *Le Stoïcisme au XVIe et au XVIIe siècle. Le retour des philosophies antiques à l'âge classique*, Paris, Albin Michel, 1999, tome 1, p. 22-23.

(et historiques) : ce que Bruegel expose à nos yeux avec beaucoup de précision. Nous retrouvons, en effet, dans ce dernier tableau, la même connexion nécessaire entre ambition de domination et inéluctabilité d'un échec meurtrier : échec d'un homme (ici Nemrod), mais aussi d'une cité (qui prendra le nom de Babylone) et de son peuple.

La Tour de Babel, vers 1565, Huile sur bois, 114 x 155 cm, signée en bas à gauche, sur une pierre, *BRUEGEL. FE. M. CCCCC. LXIII*, Kunsthistorisches Museum, Vienne.

Qui est Nemrod qui vient, dans ce tableau, se substituer à Saül ? Après avoir peint le suicide du premier roi d'Israël, c'est « le premier potentat de la terre » que Bruegel a décidé de mettre en scène dans la grande tour de Babel (*La Petite Tour de Babel*, de plus petit format, sera peinte, plus tard, aux alentours sans doute de

1568)[1]. Bien que la construction de la tour de Babel fasse partie des histoires bibliques, Nemrod, que Bruegel représente comme le monarque qui dirige la construction de la tour, n'est pas un personnage qui apparaît directement dans le récit de Genèse 11, 1-9, mais un peu avant, en Genèse 10, 8, où il est écrit que « Kush engendra Nemrod, qui fut le premier potentat sur la terre ». La traduction marque bien la nature absolutiste ou despotique de ce pouvoir dont Bruegel désigne la domination et la puissance non seulement par le vêtement, la couronne et le sceptre (que Nemrod tient dans sa main droite), mais surtout par les signes de soumission que provoque la présence du souverain : les tailleurs de pierre se sont, en effet, non seulement découverts pour manifester leur respect, mais ils se prosternent aussi servilement en s'agenouillant et en courbant l'échine dans une attitude ostentatoire d'adulation propre aux esclaves des despotismes orientaux. Genèse 11, 7-9, indique que c'est la confusion du langage et la dispersion des hommes, voulues par Yahvé, qui mettent fin à la construction de la tour, une construction qui a été décidée, non par Nemrod (absent du texte) mais par « les hommes » qui sont venus « au pays de Shinéar et [qui] s'y établirent ». Or, ce n'est pas tout à fait cette histoire que raconte le tableau de Bruegel ou plutôt, c'est sur autre chose que sa peinture veut mettre l'accent.

D'abord sur la formidable entreprise d'activité constructive et inventive que suscite le projet des hommes de bâtir « une ville et une tour dont le sommet pénètre les cieux ». C'est surtout la technologie des grandes roues de levage qui retient l'attention ainsi que le projet architectural astucieux d'étayer la construction sur les rochers élevés qui bordent la mer. La tour contrôle aussi la navigation sur le fleuve qui passe sous elle. Tout cela et l'atmosphère claire et sereine du tableau, due à la couleur dorée de la pierre comme à la douceur du

1. Dans *La Divine comédie, Purgatoire* XII, 34-36 et 40-42, Dante fait apparaître Nemrod aux côtés de Saül et de Lucifer. Ce sont les emblèmes de l'orgueil. Signalé par Larry Silver, *Bruegel, op. cit.*, p. 253.

ciel, donne une impression d'optimisme constructif que certains commentateurs ont déjà soulignée [1] – en opposition avec l'éclairage dramatique et inquiétant de la petite Tour dont la face sombre est menacée par un lourd nuage noir. Au centre géométrique du tableau et sur la rampe du troisième niveau de la petite Tour, on distingue le baldaquin rouge d'une procession au cours de laquelle le Pape lui-même porterait le Saint Sacrement; signe, sans doute, par lequel l'artiste (au même titre que ses contemporains acquis à la Réforme) a voulu exprimer la folle ambition de l'Église catholique (Rome, la nouvelle Babylone!) à vouloir dominer le monde... Dans la première Tour, au contraire, aucun signe religieux explicite n'apparaît. C'est d'une autre domination dont traite Bruegel, et cela dans le droit fil de *La Bataille du mont Gelboé.* Avec les deux tours de Babel c'est le Un de la domination absolue qui se partage selon les deux faces d'un pouvoir intrinsèquement antagoniste : le politique et le religieux. Le souverain veut conquérir le Ciel (et/ou soumettre les Églises à son seul service) et le Pape veut régner sur toute la terre (en soumettant entièrement les rois)... Si, en effet, Nemrod est donné comme « celui qui a commencé d'être violent sur la terre » [2], c'est bien parce que, comme ce sera le cas, plus tard pour les Hébreux, les hommes venus au pays de Shinéar étaient, tout d'abord, des êtres libres de vivre où ils l'entendaient et surtout libres de décider ensemble leur avenir. C'est ainsi qu'on lit, en Genèse 11, 3-4 :

> Ils se dirent l'un à l'autre : "Allons! Faisons des briques et cuisons-les au feu!" La brique leur servit de pierre et le bitume leur servit de mortier. Ils dirent : "Allons! Bâtissons-nous une ville et une tour dont le sommet pénètre les cieux! Faisons-nous un nom et ne soyons pas dispersés sur toute la terre!".

1. R. Genaille, *Pierre Bruegel l'Ancien*, Paris, Éditions Pierre Tisné, 1953, p. 32.
2. Traduction de Genèse 10, 8, par Marc de Launay, « Nous creusons la fosse de Babel », dans *La Tour de Babel*, Paris, Desclée de Brouwer, 2003, p. 112.

C'est ainsi que dans le *De posteritate Caini*, Nemrod est donné par Philon d'Alexandrie, « comme l'exemple du tyran et, précisément, comme l'auteur d'une entreprise qui ruine la démocratie » primitive[1]. Et c'est selon cette perspective herméneutique – et dans un même esprit que pour *La Bataille du mont Gelboé* – que Bruegel construit la logique cognitive de *La Tour de Babel.* Ce n'est pas la construction de la Tour en elle-même et la puissance constituante du peuple qu'elle manifeste, qui sont en question, mais la construction de cette même Tour sous l'autorité despotique de Nemrod qui va conduire à des conséquences fatales. Non pas à la confusion du langage et à la dispersion selon la punition divine (et l'enseignement habituel), mais simplement à l'effondrement de la Tour dont on perçoit les premiers signes dans l'inclinaison dangereuse que prend l'axe central qui penche inéluctablement vers la ville (la ville qui sera, avec l'effondrement de la Tour, nécessairement détruite)[2]. Bruegel répète donc la leçon immanentiste déjà formulée pour *Le Suicide de Saül*, dans une sorte de traité éthico-politique anticipé du *Contr'Un* d'Étienne de La Boétie.

Si nous considérons, à présent, l'ensemble de l'œuvre – dessins et peintures –, nous pouvons affirmer pour conclure sur ce point que Bruegel identifie assez brutalement, dans une même critique, *toutes* les ambitions de la domination de l'Un, qu'elles soient catholique, calviniste, luthérienne… ou musulmane. Domination directe et manifeste de l'Un (qu'il soit religieux ou politique – ou les deux à la fois) ou domination indirecte dans l'identité des contraires de l'Un qui se divise en deux. La thèse de Bruegel est indissociablement politique et métaphysique et elle s'étaye sur

1. J.-L. Schefer, « La Tour de Babel », dans *La Tour de Babel*, *op. cit.*, p. 158. Déjà, Flavius Josèphe (*Les Antiquités judaïques*, I, 4, 2-3), avait désigné Nemrod comme celui qui « transforma les affaires de l'État en tyrannie ».
2. Des images qui montrent l'écroulement de la Tour circulent au temps de Bruegel. Avant celles qui seront gravées par Philippe Galle, on pense particulièrement à l'estampe du hollandais Cornelis Antonisz de 1547 que Bruegel devait sans doute connaître.

la thèse d'une ontologie de la puissance. Dans *Les Gros poissons mangent les petits*, si le soldat casqué (et masqué) éventre, au premier abord, le plus gros poisson à l'aide de l'immense couteau incrusté de l'orbe surmonté de la croix, on voit aussi, en haut à gauche de l'image, une petite île avec un rocher (et/ou une tour) surmonté du symbole du croissant renversé. Ce symbole se trouve sous la forme d'une embarcation stylisée dont le mât se termine lui-même par un (minuscule) croissant (si minuscule d'ailleurs qu'il n'a pas été reproduit dans la gravure). L'ambition de domination concerne donc l'empire chrétien comme l'empire ottoman dont on aperçoit (peut-être...) les soldats en marche sur cette même île sur laquelle gît déjà aussi un immense poisson proportionnellement *bien plus gros* que celui qui occupe la majeure partie de l'image (à la merci du tranchant « chrétien »)! Il y a, et il y aura, nécessairement toujours des poissons plus gros qui mangeront les plus petits (aussi immenses soient-ils...). Et des empires eux-mêmes toujours plus puissants et plus gros pour écraser et effacer d'autres empires! Car rien n'existe dans la nature sans que n'existe aussi une autre chose, plus puissante et plus forte, qui peut détruire la première : c'est là un axiome bruegelien... *Les Gros poissons mangent les petits* montraient (peut-être) déjà les Turcs (l'Un uni sous une même bannière) surgir – au milieu de l'eau – d'une étrange structure, pour déferler sur un monde chrétien en pleine décomposition (du fait de ses contradictions internes, l'Un divisé en deux). Il est vrai que la menace de l'empire ottoman sur l'Europe est historiquement bien réelle. Bruegel en a peut-être même fait directement l'expérience, en 1552, lors de son voyage en Italie alors que les Turcs incendient Reggio di Calabria (et nous savons que Bruegel a dessiné, en effet, à son retour, vers 1560, une *Vue de Reggio di Calabria* en flammes). Mais ce que Bruegel montre ici – aussi et surtout – c'est l'égalité de nature des ambitions de domination, qui traversent les chrétiens comme les Turcs : *ce sont les mêmes* (la petite île, dessinée dans l'estuaire d'Anvers, pourrait indiquer l'icône de Constantinople –

la cité a été prise par les Turcs en 1453; et la petite île qui garde l'entrée du Bosphore a, sur elle, comme sur le dessin de Bruegel, une petite tour[1]). On retrouve par ailleurs, significativement, le symbole du croissant sur le bouclier d'un monstre dans le cortège armé auprès de la Colère (dans le dessin du même nom) sans que les soldats qui entourent ce signe de la religion musulmane, ne soient, quant à eux, identifiés, par leurs vêtements, en tant que Turcs. Ils portent bien au contraire des armures chrétiennes[2]... On retrouve aussi, dans le dessin, l'immense couteau des *Gros poissons mangent les petits*, comme on trouve le globe surmonté d'une croix, mais non plus ici, sur la lame du couteau mais sur un étendard brandi par des monstres massés derrière une machine de guerre. S'agit-il de la même armée? *Oui*, si l'on considère l'orientation identique des deux groupes qui semblent, côte à côte, guerroyer ensemble. *Non*, si l'on considère les signes d'appartenance de chacun des groupes (le croissant et la croix...). Dans les deux cas cependant il s'agit bien du Un qui se divise en deux, soit d'une même armée de monstres qui brûlent, coupent et taillent les corps d'hommes et de femmes totalement nus, sans aucune défense face à cette folie meurtrière... Au centre du dessin, on retrouve le personnage de l'homme-au-couteau-entre-les-dents dont le chapeau est surmonté d'une petite sphère de laquelle surgit un long bâton de justice un peu courbé! Une « justice du monde » fondée sur la violence de la guerre et/ou de la colère. Sur le globe, le bâton de justice de l'homme au couteau entre les dents est venu se substituer à la croix du Christ... pour en révéler, sans doute, sa vérité effective, celle de

1. Une carte de Constantinople publiée dans la *Cosmographiae Universalis* de Sebastian Münster montre cet îlot surmonté d'une tour de garde indiquée *Genessarei*, aux p. 940-941 de l'édition révisée et élargie éditée à Bâle en 1550.

2. La représentation précise des soldats de l'armée ottomane est pourtant familière à Bruegel qui a pu voir les gravures de son maître Pieter Coecke van Aelst, qui a fait le voyage de Constantinople en 1533-1534, et qui a gravé, à son retour, une série de sept planches en bois intitulées *Mœurs et fachons de faire des Turcz.*

son ambition de domination. En arrière plan, une ville de bord de mer fortifiée est en flammes. Le dessin pourrait évoquer la mise à sac de Constantinople en 1453. L'on trouverait ainsi déjà, dans *La Colère*, cette identité des contraires que Bruegel a peinte dans *La Bataille du mont Gelboé.*

L'identification polémique du chrétien et du musulman existait déjà aux Pays-Bas mais c'était afin de souligner, pour les catholiques, la tyrannie instaurée à Genève par Calvin qui, en tant qu'hérétique, ne pouvait pas véritablement être considéré comme un chrétien authentique mais, bien au contraire, au même titre que le Turc, comme le pire ennemi du monde chrétien. Dans une caricature hollandaise anti-calviniste de 1566, on voit ainsi Calvin assistant au brûlement de Michel Servet (qu'il a ordonné) alors, qu'à l'arrière-plan, c'est une mosquée qui est dessinée en lieu et place de la cathédrale Saint-Pierre de Genève[1]... Donc, de ce point de vue Bruegel n'innove pas; ni, non plus, en réunissant les trois confessions chrétiennes sous un même blâme. Ortelius portera, selon une métaphore médicale, un diagnostic semblable sur les terribles maux qui frappent le pays : « le mal catholique, la fièvre des Gueux et la dysenterie huguenote »[2] ! Et cette opinion était sûrement partagée aussi par Coornhert malgré son engagement dans le camp de la Révolte. L'audace propre de Bruegel aura été d'identifier, *via* la contiguïté guerrière entre la croix et le croissant, le délire de domination des Églises chrétiennes *en général* et la folie conquérante et tyrannique des Turcs *en particulier.* C'est que Bruegel était lui-même, à proprement parler, « sans Église » et que

1. « Le brûlement de Michel Servet », gravure datée de 1566 (Musée international de la Réforme, Genève). Michel Servet a été condamné au bûcher et brûlé à Genève en octobre 1553 (alors que Bruegel voyage en Italie où la nouvelle va fortement émouvoir et indigner les milieux humanistes).

2. Lettre d'A. Ortelius à Van Meteren (du 13 décembre 1567), citée par J.-M. Besse, *Les Grandeurs de la Terre, op. cit.*, p. 366 (et 343).

son combat s'effectuait non pas d'un point de vue partisan, mais du point de vue universel de celui qui a entrepris une réforme non pas, directement, de la religion des Églises chrétiennes, mais, plus profondément, de l'entendement humain. Pour que l'Esprit saint procède effectivement d'un esprit « sain »! Pour guérir (« sauver ») les hommes de leurs délires et de leur cécité.

les stratégies d'aveugle au crible du dispositif pictural

La Parabole des aveugles de 1568, examine, à la lumière de la raison, la nécessité inéluctable de la logique autodestructrice comme phénomène naturel : c'est une autre figure du suicide qui est ici exposée. Mais un suicide qui n'est pas voulu, en tant que tel, par ses protagonistes. C'est, bien au contraire, pour persévérer en leur être que chacun des aveugles s'est uni à ses semblables, afin d'augmenter ses chances de pouvoir survivre, dans et par cette force commune et fraternelle, face au malheur et aux dangers du monde. Chaque aveugle, pour se déplacer, garde le contact avec un de ses compagnons d'infortune soit en le tenant par l'épaule ou en tenant, avec lui, à l'horizontale, le même bâton. Mais la fortune est cruelle et va totalement retourner les effets coopératifs de cet agencement au premier abord raisonnable et humain. L'interprétation dominante est bien sûr donnée par la référence aux trois passages du Nouveau Testament de Matthieu (15, 14), Luc (6, 39) et l'Épître aux Romains de Paul (2, 19). Pourtant la conception picturale de cette parabole manifeste bien peu d'esprit religieux ni même d'esprit charitable car là n'est peut-être pas sa principale intention. On peut même avancer que Bruegel présente ici un véritable travail de déthéologisation de sa (et/ou de notre...) vision du monde. Charles de Tolnay a raison d'écrire de ce tableau que « son objectivité prend ses distances par rapport à l'humain »[1] – ici traité comme un phénomène naturel inscrit dans les lois du cosmos. Sur son panneau, Bruegel traite, en effet, avec la distance du peintre-philosophe, des actions et des appétits humains comme s'il s'agissait seulement de lignes, de surfaces et de solides constitutifs d'un étrange corps allongé, qui s'étire progressivement, du rythme de la marche commune (qui est encore celui des deux derniers maillons de la chaîne) à la dynamique accélérée de la chute (à partir du troisième homme qui est surpris par la rupture du rythme commun – son bâton lui échappe... ; alors que les trois premiers sont déjà entraînés dans l'accélération d'une dynamique d'un déséquilibre qui ne pourra plus être rattrapé)... Aucune compassion – nous l'avons déjà souligné[2] – n'émerge de ce tableau : c'est de la géométrie et de la physique. Car ces aveugles, comme les lignes, les formes, les corps, les surfaces et les couleurs qui les font exister sous notre regard, ne manquent absolument de rien et surtout pas de notre pitié. La composition est absolument parfaite en son genre et il faut, de ce point de vue, souligner la nature *éthique* du processus cathartique qu'impose le dispositif pictural bruegelien qui opère, sous nos yeux, le *déplacement* de l'expression psychologisante des personnages à la puissante expression de la peinture elle-même. Bruegel a ainsi entièrement expulsé la compassion, tant psychologique que spirituelle, d'une approche picturale qui combine dynamique des forces et géométrie. La diagonale (de l'angle supérieur gauche à l'angle inférieur droit) de la chute n'est rien d'autre que le mouvement de bascule, en chaîne, d'une mécanique du réel qui ignore la conscience et la volonté (supposées) de chacune de ses composantes : c'est une mécanique naturelle, silencieuse et inéluctable. Comme devant le basculement et l'effondrement à venir de la grande Tour de

1. Charles de Tolnay, « Studien zu den Gemälden P. Bruegels d. Ä. », *Jahrbuch der kunsthistorischen Smnlungen in Wien*, n.s., VIII, 1934, p. 132.
2. Cf. *supra*, (chap. II, 2), p. 99-100.

Babel, nous sommes les spectateurs médusés d'une nécessité qui est inscrite dans l'ordre des choses; qui *est* l'ordre des choses. C'est la nécessité d'une condition commune d'assujettissement ou d'une vie collective déterminée par la contradiction interne qui l'anime et qui s'avèrera mortelle : celle tragique, d'une coopération qui conduit à la destruction. Car, non seulement la domination (ici de la fortune) ne construit rien, mais elle retourne, en processus de mort, les coopérations constructives (comme c'est déjà le cas dans *La Tour de Babel*). Et Bruegel de tirer objectivement les conséquences fatales d'une solidarité d'aveugles en montrant que les lois du réel sont nécessairement plus fortes que les désirs, les espérances et les projets des hommes quand ils s'affirment dans la méconnaissance du monde et de soi…

Le monde et les hommes sont ainsi faits : avant tout des corps, des forces et des rapports de forces, des imaginations aussi, dans lesquels et par lesquels Bruegel invite son spectateur à déchiffrer la complexité des relations de pouvoir dont ces vies humaines sont tissées… Des relations dans lesquelles s'exprime l'activité multiple des forces de résistance, de coopération et peut-être d'amour. Mais une activité qui, confrontée aux dures nécessités du monde, conduit aussi les hommes à combattre pour leur servitude comme s'il s'agissait de leur salut. La leçon de *La Parabole des aveugles* est, en ce sens, significative de toute une série de dessins et de tableaux dans lesquels le peintre examine (non sans un humour tragique) ces stratégies de persévérance comme autant de choix d'aveugle et finalement d'échecs. Et le dispositif géométrique, propre à Bruegel, de nous inviter ainsi, ni à commenter directement la référence biblique (en faisant quasiment abstraction du tableau – ce que font plusieurs interprètes…) ni, face à la toile, à céder à l'émotion de l'identification et à la pitié (qui en est la conséquence psychologique). Tout en guidant notre regard et nos impressions, Bruegel nous invite simplement à *penser avec* un autre type d'émotion et/ou d'affect (épuré de tout pathos) qui nous détermine plutôt à réfléchir adéquatement, avec lui, aux réseaux déterminants des causes du malheur des hommes[1].

Dans ce monde dynamique et géométrique des forces enchevêtrées, où rien n'est à soi ni à part, où la coopération pour la vie peut se retourner en dispositif de mort, c'est la dynamique de la guerre, de la domination, du vol, du piège, de la duperie et de l'exploitation, qui se manifeste d'abord comme l'axe principal de la persévérance (et la menace permanente de son retournement en forme de suicide). C'est à cette vérité effective que les aveugles que nous sommes tous devons, d'abord, faire face. Et c'est à cette vérité que nous initie un dessin étrange, de 1568, qui a pour sujet des apiculteurs au travail. Des apiculteurs qui, du fait même de leur anonymat – le seul personnage sans masque de protection est de dos – suppriment, là encore, toute possibilité de projection psychologique et d'identification; et cela, d'autant plus, que sur fond d'un paysage naturel bien réel, les principaux éléments du dessin, « les apiculteurs, les ruches et les constructions mêmes par leur structure formelle et géométrique » paraissent, comme le constatent Philippe et Françoise Roberts-Jones, ressortir « d'un autre monde »[2]. C'est bien pourtant de la vérité effective des choses de ce monde dont ils nous parlent.

1. C'est en ce sens que *La Parabole des aveugles* nous fait penser à *La Flagellation* de Piero della Francesca. Sans doute parce que nous avons un sentiment similaire face aux deux chefs-d'œuvre. Le rapprochement n'est pas dû au hasard. Car, au-delà de leurs importantes différences et de leur forte singularité, Bruegel et Piero ont en commun quelque chose d'essentiel : les deux œuvres s'inscrivent, en effet, dans un même mouvement qui conduit la peinture d'une approche émanative néoplatonicienne à une radicalisation immanentiste. Nous avons, à ce propos, traité parallèlement de Piero della Francesca et de Pieter Bruegel dans une étude, « Ce que la peinture pense / Ce que Spinoza peint. De l'émanation à l'immanence », à paraître avec les Actes du colloque *Spinoza et les Arts*, qui a eu lieu les 15, 16 et 17 mai 2014, à l'université d'Amiens, l'École Nationale Supérieure des Beaux-Arts de Paris puis à Paris I-Sorbonne, sous la direction de Lorenzo Vinciguerra et Pierre-François Moreau.

2. Ph. et F. Roberts-Jones, *Pierre Bruegel l'Ancien*, *op. cit.*, p. 70.

Les Apiculteurs est un dessin que l'artiste n'avait pas destiné à la fabrication d'estampes. Le thème (qui implique un accoutrement très particulier des personnages en lourdes robes de bure, encapuchonnés avec un fond de panier d'osier qui protège et masque leurs faces) offre la possibilité de montrer des êtres massifs et sans visage qui agissent avec prudence, masqués, furtivement, en secret, comme des voleurs. Ils agissent aussi, montre le dessin, avec systématicité, avidité et rapacité. Là encore nous éprouvons,

Les Apiculteurs, 1568, Plume et encre brune, 20,3 × 30,9 cm, Kupferstichkabinett, Berlin.

comme dans *La Parabole des aveugles*, la mécanique non-humaine de leurs mouvements. Les mains du personnage, près de l'arbre, sont traitées de la même façon que les racines de cet arbre qui puise son énergie dans le sol. Arbre sur lequel s'est fixé un nid d'oiseau et qu'un homme (ou un garçon) est lui-même, semble-t-il, en train de détacher (ou de voler)… Quelle leçon Bruegel souhaite-t-il nous enseigner ? Sans doute que les hommes captent, exploitent, *volent*, l'énergie des abeilles comme l'arbre vole l'énergie de la terre, comme les hommes exploitent l'énergie de l'eau (on aperçoit, au bas, en fond, la roue à aube d'un moulin), ou encore l'énergie reproductive et vitale des pigeons (dont l'existence – et la mort – est fixée au haut des demeures dans les espaces-pièges réservés à leur usage...). En fond de dessin, le château et, plus près, une église : les deux pouvoirs politique et théologique qui agissent de même, par captage de l'énergie physique et mentale, et qui ont (quasiment) le droit de vie et de mort sur leurs sujets (et/ou leurs fidèles). La mandragore du premier plan pourrait donner, disions-nous [1], son titre au dessin comme Machiavel, quelques années auparavant, l'avait donné à sa pièce de théâtre. La mandragore indique, en effet, que nous avons affaire à des gibiers de potence qui abusent, trompent, tendent des pièges (l'*inganno* machiavélien)... Et cela est une proposition qui porte, au-delà des *Apiculteurs*, sur la loi de tout le réel, sa logique universelle et anonyme d'appropriation et d'exploitation de la vie. Exploitation de la vie en tant que celle-ci est elle-même une force, une puissance d'agir, celle des abeilles comme celle des hommes. Des abeilles qui se font ainsi pigeonner par les hommes comme ces hommes le sont eux-mêmes par d'autres hommes ou par des institutions qui existent, vivent et n'ont d'efficace que par l'énergie que chacun leur accorde en s'y soumettant volontairement. Ce sera la tragique leçon de La Boétie dans son *Contr'Un* [2].

En bas, à gauche du dessin, il y a une inscription qui pourrait être de la main de Bruegel (si c'est le cas, sur ce dessin qui n'était pas destiné au graveur, ce serait le seul autographe que nous possèderions de lui, à l'exception de ses signatures et de la référence à l'Écriture au bas du *Suicide de Saül*) : « Celui qui sait où se trouve le nid sait où il est mais c'est celui qui le déniche qui emporte le butin ».

1. Cf. *supra*, début du chapitre II.

2. Le thème de la « servitude volontaire » est déjà évoqué dans l'*Éloge de la folie*, *op. cit.*, chap. XXXIV, p. 42-43. Érasme écrit, à propos de l'animal « qui a les mêmes sens que les hommes et qui vit en leur compagnie » – il s'agit, en ce cas, du cheval – qu'il exprime « tout le drame d'une servitude qu'il accepte volontairement ». Et d'ajouter : « Combien est préférable l'existence des mouches et des oiseaux, livrés au hasard et à l'instinct naturel *autant que le permet l'embûche des hommes*! » (c'est nous qui soulignons). Quelques lignes plus haut, Érasme évoquait aussi le cas des abeilles.

Certains interprètes ont perçu une signification sexuelle de ce proverbe [1], ce qui renforcerait notre rapprochement avec la pièce de théâtre *La Mandragore*. Souvenons-nous de l'histoire racontée par Machiavel, dans cette comédie qui triompha en 1525 à Florence, à Modène et à Venise, qui fut jouée lors des fêtes du carnaval et qui devait être encore racontée avec délices quand Bruegel a fait le voyage en Italie. Car le personnage principal de Machiavel, Callimaco, conseillé par le rusé Ligurio, ne se contente pas de savoir où est le nid! Il met en œuvre les plus grandes duperies et les plus subtils stratagèmes – quitte à s'appuyer sur les secours de l'Église (Timotéo) – pour accéder effectivement au « nid » tant désiré. Et de réaliser, ainsi, avec brio, son vol et son plaisir (car il s'agit bien de cela, même si la victime dupée s'offre volontairement)! Plaisir qui est double : celui de posséder la très belle jeune femme de Messer Nicia, tout en possédant le naïf Nicia lui-même (en ayant mené à bien l'extraordinaire *inganno* qui a été monté contre lui)...

En faveur de la signification sexuelle du dessin (qui n'est pas, cependant, sa signification principale) on peut rappeler que l'abeille a été, depuis l'Antiquité grecque, le symbole et le modèle même de la femme idéale. Et que la très jeune abeille est ainsi – en tant que *nymphe* – un objet de désir et de grande convoitise ... C'est Pierre-Henri et François Tavoillot qui rappellent que la classification grecque des trois âges de la femme distingue, entre la *koré* (la jeune fille impubère) et la *mêtêr* (l'image de l'abeille accomplie), « une période critique : c'est l'âge où la femme est *numphè*, de la veille de son mariage à la naissance du premier enfant » : c'est, précisent-ils, « le moment de tous les dangers » [2].

Cette dernière période est, en effet, celle où, sous les signes d'Aphrodite, la jeune abeille peut céder à toutes les violences de la séduction en se livrant tout entière à l'amour... Et peut-être,

1. *Cf.* J. Grauls, au principe de cette interprétation : *Volkstaal en volksleven in het werk van P. Bruegel*, Anvers-Amsterdam, 1957, p. 160-175.
2. P.-H. Tavoillot et Fr. Tavoillot, *L'Abeille (et le) Philosophe. Étonnant voyage dans la ruche des sages*, Paris, Odile Jacob, 2015, p. 27-28.

avec malice, Bruegel entremêle-t-il, dans son dessin, plusieurs significations.

Un autre dessin de 1560, *La Chasse au lapin sauvage*[1], qui évoquait le thème d'une économie de l'univers sous la loi de la domination et de l'exploitation, nous ramène cependant, tout en la renforçant, à la vision philosophique de l'exploitation mutuelle que nous avons, en premier lieu, attribuée aux *Apiculteurs. La Chasse au lapin sauvage* montre, en effet, un chasseur à l'arbalète qui traque des lapins alors que, lui-même, totalement absorbé et tendu vers son propre gibier, ne s'aperçoit pas (au même titre que les lapins) que, derrière lui, un homme armé d'une forte lance (un soldat, semble-t-il, dont l'arme pourrait permettre de chasser un bien plus gros gibier – comme l'ours ou l'homme lui-même...), le traque, à son insu, et menace sa vie... Tandis qu'un puissant château-fort, du haut de son rocher, domine l'ensemble de la scène. Dans la même perspective de lecture que celle que nous suivons, Margaret Sullivan fait référence, pour en tracer la filiation, avec un adage énoncé par Érasme : « Lièvre vous-même, vous chassez la proie »[2]. On se souvient, cependant aussi, de la leçon déjà fortement énoncée par le peintre lui-même : « Les gros poissons mangent les petits ». Cependant, même les plus « gros poissons » (les pouvoirs les plus grands, les plus anciens ou les plus solides), peuvent être, sinon renversés, du moins fortement ébranlés par la contestation... et répondre à celle-ci avec la plus extrême violence. C'est ainsi que Pierre-Henri et François Tavoillot lisent *Les Apiculteurs* sur fond des évènements qui, en 1568, secouent les Anciens Pays-Bas. Ils suggèrent de voir alors, dans la violence des apiculteurs bruegeliens, les menées répressives des « inquisiteurs qui fouillent dans les âmes des individus. Ils vident les ruches-églises

1. Plume et encre brune, craie noire, 21,3 × 29,6 cm, Paris Institut néerlandais, collection Frits Lugt; Eau forte, 22,3 × 29,2 cm, collection particulière. Notons que *La Chasse au lapin sauvage* est, selon les spécialistes, la seule estampe que Bruegel aurait lui-même gravée.

2. M. Sullivan, « Proverbs and Process in Bruegel's, *Rabbit Hunt* », *Burlington Magazine* 145 (2003), p. 30-35.

(dont, d'ailleurs, la forme rappelle la tiare pontificale), les saccagent et en pillent le miel ». Et les auteurs poursuivent leur interprétation en interrogeant le dessin : « Qui est cet enfant qui a trouvé refuge dans l'arbre et qui regarde une église sans croix dans l'arrière-plan ? » ; l'enfant, poursuivent-ils,

> symbolise la fraîcheur juvénile de la foi qui s'en va en Angleterre ou en Allemagne et aspire à la régénération d'une Église authentique. Il se pourrait aussi que se soit accroché dans l'arbre un essaim qui a déserté les ruches dévastées pour rechercher un lieu plus accueillant. Bref, sous couvert de peindre une scène de genre, Brueghel veut manifester sa sympathie pour la cause de la Réforme [1]...

On voit donc les lignes d'interprétations différentes auxquelles se prêtent *Les Apiculteurs.* Ces lignes ne sont cependant pas contradictoires au sens où la vision des moines inquisiteurs en apiculteurs peut très bien s'insérer (conjoncturellement) dans la leçon plus universelle que Bruegel souhaite transmettre sur l'économie générale de l'univers. Ici, en effet, c'est l'Église catholique qui s'est emparée du miel de la Parole divine (et/ou qui

1. P.-H. Tavoillot et Fr. Tavoillot, *L'Abeille (et le) Philosophe*, *op. cit.*, p. 117 *sq.* Les auteurs appuient leur interprétation sur la parution, à la même époque, d'un ouvrage, *Ruche de la Sainte Église catholique*, qui est « une parodie truculente, semée de calembours [...] du *Bonum universale* de Thomas de Cantimpré ». L'ouvrage est signé d'un inconnu, Isaac Rabottenu de Louvain ; il est, en réalité, d'un « calviniste convaincu, poète, théologien et polémiste, futur bras droit de Guillaune d'Orange », Philippe de Marnix de Saint-Aldegonde (frère de Jean de Marnix). Celui-ci est le rédacteur du texte du Compromis des Nobles (de décembre 1565, à Spa) qui scellait l'union de la noblesse en accord avec Louis de Nassau, frère de Guillaume d'Orange (les débuts de la Révolte datent de la constitution de cette « ligue »). Les auteurs citent, aussi en notes, en appui de leur développement, deux articles : R. Milla-Villena, « Deux moralités de Peter Bruegel l'Ancien à l'époque de la montée du calvinisme aux Pays-Bas », *Bulletin de l'Association d'étude sur l'humanisme, la Réforme et la Renaissance*, 1980, vol. 11, n° 11-2, p. 188-201 ; et J. Sysbesma, « The reception of Bruegel's *Beekeepers* : A matter of choice », *The Art Bulletin*, septembre 1991, 73, 3, p. 467-478.

lui fait violence) pour mettre celle-ci au service de sa seule ambition de domination. Car c'est bien, toujours, quelle que soit la ligne d'interprétation que nous choisissons, de la domination et de ses mystifications dont traite le dessin de Bruegel[1] : une domination qu'il souhaite dénoncer en même temps que la naïveté de tous ceux qui, obstinément, veulent demeurer aveugles à la *vérité effective des choses.*

Bruegel a peint, cette même année 1568, un tableau appelé *Le Dénicheur*. On retrouve dans ce tableau les deux voies d'interprétation rencontrées pour *Les Apiculteurs* : celle d'un possible enjeu sexuel de la scène – puisqu'une jeune fille se distingue au loin derrière les deux personnages principaux (et rivaux) – et la voie interprétative, selon nous décisive, d'une leçon philosophique sur l'économie de l'univers. Nous pouvons, en effet, éclairer la signification du *Dénicheur* en regard de l'enseignement du chapitre XV du *Prince*. Dans ce chapitre, Machiavel écrit :

> il y a si loin de la manière dont on vit à celle dont on devrait vivre que celui qui laisse ce qui se fait pour ce qui [se] devrait faire, apprend plus vite sa ruine que sa préservation[2].

1. Quant à l'articulation de la lecture "sexuelle" et de la lecture "politique", on sait que *La Mandragore* de Machiavel a donné lieu, déjà, à une interprétation éminemment politique : Callimaco étant identifié au prince nouveau et audacieux (du type César Borgia), son conseiller le rusé Ligurio à Machiavel lui-même, Timotéo à l'Église, Lucrezia au peuple à conquérir, et Nicia au prince au pouvoir héréditaire... Et l'on peut de même, mais de manière plus générale et plus sombre, lire aussi à travers la quête sexuelle suggérée par le dessin de Bruegel, l'aventure de domination et de mystification théologico-politique de quelque « gibier de potence » (au pouvoir ou voulant s'en emparer) !

2. Machiavel, *Le Prince* XV, *op. cit.*, p. 137.

Le Dénicheur, 1568, Huile sur bois, 59, 3 × 68, 3 cm, Kunsthistorisches Museum, Vienne.

Le personnage central du *Dénicheur*, qui fait face au spectateur, à la fois ballot et balourd, tout en rondeurs, désigne – c'est un admoniteur – (et peut-être dénonce), l'intrépidité et l'impétuosité du garçon au pantalon rouge vif qui, sur un arbre, va, comme dans *Les Apiculteurs*, s'emparer du nid… Mais lui, qui se croit malin, mais qui ne prend pas en compte la vérité effective du vol sur laquelle se construisent le pouvoir et la richesse (que symbolise l'opulente ferme en fond de tableau…), va inéluctablement – en aveugle – chuter dans la rivière ! Bruegel a peint ce massif personnage en légère contre-plongée et c'est vers nous (qui sommes de l'autre côté du ruisseau) que les yeux aveugles mais grands ouverts, il va tomber… tout en nous signalant, de sa main gauche (dont il ne pourra même plus se servir pour amortir sa chute...) le jeune homme qui grimpe à l'arbre avec énergie. La couleur brun roux de la veste du personnage central prolonge la couleur du tronc du chêne sur lequel grimpe le garçon ; un arbre qui, lui-même, est le dernier d'une rangée de cinq qui semblent, avec le personnage central, s'avancer ensemble vers nous. Si bien que c'est une chaîne continue de six éléments que Bruegel a peinte ; le premier élément, massif, s'apprêtant à chuter. Selon une autre perspective – puisque dans *Le Dénicheur*, la diagonale que forment les arbres et le personnage vient finir au centre du bas du tableau dans la rivière – nous retrouvons la dynamique de *La Parabole des aveugles.* Une chute imminente qui est surdéterminée par la forme du tronc d'un saule, sur notre droite, totalement, quant à lui, déjà plié au-dessus de l'eau. Une forme figée de basculement dont la courbe inverse celle dynamique du mouvement du jeune garçon qui s'accroche à l'arbre et dont le déséquilibre provoque, quant à lui, la chute du chapeau.

Quelle peut être alors la leçon d'une telle histoire ? Que même les hommes-chênes, qui semblent les plus solides, chutent irrémédiablement quand ils sont incapables de tenir compte des choses telles qu'elles sont et telles qu'elles se font ; des choses qui exigent audace et intrépidité ? Et cela vaudrait aussi bien pour la conquête de la jeune fille que pour l'acquisition des biens... Sans doute. Mais Bruegel semble nous enseigner, plus universellement, que vis-à-vis de la violence (du vol...) et/ou de la méchanceté réelle des hommes et du monde (dont Machiavel a fait un principe d'intelligibilité), il ne s'agit ni de moraliser, ni de sourire (comme un imbécile qui se croit malin...), ni non plus – nous allons le vérifier avec un autre tableau de la même année – de prendre le chemin du lourd et triste sérieux du cynique ou de l'ermite... Car ce sont, pour Bruegel, autant de chemins d'aveugles qui ne rencontreront nécessairement que la ruine, comme ces deux paysans – d'une estampe de 1606 de David Vinckboons, également intitulée *Le Dénicheur* – qui se font détrousser par un troisième larron alors qu'ils observent moqueurs, la tête en l'air, un homme qui, perché sur un arbre, est en train de dérober un nid… Cette mésaventure, c'est déjà ce qu'avait peint Bruegel, la même année que *La Parabole des aveugles, Les Apiculteurs* et *Le Dénicheur.* Mais à la place des deux nigauds de Vinckboons, c'est la figure paradigmatique du *Misanthrope* que Bruegel avait souhaité mettre en scène.

Des critiques voient dans *Le Misanthrope* la condamnation du monde que Bruegel jugerait avec une extrême sévérité morale correspondant ainsi à l'inscription au bas de la peinture, sans doute apocryphe : « Parce que le monde est si perfide / Je porte le deuil ». C'est, disent-ils, la même désapprobation dans le serrement des lèvres du personnage que l'on peut voir aussi dans le dessin du *Peintre et du connaisseur* (si l'on tient ce dessin pour un autoportrait). Et Bruegel de manifester alors, par sa peinture, son

Le Misanthrope, 1568, Détrempe sur toile, 86 × 85 cm, Museo Nazionale di Capodimonte, Naples.

propre désir de vivre retiré d'un monde décevant et « perfide »... Cette interprétation est certainement erronée. L'impression d'identité des deux personnages est loin d'être évidente : Bruegel qui a un peu plus de quarante ans lorsqu'il réalise ce tableau ne ressemblait sans doute en rien à ce « vieillard au nez tombant [et] à la bouche amère »[1] dont les traits ne correspondent guère (nez plus court et plus petite bouche) à ceux du dessin tenu pour un autoportrait. Replacée, par ailleurs, dans le contexte des autres productions des années 1567-1568 cette interprétation apparaît encore moins probable. D'une part *Le Misanthrope* entre tout à fait dans la lignée interprétative de *La Parabole des aveugles* (c'est aussi une détrempe sur toile, dans la même tonalité, destinée, sans doute, au même commanditaire), comme aussi des *Apiculteurs* ou encore du *Dénicheur*; d'autre part *Le Repas de noce* ou *La Danse des paysans*, peints au cours de la même période, loin de conduire à une philosophie du *retrait*, nous invitent, bien plutôt, à *prendre part* à la fête du monde, comme nous le verrons[2]. Sur fond d'économie bruegelienne de l'univers, *Le Misanthrope* s'inscrit, parfaitement, dans la lignée de ces "cas" que le peintre a décidé de soumettre à la critique de son dispositif pictural en ces années 1567-1568, c'est ce que nous allons à présent montrer.

La représentation du *Misanthrope*, sur une toile carrée, est curieusement comprise dans un cercle; et le misérable, qui dérobe la bourse de l'homme en prière, qui fuit le monde encapuchonné dans un long manteau sombre qui le fait ressembler à un moine, est lui-même bizarrement compris dans cet orbe crucifère, plusieurs fois déjà rencontré dans l'œuvre de Bruegel. Mais ici, il s'agit d'une sphère transparente, cerclée d'or (surmontée d'une croix elle-même d'or) d'où seuls sortent les bras et les jambes du voleur aux pieds nus et en haillons. La sphère de la domination théologico-politique est ici plus particulièrement connotée comme celle du pouvoir de la

1. Charles de Tolnay, *Pierre Bruegel l'Ancien*, *op. cit.*, p. 46.
2. Cf. *infra*, chap. VI, 2.

richesse (l'or) et le contraste est alors frappant avec la misère de celui qui occupe et anime ce « monde ». Notre hypothèse est que le cercle dans lequel est conçue la peinture, doit être lui-même entendu et/ou perçu comme la circonférence d'une sphère-monde, ce qui fait de la forme du tableau un élément déterminant. Et Bruegel de nous inviter ainsi à voir le monde, que le misanthrope veut abandonner, *de l'extérieur.* Mais paradoxalement aussi selon une vision très rapprochée, comme à travers une lentille grossissante qui fixe notre regard sur une situation particulière. Ce regard auquel nous sommes invités, à la fois hors du monde et pourtant extrêmement proche de lui, que permet l'astuce du faux tondo compris dans une toile carrée, s'identifie au regard de Dieu… Et le tableau nous invite ainsi à voir comme Dieu voit et à penser comme Dieu pense, en vérité… Et, de ce point de vue, le « cercle » du tableau peut être tenu pour « l'angle » même que décrit l'œil divin. C'est ce qu'expliquait Nicolas de Cues – sans que, pour lui, cette expérience soit possible pour un regard humain :

> l'angle décrit par ton œil, mon Dieu, n'est pas limité dans l'espace mais est infini ; il est le cercle, plus encore : la sphère infinie. Car ton regard est l'œil de la sphéricité et de la perfection infinie. Il voit donc toutes choses dans un mouvement circulaire et d'en haut et d'en bas en même temps [1].

Mais cette extériorité et/ou cette distance divine qui ouvre le regard du spectateur à l'universalité du vrai, n'est pas du tout celle à laquelle peut parvenir le misanthrope ou même celle qui est recherchée par lui ! Car ce que nous comprenons c'est que ce personnage est définitivement enfermé dans "sa" vérité, comme aussi dans le cercle que Bruegel a dessiné autour de lui et que cette vérité (c'est-à-dire cet imaginaire ou les illusions qui s'identifient, sans distance, à l'idéologie du monde) sera nécessairement sa perte. D'une part, en effet, l'image du tondo – qui manifeste le regard divin proche

1. Nicolas de Cues, *Le Tableau ou la vision de Dieu*, *op. cit.*, p. 48.

et lointain –, montre que le monde du misanthrope est le *même* monde de significations et de valeurs que celui du misérable; d'autre part que vouloir fuir ce monde en le méconnaissant (et en "se" méconnaissant) c'est s'engager sur un chemin parsemé d'épines (trois clous à quatre pointes sont sur le sol devant lui), qui vont nécessairement le blesser et le faire chuter (un arbre nettement penché en avant sur le bord gauche du tableau, et qui le déborde, indique l'imminence de la chute).

Bruegel a peint de couleur rouge sang la bourse que le mendiant dérobe au misanthrope et il a dessiné cette bourse en forme de cœur. C'est que le monde, que le misanthrope méconnaît et dans lequel il s'est enrichi, est celui dans lequel et par lequel il a aussi perdu son humanité (remplacée par une bourse bien remplie), au prix du cœur et du sang des misérables (souvenons-nous des figures exsangues du portique du *Printemps* sur lesquelles repose la richesse des châtelains et leur domination…). Et c'est ce même monde, qui est celui du misanthrope (et que, pourtant, ce même personnage fuit), qui produit, aussi, une multitude de misérables comme celui qui, en volant cette bourse sanguinolente – comme on prélève un organe lors d'une dissection – ne fait, en vérité, rien d'autre que récupérer le cœur et/ou la vie qui lui ont été volés… Et ce monde des deux personnages majeurs du tableau est bien celui de la sphère cerclée d'or surmontée d'une croix : le monde des puissants qui règnent en toute légitimité sous couvert de morale et de religion. On comprend que, quand la révolte gronde – on voit des incendies à l'horizon –, il est temps de sauver ce que certains ont de plus cher : leur « bourse pleine ». Charles de Tolnay a donc raison d'écrire que

> cette bourse rouge sang, à la forme du cœur, illustre le proverbe : "Où est l'argent est le cœur". C'est le cœur même de l'hypocrite […]. Ermite et coupe-bourse sont deux aspects de la même chose, leurs escroqueries réciproques les lient à jamais [1].

1. Charles de Tolnay, *Pierre Bruegel l'Ancien*, *op. cit.*, p. 47.

Dans ce monde d'injustice et de folie (symbolisé peut-être par le moulin qui se détache en fond) il arrive parfois aux moutons (que nous voyons paître, dispersés dans la plaine) d'en avoir assez de se faire tondre puis égorger. Ils se révoltent parfois. Et c'est à en être dégoûté des hommes et du monde ! Tel est le sentiment qu'éprouve le misanthrope…
Et Bruegel de nous laisser tirer la leçon de son dispositif pictural : dans la profonde méconnaissance du monde et de soi de chacun, que les hommes se moquent du réel (comme le fait le personnage principal du *Dénicheur*) ou qu'ils le haïssent (quand ils croient en être trahis, comme l'imagine le *Misanthrope*), la sanction immanente est la même : la chute !

Revenons pour finir à l'image de l'orbe crucifère, déterminante dans la compréhension du *Misanthrope*. Ce globe, avec son cerclage doré et sa même croix ciselée, apparaît quatre fois dans *Les Proverbes* de 1559 (trois globes sont de couleur bleue et un troisième, dans lequel un homme pénètre, est transparent, comme dans le tableau de 1568). Les proverbes du tableau, dans la représentation desquels le globe apparaît, présentent autant de cas ou de manières que les hommes ont de répondre aux questions que posent, pour chacun, la réalité effective des conditions d'existence et des situations traversées *en ce monde*. Dans le tableau *Les Proverbes*, il n'est cependant pas, pour Bruegel, question d'examiner chaque cas de solution au crible de son dispositif pictural mais plutôt de construire un agencement des cas permettant leur co-existence pacifique malgré leurs différences. Non pas de passer au crible chaque cas, mais de donner à *tous* les cas une solution d'existence *commune*. Et, de ce point de vue, c'est un autre type de *sphère* que Bruegel nous invite à *voir.*

Les Proverbes, en effet, dont chacun est l'expression d'une pratique singulière et d'un savoir d'expérience, exposent autant de stratégies de vie qui, dans leur diversité même, s'affirment, ensemble sur le tableau, de manière non policée et cependant en commun, en paix : cette paix est celle d'un nouvel espace ouvert par le dispositif pictural dans lequel et par lequel les proverbes se distribuent. Or cet espace n'est plus celui de l'orbe crucifère quatre fois représenté sur le tableau. C'est un nouvel ordre qui n'est dominé par rien et dont rien ne peut dire non plus qu'il est à son principe ou à son fondement.

Alors que l'espace de l'Un est celui de la domination, et l'espace de l'Un qui se divise en deux celui de la guerre, alors que sur fond d'économie de l'univers, la méconnaissance du monde et la méconnaissance de soi conduisent inéluctablement à l'auto-destruction, *Les Proverbes* proposent une *autre manière dynamique*, non seulement de concevoir le monde (une *nouvelle* sphère) mais aussi d'y vivre en commun. Comme l'affirme alors Pierre Francastel, l'intérêt majeur du tableau n'est pas dans l'exposition des cent et quelques proverbes, ni dans la présentation des rites populaires, mais dans le type singulier de relation qu'il propose : une relation complexe qui s'exprime par la distorsion du lieu et de l'espace, et selon

> l'introduction d'une distinction plus rare encore entre l'espace de la composition et les espaces qui enveloppent chacun des personnages insérés dans les grilles différentielles de la signification. Les raffinements techniques concernant le lieu et l'espace font que les Bruegel transcendent l'opposition dualiste du bien et du mal, de la terre et du ciel. Nulle part la possibilité pour une figuration de matérialiser en signes un système mettant en œuvre des dimensions multiples ne s'est aussi manifestement démontrée [1].

Et cela en contestant et en débordant de toutes parts l'unité idéale et englobante, qui est celle du modèle de la sphère de l'Empire universel et sa légitimité à la domination. Car dans ces *Proverbes*, rien ne marche au doigt et à l'œil d'un principe et/ou du prince, représenté de manière ridicule et qui prétend illusoirement tenir le globe du monde au bout de son pouce… Ce globe qui se trouve aussi à ses pieds et dans lequel un personnage infirme – ou déjà

1. P. Francastel, *Bruegel*, *op. cit.* p. 129.

infirmé par le monde – s'efforce péniblement de pénétrer en se contorsionnant. Le proverbe correspondant dit : « Il faut savoir se courber pour faire son chemin dans le monde »... On a vu que, pour les jardiniers du *Printemps* comme pour les tailleurs de pierre de *La Tour de Babel*, se courber ne servait guère qu'à survivre, comme pour tous les pauvres, dans la misère de la soumission et de la crainte; de même que pour le misérable voleur du *Misanthrope*, victime de l'orbe crucifère qui le détermine à voler et qui le punira très sévèrement pour cela. Bruegel a montré, avec beaucoup de détails, ce qu'était le véritable exercice de la Justice[1]! C'est sans doute pour cela que d'autres pensent, non sans lucidité, qu'il vaut mieux déféquer sur le globe... le même globe tenu sous la main d'un Christ de carnaval à qui un moine place une fausse barbe...
La dimension populaire, « grotesque » ou « carnavalesque » du tableau, est évidente et elle s'exprime en premier lieu par un coq-à-l'âne des actions représentées – les plus diverses, les plus insolites et les plus variées[2]; des actions qui s'affirment pourtant ensemble et sans heurts dans un nouvel espace *pacifié* aux dimensions multiples. Citant Jean Paulhan, qui voit dans le proverbe la fonction essentielle et vitale de « couper court à une querelle naissante »[3], Daniel Dobbels a montré combien, chez Bruegel, *Les Proverbes*

1. Cf. *La Justice*, de 1559, dans la série des *Sept Vertus*, qui ne montre que les divers moyens les plus raffinés du châtiment (des variétés de tortures et de punitions aux différentes manières d'exécutions capitales).
2. Mikhaël Bakhtine commente ces passages du « coq-à-l'âne » dans l'énumération chez Rabelais, comme un des traits caractéristiques du « réalisme grotesque », *L'Œuvre de François Rabelais*, *op. cit.*, p. 370.
3. À propos du proverbe, qu'il tient pour une « seconde langue malgache », Paulhan écrit : « Je parvins assez vite à reconnaître à coup sûr, et à isoler cette langue [*proverbiale*]. Elle venait tantôt bouleverser le ton d'une discussion trop longue, la précipitait, l'accouchait; ou bien elle coupait court à une querelle naissante; dans la famille hova chez qui je demeurai, telle était la fin de toute dispute : il fallait un proverbe, mais il suffisait d'un proverbe pour la terminer », *La Marque des Lettres*, *Œuvres Complètes* de Jean Paulhan, Paris, Gallimard, Cercle du Livre précieux, 1966, « L'expérience du proverbe », p. 102.

> protègent et pacifient. Mais aussi, et surtout, ils espacifient, ils ouvrent et donnent un espace, au milieu des choses, des actes et des puissances du langage, à une force d'apaisement. La paix s'y dégage et s'affirme au cœur d'une inextricable (en apparence) agitation, au cœur d'une scène fixant en elle une bordée de cas de figure arrêtés. [...] La paix d'un tableau – son équilibre, sa pondération, sa force de gravité – gagne sur la guerre muette dont il est l'issue – la pleine issue, avec la luminosité montée des fonds et des sols, d'une peinture où la lumière n'est plus celle du jour[1]...

Une lumière qui n'est plus celle du temps ni du monde de la domination ou de la guerre, mais de l'espace pictural lui-même qui *res-splendit*, c'est-à-dire qui naît dans et par la lumière des choses, ou plutôt *au milieu* des choses, de leurs *relations*, dans la coopération dynamique des formes et des couleurs. Des relations qui, aussi diverses soient-elles, font vivre picturalement, à travers la diversité des lieux, où chacun exerce sa différence et sa liberté, l'espace d'une mesure commune, celle de l'égalité[2]. Une autre lumière – celle d'une autre sphère – émane en effet de la peinture. *Les Proverbes* ne parlent pourtant pas d'un autre monde, mais seulement de ce monde émancipé de la domination. Un monde que la peinture de Bruegel manifeste et affirme en unissant en elle la tradition populaire du carnaval, venue du fond du Moyen Âge, et une pensée philosophique de l'immanence. Les deux courants convergent picturalement dans l'horizontalité du monde, un même lieu et une

1. Daniel Dobbels, *Brueghel*, *op. cit.*, p. 82-83 ; et p. 91 : « Les personnages des *Proverbes* ne se contredisent pas entre eux. Ce n'est en rien leur affaire. Ils ne se font pas la guerre. Une sorte de vérité antérieure, préalable, proverbiale les en dispense. Là encore, comme dans *Les Jeux d'enfants*, ils ne se soucient pas des autres, moins par indifférence que parce qu'ils savent pouvoir compter sur eux ou plutôt compter sur ce qui se passe et advient entre eux tous : les termes d'une inaliénable passation de pouvoirs ».

2. Mikhaïl Bakhtine rappelle, en citant Rabelais, la définition de la divinité comme « sphère de laquelle en tous lieux est le centre et [qui] n'a en lieu aucun circonferance » (Livre V, chap. XLVIII). Ce qui conduisait Rabelais à penser une « décentralisation de l'univers » et par là que « tous les lieux sont égaux », *L'Œuvre de François Rabelais*, *op. cit.*, p. 367. C'est ce que « pense », aussi, la peinture des *Proverbes* de Bruegel.

même joie : celle de la fête populaire sur la place publique (qui crée l'espace public sous une lumière crue qui est, elle-même, un « élément du grotesque populaire »[1]) où se manifeste pleinement la liberté de tous et où s'instaurent de nouveaux rapports d'égalité et de fraternité : à la manière des proverbes sur le tableau de Bruegel. Bakhtine écrit :

> Voilà pourquoi nous sentons dans toutes les grandes œuvres de la Renaissance l'atmosphère carnavalesque qui les pénètre, le *souffle libre*[2] de la place publique pendant la fête populaire. Dans leur construction même, dans la logique originale de leurs images, il est facile alors de mettre à jour la base carnavalesque, même quand elle n'est pas exprimée de manière aussi concrète et nette que le fait Rabelais[3].

Chez Bruegel c'est l'espace pluriel et pacifié d'une liberté commune qui manifeste, dans son ouverture à l'infini (selon la dynamique d'une diagonale qui va du coin bas de gauche jusqu'au coin haut de droite) quelque chose de l'ordre de l'infinité divine qui résiste à tout pouvoir.

On comprend, de ce point de vue, que si Bruegel ne peut qu'avoir de la sympathie pour la révolte contre l'oppression théologico-politique du moment, il ne peut aussi que s'en méfier en fonction de la logique ordinaire de la domination de l'Un qui se divise en deux, logique qu'il pressent travailler en elle. C'est ainsi qu'en peignant *La Dulle Griet*, dès 1563[4], Bruegel montrait l'individualisme délirant qui peut résulter de la colère-panique en réponse, non réfléchie, directe et affective (ou instinctive), à la domination : Dulle Griet est, en quelque sorte, un Don Quichotte féminin, mais dont la folie guerrière ne peut (comme celle du personnage de Cervantès) nous être sympathique en ce qu'elle conduit, finalement, devant

1. *Ibid.*, p. 50.
2. C'est nous qui soulignons.
3. *Ibid.*, p. 274.
4. Huile sur bois, 117, 4 × 162 cm, Museum Mayer van den Bergh, Anvers.

la porte de l'enfer[1]. La chose est sans doute curieuse à constater mais, au fond, la Dulle Griet et le Misanthrope sont des figures symétriques (de même que le misanthrope et son voleur). La richesse et le pouvoir ont seulement, un instant, changé de mains, mais c'est le même processus passionnel qui anime les deux personnages. Les pots à étourneaux, au-dessus de l'œil de l'Enfer, sont comme les clous sur le chemin du misanthrope : autant de pièges ouverts par les logiques de pouvoir et que n'éviteront pas les révoltés – quelle que soit la légitimité de leur révolte. C'est ainsi.

Cette difficile vérité pourrait méduser. Ce n'est pas le cas pour Bruegel chez qui le réalisme machiavélien de la réalité effective des choses s'accompagne d'une entière confiance en l'effectivité réalisatrice de la puissance de la multitude. Du réalisme machiavélien au « réalisme grotesque », Bruegel travaille, dans et par sa création picturale – même à travers les tableaux dont les thèmes paraissent, au premier abord, des plus intellectuellement pessimistes mais dont le principe matériel de la composition est puissamment carnavalesque, comme *La Dulle Griet* ou *Le Triomphe de la mort*... – à un type de résistance active et créatrice qui est une méditation affirmative de la vie et non le triomphe indéfini de la mort. Chez Bruegel, comme déjà chez Rabelais, la « carnavalisation » du monde introduit, même dans l'image grotesque de la mort, les puissants ferments d'une résurrection. Cette résistance active de l'acte de peindre impliquait l'alliance originale entre une pensée picturale libérée (et libératrice) de l'imaginaire théologico-politique, et le mouvement populaire réel qui déborde et se manifeste dans les compositions. Et dans ce travail, Bruegel était totalement seul.

Sa recherche n'est pas, cependant, détachée de toute filiation. Nous nous sommes efforcé de réévaluer sa dette envers un néoplatonisme que son œuvre tire du côté d'une stricte immanence par la pensée

1. Plusieurs commentateurs ont relié la révolte de la Dulle Griet à la dissidence aux Pays-Bas et aux troubles qu'elle provoque; *cf.* la liste et le résumé que Roger H. Marijnissen donne de ces interprétations, *Bruegel*, *op. cit.*, p. 190.

picturale d'une nature qui participe immédiatement, sans distance ni transcendance, de l'infinité divine. Nous venons de signaler, à nouveau, sa filiation à la tradition du « réalisme grotesque ». Nous devons encore commenter les tableaux qui portent sur les saisons et le sentiment d'acquiescement et de contentement qui s'en dégage comme le signe d'une admiration, d'une gratitude, d'une confiance et peut-être d'une prière... Ce monde que Bruegel peint est celui de la sphère infinie, dont le centre est partout et la circonférence nulle part : un monde qui se manifeste aussi bien par la puissance populaire du grotesque – que Bruegel met en scène – que par la méditation philosophique que l'œuvre enveloppe et suscite. C'est ce corps-du-monde à l'énergie surabondante, où le principe matériel du populaire entre en "corps-accord" avec la puissance infinie du souffle divin, que le peintre n'a de cesse de confronter aux limites intolérables (et intolérantes) de l'orbe crucifère ; comme la richesse infinie du mouvement réel du Réel se confronte à la subsomption imaginaire (mais bien réelle) de l'étroitesse (physique et morale) de sa domination.

chapitre 6
le jeu divin ou la nouvelle alliance

Les Jeux d'enfants versus *Le massacre des innocents*

C'est dans *Les Jeux d'enfants*, de 1560, que la construction picturale et philosophique de la sphère infinie atteint, dans l'œuvre, un de ses points culminants. À la manière de l'*Idiotia De Sapientia* du Cusain, le tableau de Bruegel pourrait s'intituler *La Sagesse des enfants-qui-jouent.*

La multiplicité des jeux des enfants et de leurs rapports, sa créativité puissante, a, en effet, dans ce tableau, investi les cadres rigides du monde et de ses institutions en les traversant et en les débordant de toutes parts. C'est alors à une leçon de sagesse de la puissance en acte du pluriel, à la plénitude de la vie qui brise et transgresse toutes les limites et toutes les constructions, que nous assistons. Sur ce tableau « qui se présente d'emblée comme une apologie du pluriel » [1], les murs, les barrières, les bâtisses sont comme vidées (avec leurs habitants) de leurs significations et de leurs valeurs. Ils ne sont plus les maîtres de la mesure des choses et des actions. Le ciel est nié par une ligne d'horizon très haute. La tête du bâtiment principal

1. G. Lascault, *Écrits timides sur le visible*, Paris, Armand Collin, 1992, p. 14.

est tranchée mais, en apparence du moins, sans violence. S'ouvre alors le nouvel espace de jeu libéré de la domination théologico-politique. Comme le souligne fortement Pierre Francastel, outre de montrer le détail des activités traditionnelles de l'enfance et de décrire l'aspect intérieur d'une ville, avec sa place, ses rues, *Les Jeux d'enfants* montrent aussi cette

> ouverture vers le dehors, c'est-à-dire ce refus de limiter absolument l'univers à un cadre institutionnalisé. Sans parler de l'intérêt majeur que soulève la solution figurative parfaite d'un ensemble combinatoire où d'innombrables éléments s'animent chacun de sa vie propre, tout en contribuant à l'harmonie équilibrée du tout. [...] Rupture, donc, de l'unité philosophique du monde [1].

Du moins de cette unité métaphysique, transcendante et hiérarchique, qu'impose, meurtrièrement, le soleil noir qui est au principe d'un autre tableau que Bruegel a, aussi, consacré aux enfants : *Le Massacre des Innocents* [2].
Nous sommes ici aux antipodes des *Jeux*, tant dans le thème du tableau que dans le dispositif de sa construction. C'est le triomphe de la mort opposé à l'affirmation multiple de la vie. C'est sans doute au cours de la période de la Révolte et de sa répression que Bruegel a conçu *Le Massacre des innocents* (donc au cours des années 1566 ou 1567) ; un panneau peint qui nous enseigne – en regard d'une analyse de la construction du tableau comparée avec la construction des *Jeux d'enfants* – que le diamétral contraire du jeu, comme Freud l'avait bien vu, « ce n'est pas le sérieux mais la réalité » [3]. Une réalité effective qui est, chez Bruegel, celle de la domination, de la guerre et de la mort.

1. P. Francastel, *Bruegel*, *op. cit.*, p. 120.
2. Le tableau de Bruegel qui montre le massacre des enfants a été modifié (repeint) au XVIIe siècle et transformé en pillage de village (les enfants ont été remplacés par des animaux). La copie de Pieter Brueghel le Jeune, du Kunsthistorisches Museum de Vienne, restitue la scène originale.
3. S. Freud, « Le créateur littéraire et la fantaisie », *L'inquiétante étrangeté et autres essais*, Paris, Gallimard, 1988, p. 34.

Le Massacre des innocents, vers 1566, Huile sur bois, 109,2 × 165,7 cm, The Royal Collection, Her Majesty Queen Elizabeth II, Hampton Court Palace, Londres.

La construction picturale du *Massacre des innocents* – ce massacre des enfants ordonné par Hérode et que Bruegel a transposé au XVIe siècle[1] – se déroule, en effet, autour d'un point géométrique bien identifiable, le chef des soldats dont la figure se trouve au centre du tableau au-devant d'une masse qu'on imagine circulaire, sombre et compacte. C'est une sorte de soleil noir que cette masse de la soldatesque à cheval, hérissée de longues lances, à partir de laquelle descend, vers le spectateur, l'espace glacé, à la fois systématique et chaotique, de la terreur. Remarquons, au premier plan, le trou noir d'une mare gelée qui déborde vers nous par le cadre inférieur en faisant écho au groupe des soldats (et selon un certain contraste entre l'impression de verticalité de la tache

1. Karel Van Mander note que le *Massacre des innocents* est un tableau « avec plusieurs scènes actuelles », *Le Livre des peintres* I, *op. cit.*, p. 189.

centrale – due aux lances – et celle qui s'étend comme du sang noir, horizontalement vers nous). Ce large trou sombre dans la neige est l'équivalent de ceux qui, sur la surface glacée des rivières (comme dans *Le Trébuchet* ou *L'Adoration des Mages sous la neige*), menacent les patineurs. Mais ici, c'est la condition humaine en son entier qui est menacée d'être engloutie quand les hommes exterminent systématiquement, maison par maison, leurs propres enfants. Les deux tonneaux, devant nous, fixés dans la glace et recouverts de neige, arrêtent notre regard. Nous pouvons repartir de cette image figée de la glaciation des tonneaux – une figure blême et immobile comme la mort – afin d'esquisser une analyse comparative avec *Les Jeux d'enfants.*

Car les deux tonneaux sont là aussi, bien présents et bien apparents, au premier plan des *Jeux* – et c'est peut-être même ce qui, en premier, attire notre œil. Et, ce sont ces tonneaux et les deux cerceaux qui roulent devant eux – des figures dynamiques au service de l'activité du jeu (les mêmes tonneaux sont chevauchés dans les jeux de *Carnaval et Carême*) – qui impriment le rythme saccadé propre au tableau… Et aussi au mouvement de notre œil ; l'œil du spectateur qui, dans l'absence de centralité, va sauter de jeu en jeu, indéfiniment.

L'unité des *Jeux d'enfants* qui se révèle alors à notre regard, est une unité entièrement immanente. Ce qui est remarquable, en effet, c'est, comme nous l'avons déjà observé dans *Les Proverbes* et *Le Portement de croix*, que s'affirme, dans ce tableau, une relation transversale, dynamique, pacifique et équilibrée à partir d'une multiplicité de singuliers, eux-mêmes pluriels (puisque chaque jeu implique plusieurs enfants[1]). Chaque groupuscule est perçu sous

1. Au colloque *Spinoza et les arts*, alors que je commentais *Les Jeux d'enfants* et la dynamique de la relation, Pierre-François Moreau m'a fait remarquer qu'au bas du tableau, un enfant semblait jouer seul en chevauchant un bâton emmanché d'une tête de cheval. La chose est, en effet, remarquable et elle pourrait signifier combien l'aventure dans laquelle engage l'ambition de domination (suivant le symbole de la tête de cheval que nous avons déjà rencontré dans *Le Portement de croix* et *La Pie sur le gibet*) *isole* de la

les angles les plus variés et affirme une vérité propre qui est celle même de son activité singulière, de sa manière précise et déterminée d'exprimer la puissance même de la vie. Des groupuscules singuliers qui, tout en affirmant leur manière propre d'exister, coexistent pourtant, à égalité de vitalité et d'attention à la vie, baignés dans une même luminosité. Pierre Francastel souligne combien *Les Jeux d'enfants* sont construits par un ajustement de différentes pièces hétérogènes qu'on ne peut ni déplacer et encore moins supprimer sans perdre l'unité singulière que produisent, ensemble, ces signes contradictoires. Et Francastel poursuit :

> Ce qui tranche, absolument, sur la pratique italienne, c'est cet art de l'élision, un extraordinaire pouvoir de montrer le tout à travers les parties non unifiables. Durant toute une phase de son existence, Bruegel a poussé plus loin que quiconque cette capacité d'accumuler, dans une image, de nombreux éléments unifiés dans la forme et demeurés hétérogènes dans la signification [1].

Et de toute cette agitation, qui pourrait, en effet, faire chaos, naît pourtant une sorte de sérénité, de contentement, qui est celui de ce nouveau corps commun de singuliers qui n'est plus dominé par rien, ni même par notre regard et qui, comme les enfants eux-mêmes, se déplace, de fait et nécessairement sans cesse sur la toile, sautant d'un lieu à un autre, par-dessus les barrières et les domaines, car ici le centre est partout et les limites nulle part. Ainsi, les enfants qui jouent remplissent l'espace et se partagent en lui. Ils ne se partagent pas l'espace ni l'être dans lesquels ils se répartissent, mais ils se répartissent et se distribuent dans et par l'univocité de l'être lui-même. Dans cette distribution « nomadique » des enfants

communauté humaine en se retournant contre elle pour la désagréger. La proximité du personnage avec un pot pour déféquer (ustensile dont la présence est ici assez incongrue) pourrait être, en effet aussi, le signe des effets de dissolution mortifère auxquels conduit l'ambition de domination (et/ou aussi le jugement scatologique que Bruegel porte sur celle-ci).

1. P. Francastel, *Bruegel*, *op. cit.*, p. 130.

qui jouent, « sans propriété, enclos ni mesure », nous reconnaissons ce que Gilles Deleuze a nommé une « distribution »

> démoniaque plutôt que divine ; car la particularité des démons, [comme des enfants [1]] c'est d'opérer dans les intervalles entre les champs d'action des dieux, comme de sauter par-dessus les barrières ou les enclos, brouillant les propriétés [2].

La leçon de l'exposition nomadique de ces multiples jeux est, elle-même, multiple. Elle tient d'abord dans l'identification du jeu d'enfant avec l'affirmation de la puissance singulière et plurielle de la vie selon une unité qui naît de sa multiplicité même. Par son tableau, Bruegel nous invite à expérimenter la transmutation « grotesque » des jeux en vie ; mais une vie qui est entièrement renouvelée du fait de son émancipation dans et par l'espace pluriel révolutionnaire de l'affirmation des jeux. Le tableau de Bruegel exprime ainsi assez bien l'idée que Jacques Derrida a proposée quand il affirme que le champ du jeu est celui « de substitutions infinies dans la clôture d'un ensemble fini » [3]. C'est le champ des vies singulières émancipées de la domination, un champ qui exclut toute totalisation.

Nous constatons, aussi, que le jeu intensifie et exemplifie le *présent* et la présence à soi d'un acte sans finalité, qui n'a donc que lui-même pour but et qui ne manque ainsi de rien. Un acte qui n'affirme donc rien d'autre que le puissant plaisir de sa perfection. La dimension philosophique, critique et émancipatrice de l'œuvre, n'est donc pas, elle-même, à concevoir comme un but qui instrumentaliserait, du dehors, l'acte de peindre, mais bien plutôt, comme l'*effet réel que produit, sur le réel*, la puissance même du jeu dont l'acte de peindre est au principe.

1. C'est nous qui ajoutons la phrase entre crochets.

2. G. Deleuze, *Différence et répétition*, Paris, P.U.F., 1972, p. 54, dont le texte et les images utilisées semblent commenter *Les Jeux d'enfants*.

3. Jacques Derrida, *L'Écriture et la différence*, « La structure, le signe et le jeu dans le discours des sciences sociales », Paris, Seuil, 1967, p. 422.

Les Jeux d'enfants nous apprennent encore que la liberté du jeu ne va pas sans l'égalité de ceux qui jouent. Et donc que cette liberté et cette égalité des singuliers, ne peuvent être qu'égalité et liberté *communes*. Ce qui a pour conséquence majeure que *Les jeux d'enfants* enseignent l'alliance de l'Égal. Une alliance qui ne s'impose pas, mais qui se dit de la multiplicité dans son affirmation. Ce n'est pas un hasard si c'est le jeu de la noce (donc de l'alliance) qui se trouve, non pas au centre du tableau (qui n'a pas de centre), mais (comme le Christ dans *Le Portement de croix*) *au milieu* des jeux, au point de rencontre des diagonales du panneau peint. C'est que le tableau substitue à une alliance instituée par le haut (en l'occurrence le pouvoir de l'Église), une autre alliance, vivante, née dans et par l'activité de chacun et de toutes choses : c'est l'alliance, affective et effective, qui unit *éternellement* les enfants qui jouent comme elle unit l'homme au Monde et/ou à Dieu. Une alliance qu'il faut donc appeler ontologique. La noce, clé de toutes les alliances, est la constitution même de l'Être et de l'être-égal. Une égalité « sans fin » que Nicolas de Cues identifiait à l'infinité divine : « L'infinité n'est ni supérieure, ni inférieure, ni égale à rien », écrit-il.

> Mais tandis que je considère que l'infinité n'est ni supérieure ni inférieure à aucun objet donné, je dis qu'elle est la mesure de toutes choses, parce qu'elle n'est ni plus grande ni plus petite. Et ainsi je conçois qu'elle est l'égalité de l'être [1].

Le Christ de la nouvelle alliance est ce principe de l'égalité de l'être ou l'être-égal-infini présent en chaque être. Le Christ incarne ainsi, pour Bruegel, cette égalité et cette infinité qui est celle de la Sphère infinie ou du Jeu divin.

Les critiques ont remarqué le sérieux avec lequel ces enfants jouent. C'est que Bruegel peint effectivement le sérieux d'une vie quand celle-ci a conquis son espace de jeu, c'est-à-dire la liberté de la distribution de ses rôles et de ses actions; « sérieux qui

1. Nicolas de Cues, *Le Tableau ou la vision de Dieu*, *op. cit.*, XIII, p. 61.

mise sur la tâche, sur l'absolu de chaque action, sur sa définition incontournable : chaque personnage brueghelien fait ce qu'il fait, dans son propre en-but »[1]. Cela exclut, sans doute, des rires déséquilibrants, mais manifeste d'abord, pour chaque être ou chaque action, un « absolu » au sens où cet être ou cette action n'enveloppe aucune négativité, rien de ce qui pourrait le ou la détruire, mais seulement la puissance vivante et déterminée d'une affirmation « absolue » de l'existence. Une affirmation, dans et par une vie commune qui échappe à la domination. Donc la liberté même. Cette « égaliberté », manifeste pour l'ensemble du Corps dont tous les membres sont affectés à égalité de la même lumière et de la même quiétude, un affect tout à fait singulier que Spinoza nommera *hilaritas*. Et le philosophe hollandais de définir l'*hilaritas* ou l'« allégresse » (c'est la traduction de Bernard Pautrat que nous adoptons), corrélativement (et en rapport inversé) à la mélancolie :

> l'affect de joie quand il se rapporte à la fois à l'esprit et au corps, je l'appelle *titillatio* ou *hilaritas*; et l'affect de tristesse, douleur ou mélancolie. Mais il faut remarquer que chatouillement et douleur se rapportent à l'homme quand une de ses parties est affectée plus que les autres, tandis qu'allégresse et mélancolie s'y rapportent quand toutes sont affectées à égalité[2].

C'est d'abord cette égalité de l'affect (joie ou tristesse) dans toutes les parties de l'individu, qui caractérise allégresse et mélancolie. Spinoza revient, ensuite, deux fois sur l'*hilaritas* dans les propositions 42 et 44 de la partie IV de son *Éthique*. Et, dans les deux cas, c'est alors sur la nature modérée de l'affect d'allégresse, sur son absence d'excès, qu'il met l'accent tout en précisant que cet affect « est plus facile à concevoir qu'à observer ». Car, précise-t-il,

1. D. Dobbels, *Brueghel*, *op. cit.*, p. 89.
2. Spinoza, *Éthique* III, 11, scolie, texte latin et français, trad. B. Pautrat, Paris, Seuil, 1988, p. 223.

> les affects auxquels nous sommes quotidiennement en proie se rapportent la plupart du temps à une certaine partie du corps, qui se trouve plus affectée que les autres, et partant les affects sont le plus souvent excessifs, et retiennent l'esprit dans la contemplation d'un seul objet au point qu'il ne peut pas penser aux autres.

Il est remarquable de souligner combien Max Dvorak a été sensible à ces caractères essentiels du tableau de Bruegel : l'absence de toute centration (qu'il note aussi pour *Les Proverbes* et *Le Combat de Carnaval et Carême*) ; l'égalité dans l'expression des manifestations vitales ; le calme général qui se dégage de la scène. Dvorak souligne aussi combien la représentation du déploiement de la vitalité

> n'est pas, comme dans de semblables tableaux d'une époque antérieure, un débordement chaotique de toute construction artistique et son importance n'est pas épuisée par l'accumulation des motifs épiques. Malgré l'animation des groupes, l'ensemble produit une impression de tranquillité. Au-dessus du tumulte assourdissant des enfants, plane le calme de la scène [1].

En donnant à voir *Les Jeux d'enfants*, Bruegel nous permet d'observer, mais aussi d'éprouver, ce singulier état affectif d'une *delectatio* (plaisir spécifique à la peinture, selon Alberti) devenue *hilaritas* ; comme il permet aussi de comprendre la signification métaphysique de cette nouvelle *voluptas* picturale.

Les Jeux d'enfants donnent, en effet, le sentiment joyeux d'un temps suspendu ou d'une vie humaine dérobée à la mort dans le sentiment d'une éternité du présent ou de ce que l'on pourrait nommer une *frater-éternité* cosmique ; soit le sentiment d'appartenir à une même nature, à une même terre. C'est en ce sens que nous pouvons aussi concevoir que le corps commun en liberté (ou le corps de la Liberté) qu'expriment *Les Jeux d'enfants*, manifeste, en dernière analyse, le corps même de la divinité… ou le corps du Christ. Si, comme l'écrivait Paul, le Christ est ce corps dans lequel et par lequel « nous

1. M. Dvorak, *Pierre Bruegel l'Ancien*, *op. cit.*, p. 28.

avons la vie, le mouvement et l'être ». Bruegel pouvait en effet, faire sienne cette affirmation du verset 28 du chapitre 17 des *Actes des Apôtres*, de son propre point de vue pictural qui est celui de l'immanence, ou de ce que De Tolnay comme Pierre Francastel (pourtant si opposés quant à leurs interprétations), ont appelé ensemble (et de manière approximative), son « panthéisme ». Une conception paulinienne que Spinoza dira, à son tour, entièrement partager, comme, ajoute-t-il, il partage aussi, avec tous les philosophes anciens, l'idée « que toutes choses sont et se meuvent en Dieu »[1]. Ce point de vue commun, qui réunit Spinoza et Bruegel en regard d'une certaine lecture métaphysique des textes de Paul, est celui d'une histoire de l'immanence.

C'est le point de vue de l'infinitude et de l'éternité du monde ou de la divinité de toutes choses, en toutes choses, que manifeste, en vérité, la vitalité paisible et heureuse des *Jeux d'enfants*. Aux antipodes de Bosch et de la scénographie de la mystification de *L'Escamoteur*, Bruegel rejoint, par l'innocence de ses *Jeux*, l'affirmation de la gloire de l'actuel qui, sur les tableaux de Giotto, de Beato Angelico, de Domenico Veneziano ou de Piero della Francesca, rassemblait sous la clarté bleu-azur de la sérénité du ciel et dans une lumière homogène, les corps ressuscités des hommes et des choses « élevés à jamais dans leur inaliénable vérité »[2]. Gloire

1. Spinoza, *Œuvres IV*, Lettre n° 73 à Henri Oldenburg de l'édition Garnier-Flammarion de Charles Appuhn, *op. cit.* p. 335.

2. J. Darriulat, *Métaphores du regard*, *op. cit.*, p. 194. On peut aussi citer Luciano Bellosi qui écrit, à propos de Giovanni di Francesco « peintre de lumière » (mort en 1459) : ici, « tout est lumineux et tout est pur ; ce qui est proche et ce qui est lointain se distingue avec la même netteté : une netteté optique qui a comme référence Domenico Veneziano, mais aussi Piero della Francesca », *Pittura di Luce : Giovanni di Francesco e l'arte fiorentina di metà Quattrocento*, Florence, Milan, Casa Buonarotti, 1990. À ce propos, après avoir évoqué le « rose tout d'orient et plein de promesses » de Masolino, Roberto Longhi écrivait en 1927 : « Il n'est ombre qui soit en puissance d'éteindre cette lueur attachée à l'écorce du monde : il y a un pressentiment de la nature lumineuse telle qu'ainsi, et plus subtilement encore, elle apparaissait en même temps chez Domenico Veneziano, pour enfin resplendir à son zénith chez Piero della Francesca ». Et, souligne Longhi, cette « nature lumineuse » a été mise en relation, depuis Vasari, avec la perception

de l'actuel des enfants qui jouent et qui, dans l'innocence du jeu, accèdent immédiatement au Royaume des Cieux. Car *Les Jeux d'enfants* nous font véritablement connaître le Royaume. On pense évidemment à Matthieu 19, 13-15; Marc 10, 13-16; ou Luc 18, 15-17, et à Jésus qui déclare :

> Laissez les petits enfants venir à moi; ne les empêchez pas, car c'est à leurs pareils qu'appartient le Royaume de Dieu. En vérité, je vous le dis : quiconque n'accueille pas le Royaume de Dieu en petit enfant n'y entrera pas.

Car chez Bruegel, la pratique et la vie des enfants est immédiatement, *naturellement*, celle de la liberté du jeu et du plaisir (avec de l'agressivité certes – on voit deux enfants se battre – mais en dehors des rapports de domination). Et c'est ainsi que le peintre conçoit – et qu'il nous invite à voir – le Royaume des cieux et à faire l'expérience, dans et par l'affect d'*hilaritas*, d'une forme picturale de *delectatio* qui est de l'ordre de la béatitude du Royaume. Un Royaume extrêmement déroutant, sans doute, pour ses contemporains ou même ses admirateurs pris dans la servitude intellectuelle des rapports de domination. Mais c'était pourtant le Royaume de la Liberté que la peinture de Bruegel leur permettait déjà d'approcher, de sentir et de penser.

que le XVIe siècle s'est donnée de la vérité des choses : « Après Masaccio, Piero della Francesca est l'artiste le plus célébré par Vasari, en tant que précurseur et innovateur [...]. Après avoir loué le "nocturne" du *Songe de Constantin*, Vasari souligne qu'en ayant montré dans cette obscurité "combien il importe d'imiter les choses vraies et de les faire ressortir telles qu'elles sont [...], Piero a incité les modernes à suivre sa voie et à atteindre ce degré suprême de perfection des choses propres à notre époque" », *Piero della Francesca*, trad. P. Léglise-Costa, Paris, Hazan, 1989, p. 22 et 245-246. Des fresques de San Francesco à Arezzo, Vasari avait écrit en 1550, qu'il s'agissait de « l'une des œuvres les plus insignes de l'Italie que tous commentent ». Quelles œuvres des grands maîtres toscans Bruegel a-t-il pu effectivement rencontrer durant son voyage en Italie? Notons que, parmi ces grands maîtres, Piero della Francesca est celui dont la peinture a elle-même été touchée par l'héritage des peintres flamands, particulièrement Van Eyck.

L'image de l'éternité était en effet, pour Bruegel, dans cette expression picturale de la multitude en paix des enfants qui jouent. Une multitude dont le « contentement » (l'*hilaritas* partagée sous forme de béatitude), dans et par le présent et la prégnance du jeu, manifestait le retour, au cœur du XVIe siècle, d'une profonde confiance ontologique que le monde de Jérôme Bosch avait, auparavant, brisée. Au jeu pratiqué par quelques adultes, au fond d'une impasse et caché derrière un mur, Bruegel a opposé la pleine lumière de la Grand'Place de la ville-monde d'Anvers occupée par une multitude d'enfants baignés dans la luminosité d'une bénédiction divine : la bénédiction des corps innocents et/ou libérés. À la solitude des personnages de Bosch que le jeu sépare – chacun étant fixé dans son occupation à tromper ou à être trompé – Bruegel oppose la confiance commune retrouvée dans et par l'affirmation d'une multitude dont la vitalité ne se laisse plus fasciner/massifier par la petite bille du *pouvoir* (et de la domination) tenue au bout des doigts (et au centre géométrique du tableau) par l'escamoteur. La vitalité des enfants qui jouent est seulement captée/exprimée par la joie singulière et partagée de la liberté commune et du bonheur de vivre ensemble, malgré tout…

C'est cette multiplicité en acte, non totalisable, d'un Jeu devenu divin, que Nicolas de Cues avait conçu comme une sphère infinie dont le centre est partout et la circonférence nulle part. Un jeu selon lequel chacun s'affirme immédiatement en Dieu, « en s'efforçant de conserver son être comme un don de Dieu »[1], en communion avec les autres et le reste de l'univers. Un univers dont l'infinitude n'est pas encore explicitement affirmée mais que le dispositif pictural bruegelien permet, d'ores et déjà, d'expérimenter. Un siècle plus tôt, c'est d'ailleurs avec Nicolas de Cues, qu'était né ce nouveau sentiment cosmique. Avec le Cusain, a écrit Ernst Cassirer, le monde est devenu

1. Nicolas de Cues, *La Docte ignorance*, *op. cit.*, II, XII [166], p. 167-168.

> le symbole de Dieu, non qu'une partie quelconque en soit mise à part et frappée d'une marque spécifique, mais en tant que nous le parcourons dans la totalité de ses formes en nous abandonnant librement à sa diversité, à ses oppositions [...]. Les doctrines cosmologiques que le cardinal de Cues établit en 1440 dans la *Docte ignorance* sont en effet les mêmes que celles qui, un peu plus d'un siècle et demi plus tard, conduiront Giordano Bruno à la mort et vaudront à Galilée les poursuites ecclésiastiques et l'excommunication [1].

Entre Nicolas de Cues et Galilée, Pieter Bruegel marche sur ce même chemin en travaillant dans une même direction.

Concluons par quelques enseignements encore de l'analyse comparée des *Jeux d'enfants* et du *Massacre des innocents*. Remarquons, d'abord, que *Le Triomphe de la mort* pourrait, aussi, être diamétralement opposé aux *Jeux d'enfants*... Comme nous pourrions opposer également aux *Jeux* le suicide de Saül dans *La Bataille du mont Gelboé*. Ce second type d'opposition n'est pas cependant, exactement le même que celui déjà établi avec *Le Massacre des innocents*. Ce tableau, en effet, s'oppose *structurellement* à la composition picturale des *Jeux : Le Massacre*, nous l'avons vu, est entièrement construit à partir d'un principe central immobile (la figure du chef de guerre) d'où découle toute l'activité terrifiante de la scène ; alors que les *Jeux d'enfants* sont, à l'inverse, construits selon une multiplicité qui refuse, affirmativement, toute composition à partir d'une centralité. Or, *Le Triomphe de la mort* s'oppose aux *Jeux* d'une tout autre façon. Loin d'être inverse de celle des *Jeux d'enfants*, l'on peut dire, bien au contraire, que sa composition est structurellement analogue : il s'agit d'une multiplicité qui n'a pas réellement de centre (ou de principe unificateur) mais qui est cependant équilibrée par l'affect commun qui s'est propagé dans toutes les parties du corps du tableau (la problématique picturale du *Triomphe de la mort* ou de *La Bataille du mont Gelboé* ne laissant

1. E. Cassirer, *Individu et cosmos*, *op. cit.*, p. 50.

pas d'autre issue à notre regard que la tristesse de la mort). Ce qui marque alors l'opposition, ce n'est plus la composition picturale elle-même, mais essentiellement la nature *inverse* de l'affect que cette composition suscite : la « joie » partagée pour les *Jeux d'enfants* (dans laquelle et par laquelle se dit la puissance de la vie) contre la « tristesse » partagée du *Triomphe de la mort* (par laquelle se dit, à l'inverse, sa dépression) : *hilaritas* versus *melancholia*, comme l'enseignera Spinoza. C'est le temps du désir positif de rien dans l'éternité du jeu (et la béatitude du Royaume), contre le désir de néant dans l'éternité de la mort (comme l'a montré l'analyse de la logique du suicide dans *La Bataille du mont Gelboé*). Bruegel, qui n'a défini qu'une seule figure de l'affirmation absolue de la vie à travers la sphère infinie que dessinent intellectuellement *Les Jeux d'enfants*, semble avoir, au contraire, défini deux figures de la mort selon deux types de compositions picturales opposées mais pourtant identiques quant à leurs effets (et/ou leurs affects) : celle d'un univers hiérarchique et centralisé qui administre méthodiquement la mort à tout ce qui déroge au principe de son identité (*Le Massacre des innocents*), et/ou celle d'un corps multiple affecté de la même tristesse en chacune de ses parties (*Le Triomphe de la mort* ou *La Bataille du mont Gelboé*). Il n'y a pourtant en vérité, qu'une seule figure de la mort que Bruegel a déclinée selon ses deux moments ou ses deux aspects : d'abord, selon son principe et/ou sa cause (à savoir le désir de domination dont le paradigme pictural est donné dans *Le Massacre des innocents*), ensuite, selon son effet (soit le désir de néant : un monde dont toutes les parties sont affectées de tristesse, dont le paradigme pictural est donné dans *Le Triomphe de la mort* ou *Le suicide de Saül*).

Pourtant la mort que peint Bruegel (quelle que soit sa figure ou ses aspects) ne peut avoir le dernier mot. Car *peindre* la mort c'est, pour l'artiste, lui résister et déjà, absolument, lui échapper. L'acte de peindre est, chez Bruegel, radicalement antinomique avec toute figure du vide, de la négation ou d'un quelconque désir de néant. Il y a nécessairement – par essence – du « jeu » dans la peinture de la mort et, en dernière analyse, la puissance en acte d'une résurrection ! Car, comme *Les Jeux d'enfants*, sont eux-mêmes le résultat d'un Jeu qui ne pouvait avoir que l'œuvre d'art pour principe et pour conséquence, ce sont *toutes* les œuvres de Bruegel qui ont, à leur principe, une puissance émancipatrice de jeu qui est leur essence même. Cette puissance de résurrection, qui est celle du réel (ou du divin) à travers sa création, se manifeste, d'abord, dans le *déplacement* théorique de l'imagination à l'entendement que suscite la vision/lecture du tableau (ou du dessin). Voir en vérité, c'est comprendre. Comme avec le dessin de *Elck ou Un chacun*, rencontrer un tableau de Bruegel c'est découvrir la bonne lanterne… Et ce *com-prendre*, par la joie qu'il enveloppe, échappe déjà nécessairement à la mort.

Voir, c'est aussi être affecté par le « réalisme grotesque » du tableau qui ne traite de la mort qu'en corrélation étroite avec la naissance. Cette corrélation est très difficile à saisir (à voir et à concevoir) pour nous, dont la culture oppose naturellement et radicalement la mort à la vie. Ce n'était pas le cas du temps de Rabelais et de Bruegel. Les commentateurs s'étonnent du commentaire de Karel Van Mander qui signale, dans sa recension, un tableau de Bruegel où sont rassemblés tous les moyens possibles (ou tous les « remèdes » possibles) pour résister à la mort… Ce tableau, disent-ils, ne peut pas être *Le Triomphe de la mort* qui expose, bien plutôt, tous les moyens possibles que la mort met en œuvre pour conduire les hommes au trépas… Et c'est, effectivement, ce que d'abord nous voyons et éprouvons : une mélancolie radicale. Mais il se pourrait pourtant que Van Mander parle bien, effectivement, du *Triomphe de la mort* dans lequel on lisait peut-être, en son temps encore, une précieuse et précise leçon de prudence : donc une puissante leçon de vie face aux différents pièges tendus par la mort. *Le Triomphe de la mort* (dont on ne connaît pas la date de réalisation) s'inscrirait ainsi dans la même logique que les dessins et les tableaux que

Bruegel a consacrés à l'examen des stratégies d'aveugle passées au crible de son dispositif pictural. Au coin, en bas, à droite, en marge du drame, un homme et une femme sont unis par la musique et l'amour. Et l'on ne peut pas ne pas penser au couple enlacé, occupé à pêcher qui, dans *La Tentation de saint Antoine*, résiste lui aussi, en sa sagesse, aux différents délires des pouvoirs. Discrètement, Bruegel ne suggère-t-il pas que seule une vie simple dans l'amour (et peut-être aussi – comme lui – dans l'art), peut échapper aux pièges tendus par la mort ? Du moins à ces pièges, à hauteur d'homme, que sont l'ambition de domination, l'exclusivisme fanatique des croyances, la guerre, le désir de gloire, de richesse, de plaisirs…
Bakhtine a montré combien le grotesque chez Rabelais, même dans ses séquences les plus terribles et les plus sombres – et du fait même qu'elles soient justement les plus excessives – enveloppait toujours cette puissante aptitude à résister à la mort et finalement à transmuer une sidération mélancolique en puissante méditation sur la vie. C'est le cas aussi chez Bruegel. Le terrible et l'effrayant peuvent être vaincus par la pensée… et par le rire. En effet,

> même dans l'image de la mort que donne le grotesque du Moyen Âge et de la Renaissance (jusque dans le domaine pictural, par exemple dans les "Danses macabres" de Holbein ou chez Dürer), il y a toujours des éléments comiques [1].

Ces éléments, qui échappent peut-être aujourd'hui à notre sensibilité – éléments relevés par Bakhtine chez Holbein dont les *Danses macabres* ont inspiré Bruegel pour son tableau [2] –, sont développés dans l'approche carnavalesque du *Triomphe de la mort*. On donnera comme exemple, les différentes manières dérisoires de se cacher de la mort, en rampant sous sa charrette ou en fuyant – comme le fou – sous une table ! Ou encore, comme autre exemple, le "visage" goguenard et malicieux du squelette qui saisit par derrière la taille et

1. M. Bakhtine, *L'Œuvre de François Rabelais*, *op. cit.*, p. 60.
2. Comme le montre L. Silver, *Bruegel*, *op. cit.*, p. 292-295

la poitrine de la jeune femme en rouge qui tente de le fuir, alors que cette scène (à droite en bas du tableau), et celle d'un autre squelette déguisé en fou (qui présente une tête de mort sur un plateau à une autre jeune femme), semblent un spectacle de farces auquel s'intéressent, au plus haut point, les premiers rangs d'une armée de squelettes (certains rient franchement) qui attendent sagement que viennent leur tour derrière trois cercueils dressés comme d'immenses boucliers. Tout cela est, au fond, très humain… et, après le terrible choc et l'effroi éprouvés à la rencontre du tableau, le spectateur peut, non sans plaisir, comme les squelettes eux-mêmes et même avec eux, commencer à sourire, à rire même de ces « joyeux épouvantails », mais aussi et surtout à réfléchir au sens des multiples scènes et détails de ce drôle de spectacle qui l'a d'abord plongé dans la mélancolie. De *titillatio* en *titillatio*, l'observateur retrouve ainsi le chemin de la *voluptas* albertienne et d'un spectacle qui, comme toute l'œuvre de Bruegel, n'a, au fond, d'autre but que de méditer sur la vie et non sur la mort. Et cette méditation a une dimension cosmique.

Des tableaux des saisons aux fêtes paysannes, c'est sur le rapport de l'homme et du monde que Bruegel n'a cessé de réfléchir en déplaçant son œil du point de vue en surplomb des premiers paysages, à celui de l'être-dans-le monde qui, de plain-pied, s'apprête à partager le repas de noce et à entrer dans la danse des paysans…

les noces de l'humanation du monde

Bruegel meurt en septembre ou novembre 1569 : il n'a guère alors qu'un peu plus de quarante ans. Quand il travaille à ses dernières œuvres, au cours de l'année 1568, l'artiste n'imagine sûrement pas que sa fin est si proche. Aucun tableau ni dessin ne sera daté de l'année 1569 et l'on ne sait pas si le travail de ces derniers mois a été détruit ou si Bruegel s'était alors effectivement arrêté de dessiner et de peindre – ce qui paraît peu vraisemblable. On sait, par Van Mander, sa décision de faire disparaître les dessins les plus explicitement subversifs dans la crainte que sa famille n'eût à en souffrir ; peut-être a-t-il aussi fait détruire tout ce qu'il n'avait pas eu le temps d'achever ; peut-être aussi des carnets, des écrits… on ne sait rien à ce sujet. Mais ce vide voulu autour de l'œuvre après la mort, interroge. On peut constater de ce point de vue – nous avons débuté par là – que sa dernière production connue, *La Pie sur le gibet*, est un véritable testament et le génial résumé de l'ensemble de l'œuvre. De plus, la période de 1567-1568 a été décisive quant au sens dans lequel l'artiste a engagé ses travaux depuis une dizaine d'années. Dans ses derniers panneaux peints, en effet, c'est l'histoire même du réalisme de la peinture flamande, depuis Robert Campin, qui atteint son point culminant de radicalisation immanentiste de l'humanation divine. Dans ces productions, le peintre porte au plus loin le point de vue de l'activité d'un Dieu descendu sur terre et dont l'incarnation est alors entendue comme la vérité singulière qui se manifeste et s'affirme vitalement, matériellement, en chaque être. Une vérité qui n'est rien d'autre que celle même du mouvement réel de la vie, de la persévérance de « tout un chacun », dans l'égalité et la liberté de tous, sur fond d'univocité de l'être. Ou, dit autrement, l'alliance éternelle de connaissance et d'amour selon laquelle chaque être est relié au monde, aux autres comme à lui-même : ce que la peinture de Bruegel « pense » à travers la figure du Christ, l'image de la Sphère infinie ou le Jeu divin.

Dans *Les Proverbes*, *Le Combat de Carnaval et Carême* ou *Les Jeux d'enfants*, nous avions, en quelque sorte, une approche extérieure, *more geometrico* de l'être, avec le spectacle de la multiplicité des manières d'être et d'agir des choses singulières, elles-mêmes multiples, se répartissant sur un espace ouvert sans limites précises. Le tableau suscitait ainsi le regard géométrique d'un entendement appelé à comprendre le réel, en survol et dans ses effets, dans sa complication universelle infinie et son universelle explication. Dans et par sa construction picturale d'un plan d'immanence, Bruegel nous ouvrait alors le champ d'un devenir philosophique infini. Avec sa peinture, c'est l'intelligible et l'intelligibilité qui adviennent au cœur du monde : c'est le regard exemplaire du personnage de bord (le peintre lui-même [?]) du *Portement de croix* à l'attitude impassible. Même si, dans *La Danse de la mariée* de 1566, nous nous rapprochions nettement déjà de la scène et du tournoiement des danseurs avec lesquels nous entrons alors en « sympathie », nous demeurions cependant encore des spectateurs extérieurs, dans une certaine distance physique et psychologique avec des danseurs que nous observions d'un point de vue légèrement en surplomb, ce qui permettait une vision panoramique de la scène. Une vision assez semblable, d'ailleurs, à celle qu'a le peintre lui-même [?], assis en haut d'un talus, proche de l'assemblée clandestine mais pourtant un peu au-dessus, comme c'est le cas encore dans *La Prédication de Jean-Baptiste* (de la même année). Mais dans ce tableau déjà, le spectateur, qui arrive par le bas (de dessous et sur la gauche du monticule), éprouve quant à lui une proximité plus grande avec les personnages que lorsqu'il observait, de plus haut, *La Danse de la mariée.*

Dans *Le Repas de noce* et *La Danse des paysans*, de 1567 ou 1568, il s'agit, au contraire, en abandonnant cette position haute, plus ou moins proche, mais toujours extérieure, de penser et de sentir du point de vue d'une raison affectivement incarnée capable d'une intuition directe du mouvement. Pour penser et sentir dans et par le mouvement réel lui-même, autrement dit selon cette alliance éternelle de connaissance et d'amour à laquelle l'acte de peindre prend alors, à présent (et au présent), directement part. Bruegel investit pleinement par là le point de vue constituant du singulier et de sa puissance d'agir dans le monde et sur le monde. En renonçant à la ligne d'horizon haute qui était un des moyens du dispositif de mise à distance du spectateur au service du déplacement théorique (qui permet la *delectatio* et le libre exercice de l'entendement), le peintre invite, à présent, les témoins que nous étions, à nous mêler à la fête : au partage du repas et à la danse des paysans. Bruegel transforme ainsi son spectateur (et le lucide observateur qu'il était) en véritable acteur. C'est sur la singularité et sur les moyens de cette mutation que nous allons maintenant réfléchir.

La chose n'est pas simple car il ne suffit pas d'amener le spectateur au plus proche de la scène représentée pour l'*engager dans* la scène elle-même : *La Parabole des aveugles,* qui fait partie des dernières œuvres, nous montre la chaîne que forment les personnages de manière extrêmement proche tout en maintenant cependant une distance intellectuelle certaine avec le drame et le mouvement qui se déroule sous nos yeux. De même *Le Misanthrope* dont il s'agit essentiellement, selon un regard à la fois très proche et pourtant clairement distancié (par le jeu des sphères qui enveloppent les personnages), de comprendre – comme Dieu comprend – la leçon universelle. Le regard extérieur peut donc être aussi bien porté d'une ligne d'horizon très haute que d'un point de vue nettement rabaissé. Il faut donc *autre chose* pour expliquer la mutation; soit une modification dans l'ordre même de l'affect ou de l'émotion qui fait passer de la neutralité cognitive de l'observateur (dans les tableaux que nous avons jusqu'à présent examinés) à un autre type de rapport à l'œuvre et au réel. Un autre dispositif pictural, donc, qui nous appelle à une véritable communication de la chair ou à une autre manière de connaître et de sentir, ancrée dans l'é-motion, par laquelle nous participons pleinement à ce que nous voyons : où voir c'est *désirer être-avec*; où voir *c'est agir*; où *voir, connaître et aimer* deviennent, par l'acte de peindre, une seule et même chose. C'est par là – et selon son propre plan d'immanence – que la peinture de Bruegel retrouve, à sa manière, le thème de l'alliance. Car c'est, explicitement, sur les forces du désir qu'il s'agit, à présent, d'étayer la vision. D'un désir et/ou d'un amour *qui met en mouvement.* Cette mutation cognitive et affective, nous l'éprouvons devant *La Danse des paysans* ou *Le Repas de noce.*

Considérons d'abord la dynamique interne qui a conduit Bruegel à construire et à peindre une intuition directe du mouvement par l'abandon de sa ligne d'horizon haute. C'est dès 1564 qu'il déroge à cette règle. Alors qu'il conçoit, cette année-là, *Le Portement de croix* – paradigme de la vue panoramique en surplomb (avec son personnage de bord qui vient entériner, intellectuellement, le point de vue extérieur *more geometrico*) – il peint aussi *L'Adoration des mages.* Un tableau dans lequel non seulement il renonce au format rectangulaire allongé habituel (l'huile sur bois de la National Gallery de Londres est, au contraire, un rectangle de 111 cm de hauteur sur 83,5 cm seulement de large) mais où il laisse, aussi, un large espace, au bas de son panneau, afin que le spectateur s'avance pour venir observer de très près et quasiment sur un même plan que les Rois mages, l'hommage que ceux-ci sont venus rendre à l'Enfant Jésus. Après *L'Adoration*, Bruegel reviendra à la ligne d'horizon haute dans sa conception des grandes œuvres, avec la suite des six panneaux des *Douze mois* et *Le Trébuchet* (datés de 1565) ; puis, *La Danse de la mariée* et *Le Dénombrement de Bethléem* (de 1566), avant *La Prédication de Jean-Baptiste* dont nous avons dit déjà qu'il s'agissait du second grand panneau (après *L'Adoration des mages*) qui dérogeait à la règle, car son point de vue est assez bas pour donner l'impression au spectateur qu'il est lui-même l'un des fidèles qui assiste, un peu en retrait, à la prédication. La modification picturale et affective des années 1567-1568 était donc en marche depuis longtemps. Avec un peu de recul sur l'ensemble de l'œuvre, elle apparaît même comme l'aboutissement pratique et/ou pictural d'une recherche intellectuelle. Un aboutissement qui est aussi un accomplissement, celui de la construction méditée d'un plan pictural d'immanence que Bruegel a décliné sous ses différents aspects et dont il semble expérimenter en 1567-1568 la phase ultime, celle d'une connaissance singulière qui serait aussi une forme d'amour. Entrons dans le détail de ce processus constructif et des tableaux qui en constituent les points nodaux : *L'Adoration des mages* de 1564, *La Prédication de Jean-Baptiste* de 1566 et, en 1567 ou 1568, *Le Repas de noce, La Danse des paysans*, puis un dessin à la plume et encre brune, *L'Été*, qui est daté de 1568.

L'Adoration des mages, 1564, Huile sur bois, 111 × 83,5 cm, The National Gallery, Londres.

L'Adoration des mages est contemporain du *Portement de croix* et nous retrouvons, dans ce tableau, non seulement la sévère critique théologico-politique qui y est déjà formulée, mais aussi de nouvelles et précieuses indications sur l'idée que Bruegel se fait du Christ et de son enseignement. Quant au changement de point de vue, s'il accompagne des modifications de style, il n'apporte pas encore cependant de modification radicale dans la signification de l'image et l'idée qu'elle manifeste : « observer » de plus près et sur un même plan, n'est pas encore « agir avec ». Cependant, la *différence humaine* d'un personnage de bord, va déjà faire apparaître un sentiment nouveau et un mouvement nouveau… C'est très rare que le spectateur puisse s'identifier à un personnage des tableaux de Bruegel qui nous invite explicitement à un sentiment qui est lui-même (comme c'est le cas dans ce tableau) assez clair. C'est, en effet, par un processus d'identification au regard du personnage de bord que le peintre va nous conduire *à voir*. Voir c'est, bien sûr, comprendre (comme dans *Le Portement de croix*) mais c'est aussi, ici, *com-patir* (ce à quoi ne conduisait pas directement le regard très distancié auquel invitait le personnage de bord du *Portement de croix*). Et le « com-patir », comme désir, fait déjà entrer l'observateur dans le « com-prendre » d'une dynamique de l'amour.

Alors que le soldat casqué à l'habit clair (en haut à gauche du tableau) observe notre arrivée, nous voyons, quant à nous et en premier lieu, au cœur même de la scène, le geste brusque de recul de l'Enfant Jésus devant le roi qui se prosterne devant lui en lui présentant son cadeau : une coupe d'or, elle-même remplie d'or et de pierres précieuses. Nous avons déjà rencontré des hommes courbés mais il s'agissait des paysans-serviteurs devant leur châtelaine ou bien des esclaves, comme les tailleurs de pierre agenouillés face à Nemrod. Ici, il s'agit d'un roi venu d'Europe (Balthazar) qui se prosterne devant un nouveau-né marquant par là son allégeance. Autour de cette scène, certains sont fascinés par l'or, comme les deux soldats sur la droite de Joseph ou le personnage aux lunettes sur le bord de droite. Le vieux Joseph, bedonnant mais bien campé dans son embonpoint paysan, son large chapeau tenu sur son bas-ventre – Bruegel l'a peint, en miroir, avec les mêmes cheveux blancs et longs que Balthazar –, n'est peut-être pas, lui-même, insensible à cette richesse inattendue, tout comme le jeune homme qui lui parle à l'oreille (peut-être justement de la valeur d'un présent qui attise déjà la convoitise…) [1] – une attitude et une

1. Si l'on cherche une signification de ce geste dans les proverbes que Bruegel a peints on trouve : « Souffler quelque chose à l'oreille de quelqu'un », que R. H. Marijnissen commente à la suite du tableau *Les Proverbes* : « Dire du mal, inciter secrètement quelqu'un, lui révéler quelque chose qui lui avait été caché, éveiller sa méfiance ou sa jalousie », *Bruegel*, *op. cit.*, p. 137.

situation « réalistes » qui dérogent à tous les codes de l'image sainte et pieuse! Jésus, lui, *recule*. Il est effrayé par ce qui se trame devant ses yeux et autour de lui. Et Bruegel peint le terrible malentendu que l'attitude de l'enfant nous fait pressentir par son « *contrapposto* un peu michelangélesque »[1]. Car il suffit de comparer ce tableau avec d'autres peintures de *L'Adoration des mages* du XVIe siècle pour comprendre combien, au centre du panneau, le *recul* de l'enfant est singulier et significatif : c'est un *refus*[2]. De ce refus il fallait que nous soyons les témoins les plus proches afin que nous puissions repérer les indices permettant d'en produire le sens afin de comprendre à quelle *rencontre vivante* Bruegel nous a conviés en nous permettant d'*entrer* dans son tableau.

Que refuse l'*enfant* en effet? Sans doute le « monde » qu'incarne le roi mage et son cadeau. Ce monde du pouvoir et de la richesse dont ce souverain souhaite, en déposant à ses pieds les signes de sa propre souveraineté (la coiffe et le sceptre), que Jésus devienne lui-même roi : le Roi des rois... C'est devant cette invitation que l'Enfant Jésus recule. Par ce geste, il refuse que le monde à venir soit le monde surmonté de « sa » croix, comme l'orbe crucifère qui en deviendra effectivement le symbole! Son recul, c'est le signe d'une « puissance » nue qui *résiste* à l'assujettissement au « pouvoir » qui lui est généreusement offert. Le Christ refuse la confusion de « son » règne à venir avec un pouvoir quelconque : une terrible confusion aux effets historiques catastrophiques déjà indiqués par la trouvaille de Bruegel, qui peint une croix dans la forme même d'une *arme de guerre*, celle que tient le soldat de la garde du roi à la droite de Joseph (il s'agit d'une sorte de pique dont le manche de bois – derrière La Vierge à l'enfant – traverse la tête de Marie et le corps

1. Suivant une remarque et une expression de Daniel Arasse, « Un œil noir », dans *On n'y voit rien*, *op. cit.*, p. 63.

2. Alors que dans les tableaux de l'époque, sur le même thème, l'Enfant Jésus accueille le roi en se penchant spontanément vers lui, voire en le bénissant; dans un tableau d'Albrecht Altdorfer (*Adoration des mages*, vers 1530), l'Enfant joue même déjà avec les pièces d'or de la coupe!

du Christ). Il est vrai que l'enfant a de quoi (si l'on connaît, par ailleurs, les autres tableaux de *L'Adoration des mages* qui montrent tous, la somptuosité majestueuse des personnages royaux et de leur cortège) avoir peur de ces deux vieillards grotesques, pathétiques et même risibles qui dérogent à leur image habituelle et que Bruegel a peints afin de représenter les souverains d'Europe et d'Asie. Mais, redisons-le, ce n'est pas de leur allure grotesque que l'enfant a peur mais de leur vision du monde et de ce qu'ils sont en train de fomenter *à partir de lui et de l'incarnation divine.* Car c'est cette incarnation du divin que ces rois, venus de loin, veulent vérifier! Une incarnation qu'ils ne peuvent effectivement vérifier qu'en « voyant » le sexe de Jésus, preuve d'une incarnation complète (et/ou de l'« humanation » de Dieu)... C'est pour cela qu'ils ont fait un si long voyage, pour voir « l'incarnation sexuée du Verbe »! C'est ce qu'expliquent avec brio l'ouvrage de Leo Steinberg et l'étude de Daniel Arasse qui s'y réfère[1]. Pourtant, si la vérification du sexe de Jésus est, sans doute, l'enjeu central de la venue des rois et de leur adoration, *en peignant le recul de l'enfant face à Balthazar*, Bruegel souhaitait aussi et surtout faire apparaître un autre enjeu, à savoir combien cette vérification/confirmation était inséparable d'une adulation superstitieuse et délirante du Pouvoir et de sa toute-puissance[2]; alors que l'incarnation, selon Bruegel, concerne l'humanation même du monde et/ou de Dieu dans l'intégralité de son immanence; une humanation en devenir, toujours à-faire! C'était cela la bonne nouvelle, l'annonce de « l'humanisme réel » d'une re-naissance. Et c'est sans doute pour cela aussi que l'artiste

1. Cf. *supra* (chap. II, 1), note 1, p. 72.

2. L'Évangile de Jean (6, 14-15) raconte qu'après avoir assisté au miracle de la multiplication des pains, « les gens dirent : "C'est vraiment lui le prophète qui doit venir dans le monde". *Jésus se rendit compte qu'ils allaient venir l'enlever pour le faire roi; alors il s'enfuit* de nouveau dans la montagne, tout seul » (c'est nous qui soulignons). La réception superstitieuse (et/ou théologico-politique) dans *L'Adoration*, est équivalente : les mages, après avoir vérifié le miracle de l'incarnation divine, veulent faire de Jésus le roi du monde. La conséquence est alors la même : la fuite.

donne aux rois et à leurs suivants des figures si vieilles, si laides et si grotesques : car ces hommes vénèrent, à travers la figure phallique du divin, leur propre désir égoïste et superstitieux de fertilité, d'abondance, de protection, de domination, de richesse et finalement de pouvoir. Face à la puissance innocente du souffle divin qui veut se propager dans le monde, Balthazar et Melchior incarnent déjà, par leur vieillesse et leur laideur, tous les pouvoirs théologico-politiques à venir qui vont exploiter et détourner la bonne nouvelle. Ce que, par son geste, le Christ de Bruegel pressent et refuse. Et l'artiste – à l'occasion de sa peinture de *L'Adoration* –, de dénoncer la conséquence la plus effroyable de ce détournement. C'est là qu'interviennent deux autres figures : celles du personnage de bord puis du roi noir…

Nous avons jusqu'à présent constaté le traitement carnavalesque de l'ensemble des personnages, à l'exception de Marie et de l'Enfant Jésus. Et nous commençons à en déceler le sens. Un homme cependant, sur le bord gauche du tableau, échappe également à la caricature grotesque de la scène : il est *différent*, simplement humain, vêtu d'un sobre habit noir, il porte la barbe et il ne regarde ni vers les mages, ni vers Jésus, ni vers l'or. Son regard (il s'agit du regard du peintre lui-même…) plein de bienveillance et de compassion, porte vers le bord opposé du tableau où nous découvrons le troisième mage que nous avions oublié : le roi venu d'Afrique. Comme le remarque Daniel Arasse, il faut du temps au spectateur pour « voir » ce roi noir dont la tête se confond avec le fond sombre de l'étable alors que d'autres figures, à proximité de lui, ont d'abord fixé notre regard tant par leur éclairage que par la trogne d'imbéciles que Bruegel a voulu donner à ces personnages tout proches. Au moment où certains théologiens se posent la question de l'humanité des êtres qui-ne-sont-pas-blancs, Bruegel tranche, quant à lui, brutalement et trivialement. Avec un grand rire. C'est sans doute aussi, que la noble figure du roi noir, « calme, isolée sur la droite, se tient à l'écart de l'anecdote et de l'agitation du tableau »[1]. Contrairement aux deux autres rois, le Noir Gaspard se tient debout, dans un long manteau clair, tout au long de la verticale du côté droit du tableau. Et l'on découvre, comme une évidence, que c'est *pour lui* (que nous n'avions d'abord pas vu) – pour le présenter dans sa dignité, sa grandeur, sa beauté et sa verticalité – que Bruegel a exceptionnellement conçu sa peinture dans un rectangle dont la largeur est la base. Pourquoi alors le regard compatissant que pose sur le roi noir le personnage de bord et qu'il nous invite, aussi, à avoir envers lui ? Peut-être parce que la couronne de ce roi au visage d'une « interrogative douceur »[2], est étrangement hérissée de pointes... peut-être, encore, parce que le cadeau qu'il porte n'est pas aussi innocent que les commentateurs le croient[3]...

La perception rapprochée de *L'Adoration des mages* et la modification du point de vue permettent donc au spectateur d'être guidé, non seulement dans sa compréhension du tableau mais aussi dans ses affects, par le seul être auquel l'observateur peut faire confiance, le peintre lui-même. Et Bruegel de nous conduire effectivement, *via* l'humanité de son personnage, vers la figure douce et le regard triste du roi noir à la couronne d'*épines*. Toute la noblesse de la royauté de sentiment et/ou le règne annoncé du Christ sont là, dans ce jeune Noir, resté en retrait, campé dans sa verticalité, en radical contraste avec l'autre royauté, archaïque, qui s'avance grossièrement à genoux, courbée pour réserver/préserver sa place.

1. D. Arasse, *On n'y voit rien*, *op. cit.*, p. 65.
2. *Ibid.*, p. 67.
3. Daniel Arasse qui fait du roi noir un « personnage de bord » et qui oriente essentiellement son interprétation vers la question de l'« humanation » de Dieu, ne mentionne pas la couronne de pointes ; il attribue cependant au fabuleux cadeau qu'apporte le roi noir, un statut de « citation luxueuse des inventions de Bosch » dont la signification est prolongée dans un rappel de « l'universalité de l'humanité des hommes », alors que se développent, au temps de Bruegel, l'esclavage et la traite des Noirs (*On n'y voit rien*, *op. cit.* p. 91-92).

La couronne du roi noir évoque l'épisode du Christ aux outrages quand, dans le Prétoire et pour s'en moquer, les soldats romains coiffent Jésus d'une couronne d'épines qu'ils ont eux-mêmes tressée. Dans *L'Adoration des mages*, le pouvoir des armes, de la bêtise et de l'argent est là aussi, au premier rang, revendiquant d'être le nouveau serviteur du Royaume. Le roi noir, investi par le peintre de la promesse du nouveau Royaume et de l'intelligence des choses et du monde, porte quant à lui, en cadeau, un navire d'or surmonté d'une coquille d'escargot marin en matière précieuse sur laquelle est posée une sphère armillaire en or – symbole de l'Empire et/ou du Roi du monde – avec un personnage qui s'extrait de l'ensemble (comme sortant des cales du navire) avec, entre les mains, une pierre précieuse sertie d'or qu'il exhibe à bout de bras. Une caravelle d'or qui rappelle simplement, à tous ceux qui pourront *voir* et voudront *entendre*, la réalité effective du monde… et *où* les choses en sont alors venues : soit le trafic maritime des matières précieuses mais aussi et surtout des esclaves africains noirs sur lequel se construit la richesse des États chrétiens avec la bénédiction du premier serviteur du Christ[1] (le bateau d'or recoupe les trois significations). C'est aussi rappeler à ses compatriotes que la richesse d'Anvers, qui est un des plus important centre financier et commercial de redistribution du sucre et des épices d'Afrique, d'Asie et du Brésil, est, en partie, fondée sur ce trafic et que déjà les industriels flamands (on dénombre plusieurs importantes raffineries de sucre dans la ville) produisent, eux-mêmes, les moyens nécessaires à la traite des esclaves (tissus,

1. Le Pape Nicolas V a autorisé l'esclavage des indigènes dans les territoires portugais d'Afrique en 1452. En 1507, Jules II autorise la traite des Noirs. En 1518 Charles Quint accorde la licence à l'importation de 4000 africains sur quatre ans au flamand Laurent de Gorrevod ; J.-P. Sainton (dir.), *Histoire et civilisation de la Caraïbe* (*Guadeloupe, Martinique, Petites Antilles*), t. 1, « Le temps des genèses, des origines à 1685 », Paris, Maisonneuve et Larose, 2004 (réédité en 2015 à Paris, aux éditions Karthala) ; et J. Denucé, *L'Afrique au* XVI*e siècle et le commerce anversois*, Anvers, De Sikkel, 1937.

textiles, manilles, bassines de laiton à urine)[1]... Et, enfin, que le nouveau royaume à construire – annoncé par la naissance du Christ – est le royaume de ceux qui sont dans le monde les « derniers » : les opprimés, les pauvres... *les esclaves.* Ainsi, si la présence du roi noir, dans *L'Adoration* de Bruegel, s'inscrit, au premier abord, dans la traditionnelle signification universaliste du message chrétien, elle ne s'y réduit pourtant pas. Son évocation subtile de l'esclavage, voire sa radicale dénonciation, à travers un roi noir devenu figure d'un Christ dont la royauté (et le Royaume) sont eux-mêmes mis en esclavage, rapproche secrètement Bruegel d'un Las Casas qui, à la même époque, a témoigné comment les conquistadors Européens traitent plus mal leurs esclaves Amérindiens que leurs animaux[2]. Et peut-être alors que la peinture des *Deux singes*[3] – deux animaux enchaînés sur fond de la ville d'Anvers – à l'attitude et au regard

1. Entre 1535 et 1548, soixante-deux pilotes effectuent le circuit du sucre, Sào Tomé – Lisbonne – Anvers. Au milieu du XVIe siècle on compte déjà, sur l'île de Sào Tomé (dans le golfe de Guinée), entre sept à huit mille esclaves ; un même nombre se trouvent sur l'île d'Hispaniola dans les petites Caraïbes avec laquelle s'est instauré un premier trafic triangulaire. Sur cette île, les esclaves sont employés dans les mines d'or et la culture de la canne à sucre.

2. « Dans le premier demi-siècle qui suivit l'arrivée des Européens en Amérique, à Hispaniola, l'évêque Bartolomé de Las Casas fut le témoin horrifié de la barbarie des *conquistadores* et des colons, du génocide et de la réduction en esclavage des Amérindiens. L'immense majorité des soldats, des administrateurs et des colons espagnols, assoiffés d'or et de pouvoir, considéraient les occupants de ce "Nouveau Monde" comme autant d'Autres, irrémédiablement Autres, moins que des hommes, à tout le moins naturellement soumis aux Européens. Las Casas nous rapporte comment les Européens nouvellement arrivés les traitaient plus mal que leurs animaux. Il est miraculeux dans ce contexte que ce prélat, haut personnage de la mission espagnole, ait réussi à se détacher suffisamment du préjugé commun pour insister sur le caractère humain des Amérindiens et pour contester la brutalité des maîtres espagnols. Sa protestation part d'un principe simple : *l'humanité est une et la même pour tous* », M. Hardt et A. Negri, *Empire*, trad. D.-A. Canal, Paris, Exils, 2000, p. 155. Cependant, si Las Casas reconnaît que l'humanité est une, « il ne saurait voir qu'elle est simultanément plurielle » (p. 156). Cette restriction mentale (et éthique) n'est pas chez Bruegel qui affirme quant à lui l'égalité de l'humanité en chacun dans et par la reconnaissance de sa très riche pluralité.

3. Huile sur bois, 20 × 23 cm, Staatliche Museen zu Berlin, Gemäldegalerie.

si désespérément humains, dénonce métaphoriquement toute la violence de cette ignominie que l'artiste a, sans doute, directement observée sur les quais du port, pendant ses années anversoises.

Ainsi, si le roi africain avait trouvé sa légitime place en peinture auprès des deux autres rois venus d'Europe et d'Asie, afin de témoigner de la vocation universelle du christianisme, le développement du commerce des esclaves et les décisions iniques de la papauté et des princes chrétiens ont mis fin, brutalement, à cette prétention. C'est ce que rappelle Bruegel à travers la puissante présence de son jeune roi noir, confronté à la réalité effective des pouvoirs théologico-politiques et à l'indifférence des chrétiens devant la souffrance de ces hommes que l'esclavage réduit, comme des bêtes, à de simples moyens de la production de la richesse[1]. Avec un autre clin d'œil peut-être, plus anecdotique celui-là, puisque c'est aussi un bateau d'or serti de pierres précieuses, et un autre en argent massif, qui

1. Le hasard d'une visite au Museo Nacional Colegio de San Gregorio à Valladolid m'a mis en présence d'une image stupéfiante, assez significative du cas dont certains chrétiens faisaient, à l'époque, de la souffrance des Noirs. Il s'agit d'un « Bois peint » de 1547 qui faisait partie d'un retable de la chapelle du Dr. Francisco Arias, inhumé dans l'ancien couvent de San Francisco de Valladolid. L'auteur de cette sculpture sur bois, Isidro de Villoldo (mort à Séville en 1557 ou 1560) représente *Le Miracle de la jambe noire*. Alors que les chirurgiens, saint Côme et saint Damien, procèdent à la "greffe" d'une jambe afin de sauver la vie d'un bon chrétien qu'ils traitent avec infiniment de soins (prise du poul, examen d'urines) on voit, au premier plan, abandonné au pied de la table d'opération (et/ou du « miracle »), un jeune noir vigoureux, bien vivant et bien éveillé, allongé sur un matelas au sol, appuyé sur son coude gauche et qui tient, de sa main droite, le genou de sa jambe gauche dont le bas vient d'être amputé… Notons que, dans l'ouvrage (écrit au cours du treizième siècle) de Jacques de Voragine, *La Légende dorée* (trad. T. de Wyzewa, Paris, Seuil, 1998, p. 544), le « Maure », sur lequel la jambe saine a été prélevée, est déjà mort, qu'il a été enterré le jour même et, qu'alors que sa jambe vient remplacer celle, « rongée par un cancer », du gardien de l'église consacrée aux deux saints (Côme et Damien apparaissent, en rêve, à cet homme pieux pour le soigner), le Maure, dans son tombeau, reçoit, quant à lui, la jambe malade. Un livre de Kees W. Zimmerman analyse les différentes versions et représentations du miracle de la jambe noire : *One Leg in the Grave : the miracle of the transplantation of the Black Leg by the Saints Cosmas and Damian*, Maarssen, Elsevier-Bunge 1998.

avaient été offerts à Charles Quint lors de sa naissance [1]. Un cadeau « royal » que le peintre retourne en revendication des plus miséreux. Pour l'observateur, ainsi mis en mouvement, voir c'est savoir et com-patir ; et entrer dans l'unité solidaire avec les opprimés, en confrontation directe avec l'ambition de domination des princes chrétiens.

C'est ce même mouvement du désir que l'on retrouve, deux années plus tard, dans *La Prédication de Jean-Baptiste.* Comme *L'Adoration des mages, La Prédication* ouvre, en effet aussi, le chemin d'une expérimentation vivante (pratique) de la nouvelle alliance. Dans *L'Adoration,* ce chemin passait par l'identification à la souffrance d'un peuple esclave ; dans *La Prédication,* il passe par la participation vivante à la multitude à l'écoute de la Parole divine. Dans les deux cas, Bruegel suscite une « rencontre » qui engage l'observateur dans ce mouvement réel du désir par lequel connaître et aimer ne font qu'un. Cependant, la connaissance effective du rapport de domination (ou de persécution), que rappellent le cadeau du roi noir ou la clandestinité dans laquelle doit se tenir l'assemblée des fidèles, font de l'amour – qui accompagne ce savoir – un affect tout à fait singulier indissociable du désir d'une liberté que l'observateur ne peut pas désirer pour lui-même sans en même temps la vouloir pour tous les autres hommes dans leur différence et leur diversité. La compassion, au principe de la lecture du tableau, est maintenant épurée, dépassée, transfigurée, en quelque sorte, dans une vision *éthique* : celle d'une connaissance et d'un amour qui n'est autre que celui de l'alliance universelle de tous les hommes : ou l'alliance de la liberté, dans l'égalité et la diversité, comme liberté commune. On ne comprend pas l'œuvre de Bruegel sans la reconnaissance de cet amour pratique et constituant : celui de l'alliance éternelle où se lient, et où peuvent se lire, les trois vertus théologales : la foi,

1. « Marguerite d'Autriche offrit au nouveau-né un vase en or en forme de barque serti de pierres précieuses. La ville de Gand lui fit l'offrande d'un grand navire en argent massif », G. Salinero, *Les Empires de Charles Quint, op. cit.*, p. 253.

l'espérance et la charité. Ces vertus sont certes ici ramenées à la terre, laïcisées en quelque sorte par le plan d'immanence du travail de l'œuvre ; elles sont picturalement aussi transposées sur le plan de la vie des corps et de leur « rassasiement » selon une lecture matérielle (ou matérialiste) de l'*Esprit du Christ* entendu comme puissance : puissance de vie, puissance d'agir, vertu ou *virtù* comprise dans la puissance absolument infinie de la Nature ou de Dieu.

D'où la profonde joie *matérielle* et la liberté naturelle qui animent le partage convivial du repas, lors du mariage [1], ou de la danse, lors de la fête populaire, à laquelle nous convient les peintures du *Repas de noce* et de *La Danse des paysans*. Une pure joie communicative qui est un acquiescement au monde *malgré tout*, un *oui* puissant à la vie, que Bruegel nous invite à partager. L'artiste avait certes déjà manifesté et peint, cette joie puissante du monde, mais non pas comme un « prendre part » explicite (ce qui est le cas dans ces deux derniers tableaux) mais sous la figure contemplative du spectacle de la nature : comme dans la peinture, mois après mois, saisons après saisons, du persévérant travail des hommes au sein de l'immense et infinie beauté du monde.

La série des *Douze mois* est constituée de cinq grands panneaux correspondant aux douze mois de l'année rythmés par les occupations du monde paysan : *La Fenaison* (juin-juillet) [2] ; *La Moisson* (août-septembre) [3] ; *La Rentrée du troupeau* (octobre-novembre) [4] ; *Les Chasseurs dans la neige* (décembre-janvier) [5] ; et *Le Jour sombre* (février-mars) [6]. Le panneau correspondant à avril-

1. Dans *Le Repas de noce*, remarque significativement Max Dvorak, alors que le banquet est « représenté avec une ordonnance réglée, le sans-gêne élémentaire et la force naturelle de l'existence humaine, qui brisent toutes les entraves, l'emportent finalement », *Pierre Bruegel l'Ancien*, *op. cit.*, p. 63.
2. Huile sur bois, 114 × 158 cm, Collection Roudnice Lobkowicz, Nelahozeves.
3. Huile sur bois, 119 × 162 cm, The Metropolitan Museum of Art, New York.
4. Huile sur bois, 117 × 159 cm, Kunsthistorisches Museum, Vienne.
5. Huile sur bois, 117 × 162 cm, *Ibid.*
6. Huile sur bois, 118 × 163 cm, *Ibid.*

mai, manque. On pense à ce qui rapproche et ce qui différencie ces magnifiques paysages de la série des dessins des *Grands paysages* des années 1552-1555. La perspective est, semble-t-il, la même avec une ligne d'horizon haute et une vision qui conduit le regard, en diagonale descendante, des premiers plans les plus élevés, vers une vallée, une rivière (ou un fleuve) puis d'autres hautes montagnes (et/ou une ouverture sur la mer). La différence évidente est, ici, la présence beaucoup plus prégnante – dont des figures occupent les premiers plans – des hommes et de leurs activités saisonnières ; et la question de leur résistance au sein de la nature, de leur persévérance et de leur travail, apparaît alors centrale. Car ces peintures exposent essentiellement la confrontation commune des hommes avec la nature ; la domination de l'homme par l'homme (par ailleurs si présente dans l'œuvre) est ici, sinon absente (on voit des gibets au bas de *La Rentrée du troupeau...*), du moins assez éloignée du propos principal.

Le dessin de 1568 – qui nous permet de revenir sur les dernières œuvres – accentue l'importance attribuée à l'activité humaine en modifiant le point de vue. *L'Été*[1], permet, en effet, de percevoir la pratique coopérative des hommes dans leur travail au sein de la nature (il s'agit de la moisson) comme si nous-mêmes participions pleinement à l'œuvre commune pour le « rassasiement » de la vie. Car il s'agit bien, pour Bruegel, de célébrer l'opiniâtre persévérance du *corps commun* auquel nous sommes ici conviés. En montrant les hommes et les femmes au travail, ce que Bruegel dessine ou peint, c'est le culte même de la persévérance commune ; la manière dont ces hommes et ces femmes vivent et font vivre, dans et par cette persévérance, l'alliance universelle de connaissance et d'amour. Dans cette pratique est toute la fidélité, la connaissance et l'amour du monde, la confiance ou la foi, l'espérance aussi, dans et par ces activités de coopération par lesquelles les hommes persévèrent en leur être en faisant vivre le corps commun. Et donc là est aussi la charité.

1. Plume et encre brune, 22 × 28,6 cm, Kunsthalle Hamburg, Kupferstichkabinett.

Le dessin de 1568 (*L'Été*), avec sa ligne basse d'horizon, donne à l'observateur l'impression qu'il gravit, lui-même, le champ dans lequel les paysans travaillent. L'un d'entre eux, sur notre gauche, accroupi sur son genou droit, l'autre jambe tendue vers nous, penché en arrière, se désaltère avec une grosse cruche tandis que sa faux, dont le manche est posé sur sa cuisse, déborde nettement le bas du dessin pour y re-pénétrer de nouveau par la pointe. Notre montée du champ (comme celle d'un paysan au travail) s'arrête là pour observer la scène avant que notre regard ne continue à gravir la pente jusqu'aux premières maisons du hameau [1]. Dans *Le Repas de noce* et *La Danse des paysans* l'espace est également ouvert devant nous afin que nous franchissions le pas pour effectivement danser et/ou nous asseoir près des autres convives. Et cela afin de participer à la fête eucharistique du réel lui-même, à sa « multitude bariolée » (comme dans *La Prédication*), à son « infinie diversité » [2]... Bref, afin que nous participions au partage du « repas de la félicité éternelle auquel nous avons été conviés dans le verbe de vie par l'Évangile du Christ », selon une expression de Nicolas de Cues [3] qui, par-delà les temps, indique la continuité théorique (et christique) de *La Prédication de Jean-Baptiste* au *Repas de noce.* Car ce tableau de la noce paysanne fait partie de ces peintures de Bruegel pour la compréhension desquelles poser les questions « *où* est le Christ? » et « *qui* est le Christ? » s'avère, nous allons le voir de nouveau, opératoire.

1. Max Dvorak l'avait déjà remarqué. Bruegel, dit-il, « supprime la limite du premier plan, les figures la franchissent, et toute la composition semble, comme par exemple dans « L'Été » ou dans « La Moisson », se continuer dans la direction du spectateur qui, de cette manière, se trouve immédiatement engagé dans la situation dépeinte », *Pierre Bruegel l'Ancien*, *op. cit.*, p. 41. L'effet est, en effet, évident dans *L'Été* où la faux du paysan monumental du premier plan déborde (et découpe...) le cadre; l'effet est moindre pour le tableau, plus ancien, de *La Moisson.* Dans les deux cas cependant, nous expérimentons notre « alliance » avec la nature (*via* aussi le travail de sa transformation) que nous n'observions, par ailleurs, que du dehors dans les grands tableaux des saisons.
2. *Ibid.*, p. 61.
3. Nicolas de Cues, *Le Tableau ou la vision de Dieu*, *op. cit.*, p. 31.

Sauf par le rappel d'une étude de Walter S. Gibson qui a signalé, dans son commentaire, la référence possible aux noces de Cana, aucune des dernières grandes monographies consacrées à l'œuvre de Bruegel n'évoque l'hypothèse d'une métaphore christique. *Le Repas de noce* ne serait qu'un chef-d'œuvre où se lisent (avec beaucoup de divergences entre les spécialistes) les coutumes rurales des noces paysannes ; certains critiques soulignant la gloutonnerie que voudrait, par ailleurs, montrer le peintre (dans la représentation de l'enfant qui, sur le sol au bas du tableau, suce les derniers restes de gruau sur le bout de son doigt après l'avoir soigneusement passé au fond de son assiette) tandis que d'autres remarquent, au contraire et à juste titre, la bonne tenue d'une assemblée populaire et festive qui n'a pas été caricaturée par l'artiste mais qu'il a su, en quelque sorte, saisir sur le vif.

Le Repas de noce, 1567, Huile sur bois, 114 x 164 cm, Kunsthistorisches Museum, Vienne.

Le Repas de noce nous fait pénétrer dans une vaste grange après que la moisson a été rentrée. Le tableau est donc dans la continuité temporelle (des saisons) du dessin de *L'Été.* Il est aussi, avec lui, dans une continuité picturale et théorique : c'est la même construction, en effet, avec une ligne d'horizon très basse qui met le spectateur, de plain-pied, dans l'évènement auquel il peut ainsi participer pleinement *à hauteur d'homme.* Une place vide sur le banc, en bout de table sur la droite auprès du jeune paysan au bonnet rouge qui distribue les assiettes, semble même l'attendre. Les commentateurs discutent encore sur le statut de ce jeune homme dont la position à cheval sur son banc lui permet de distribuer les plats en prenant les assiettes de gruau qui arrivent de sa main gauche pour les faire ensuite passer, de sa main droite, sur la grande table devant lui. Peut-être s'agit-il du marié... dont la promise se trouve, en effet – dans la continuité du bras droit tendu avec l'assiette en bout de main, de l'autre côté de la table –, sous un drap d'honneur vert sombre, accroché sur le mur de paille, que décore une couronne de papier colorée de jaune et de rouge. À moins que le marié ne soit, tout près du garçon, un autre personnage, aussi jeune, avec le même bonnet rouge (ce sont les deux seuls à porter cette coiffe) qui debout, avec une chemise bleue et un grand tablier blanc, avec l'aide d'un compagnon, amènent une dizaine d'assiettes de bouillie sur une grande porte de bois qui a été pour l'occasion sortie de ses gonds pour faire office de porte-plats. Ces deux derniers personnages qui se déplacent de gauche à droite coupent la dynamique de la diagonale qui traverse le tableau du coin gauche, en haut, au bas de sa partie droite. C'est sur cette diagonale qu'arrivent les invités et qu'est aussi disposée la très longue table où sont assis les hôtes qui se restaurent déjà. D'autres invités arrivent encore, de manière serrée ; ils se bousculent même lorsqu'ils franchissent le seuil de la grange par la porte grande ouverte sur la campagne. Peut-être le porte-plat est-il un des deux montants de cette entrée très généreusement ouverte sur le monde. Car – c'est l'impression que nous éprouvons – c'est le flot d'une multitude d'hommes, de femmes, et d'enfants, de tous âges, aux visages et aux attitudes les plus variés, qui arrivent par là, sans exclusive, dans cette grange, pour participer au repas de noce, pour se restaurer et se réjouir ensemble de la nouvelle alliance. Celle que viennent de conclure les mariés et leurs familles, sans doute… Mais aussi d'une alliance, qu'en référence à l'Écriture sainte le peintre met en scène dans et par la peinture de la joie d'une multitude « rassasiée ». Face à l'arrivée de cette foule de gens, on peut, en effet, se poser la question : y aura-t-il assez de vin et assez de gruau ? Le jeune personnage de gauche, au visage régulier et doux, qui sourit penché sur les cruches qu'il est en train de remplir (de vin ou de bière), ne semble pas inquiet. L'attente sera comblée, et peut-être au-delà, semble-t-il répondre… L'observateur songe, évidemment, aux noces de Cana où le Christ s'est chargé de pallier le manque en changeant l'eau en vin [1]… Nous songeons aussi à la multiplication des pains et des poissons [2]. Mais également à un autre passage, moins connu, des Évangiles, la parabole du festin nuptial dans Matthieu 22, 1-14, qui semble correspondre assez bien à ce qui se passe sur le tableau à savoir l'accueil de tout un chacun, « les mauvais comme les bons », de tous ceux qui sont aux carrefours ou sur les chemins et qui sont conviés à venir partager le repas de noce (alors que les invités officiels ne se sont pas rendus à la fête car, en tant que possédants, ils veillent sur leurs « biens », leur champ, leur commerce… ainsi, « ils ne sont pas dignes » de la noce – de l'« alliance » –, trop préoccupés qu'ils sont de leurs possessions). Il ne s'agit pas du tout ici de dire que Bruegel illustre la parabole (dont il ne respecte pas tout à fait l'histoire) mais de noter simplement l'*image puissante* de l'accueil généreux et sans exclusive qu'il a pu retenir de ce récit d'un festin nuptial généreusement ouvert à tous. Que le porte-plats, qui vient distribuer la nourriture à tout un chacun, soit la porte elle-même qui habituellement

1. Jean 2, 1-11.
2. Matthieu 14, 13-21 ; Marc, 6, 32-44 ; Luc 9, 10-17 ; Jean 6, 1-13.

clôture la grange et qui a été enlevée afin que son entrée soit, au contraire, grande ouverte et accessible à tous, est le signe puissant de l'accueil et de la générosité de cette alliance nouvelle qui réalise le *rassasiement des foules dans le partage à égalité*. C'est la bénédiction matérielle attendue pour le salut des corps, dans et par le rassasiement de la faim. Un salut, avant tout du corps des pauvres… et non des âmes des notables en marge du partage! La dynamique de la diagonale de l'assemblée populaire autour de la table est, en effet, arrêtée par le mouvement de l'autre diagonale que suivent les deux porteurs de plats et qui conduit notre regard vers deux personnages : un moine franciscain qui tourne le dos à l'assemblée et un personnage dont les habits et l'épée qui pend à sa ceinture, font penser à un seigneur du lieu ou à un notable. Celui-ci, dans son tête-à-tête avec le moine, se tient les mains croisées dans une attitude de confession ou de prière. À l'évidence, ces deux personnages, que Bruegel a placés en bout de table – sur la gauche du père de la mariée – se démarquent nettement de l'aspect populaire de l'assemblée. C'est peut-être pour eux que deux assiettes au contenu différent, plus raffiné (la blancheur de la bouillie évoque le lait qui a été ajouté) sont amenées avec les autres assiettes de gruau de couleur brun-orangé… Certains commentateurs ont avancé l'idée (incompréhensible pour nous) que l'homme à l'épée pourrait être Bruegel lui-même qui, comme nous l'a appris Van Mander aimait à participer aux noces paysannes… L'idée – qui suit aveuglément l'anecdote – est totalement illogique en regard justement de la complicité réelle que Bruegel entretenait avec la vie du monde paysan alors que le personnage du tableau est peint volontairement *en marge* de cette communauté. Comme était aussi illogique l'idée de reconnaître Bruegel – étant donné la ressemblance effective des deux personnages peints – dans le notable qui fait lire les lignes de sa main par un bohémien *en marge* de l'assemblée de *La Prédication de Jean-Baptiste*; une prédication à laquelle il tourne le dos, comme il tourne également le dos au Christ … D'ailleurs, c'est une même dynamique de la multitude qui, sur la diagonale qui part du coin haut à gauche du tableau de *La Prédication*, vient buter, comme dans *Le Repas de noce*, sur les raies noires parallèles du manteau orangé du bohémien (des rayures qui sont perpendiculaires au mouvement descendant de la diagonale que forme l'assemblée). Dans *Le Repas de noce* les positions des deux personnages "isolés" sont inversées, mais le sens de l'isolement du couple du notable et de celui qui dirige sa conscience (le diseur de bonne aventure ou le moine confesseur), demeure le même : les deux se tiennent *en dehors* de l'assemblée des fidèles ou des convives, ils ne partagent pas *à égalité* la Parole ni le repas. Et c'est, au contraire ici, le personnage qui distribue la nourriture – à égalité – qui leur tourne le dos (qui tourne le dos, peut-être, aux « noces » monstrueuses et superstitieuses de l'Église et de l'État). C'est que la Parole est, pour le moine/diseur de bonne aventure et pour le notable qui s'en remet à lui, affaire obscure de mystère et de superstition, d'intériorité et de destin individuel. Et la religion une affaire d'*ego* et de salut personnel. À cette interprétation théologique, individualiste et bourgeoise de la foi, Bruegel oppose la pratique puissante et commune de la justice dans l'espace public (l'égalité) ainsi que la pratique de la charité (le partage) qui ouvrent le champ d'une tout autre économie ecclésiale en proclamant (là est l'espérance) l'avènement du Fils de l'homme collectif, soit la table universelle du rassasiement[1]. Au-dessus du père de la mariée, du moine et du notable, sont accrochées deux gerbes de blé croisées tenues dans le chaume par un râteau. Il s'agit de la « glanure » (le *zantekoren*), soit la part du pauvre ou ce qui reste dans les champs après la moisson

1. Bruegel est sur la voie d'une lecture picturale « matérialiste » des Évangiles (du point de vue des corps et de leur rassasiement) telle qu'elle a pu être conduite au XXe siècle, dans le champ de la théorie, par F. Belo, *Lecture matérialiste de l'Évangile de Marc, Récit-Pratique-Idéologie*, Paris, Éditions du Cerf, 1975, p. 327-340, où l'auteur insiste particulièrement sur la pratique messianique du rassasiement des pauvres.

et que les plus démunis ont le droit de ramasser ou de « glaner »[1]. Ce reste ou ce résidu c'est ce qui est aussi laissé par l'Église (le moine) et les possédants (le seigneur), comme le montrent les coquilles vides abandonnées au chien sur le banc en bois au bout duquel est assis le notable. Des coquilles de noix vides que l'on retrouve aussi auprès des singes enchaînés (*Les Deux singes*). On comprend que la dynamique de la diagonale de la joie commune du partage dans l'égalité, se brise là, sur la réalité effective de la possession et de la domination et sur la complicité des deux pouvoirs ; on comprend aussi que cette diagonale, qui est également celle d'une dynamique de l'amour, s'arrête sur ces miettes quand l'« espérance » messianique *veut* prolonger indéfiniment la justice et la charité de la table du rassasiement universel (alors que le vin peut couler en abondance et que les assiettes de gruau continuent à arriver…). Et l'on comprend que l'observateur, devenu acteur, invité à s'asseoir à la place laissée vide sur le banc, ait à choisir entre suivre l'exemple de son convive de gauche (le jeune homme qui distribue les plats) ou celui de ses partenaires de droite (le seigneur et le moine) ; les uns parlent, isolés dans *leur* monde, l'autre continue à distribuer inlassablement à tous ceux qui arrivent, les deux bras ouverts offrant et accueillant.

L'observateur songe alors à une autre table célèbre qu'il a vue à Milan, celle de la Cène sur les murs du réfectoire du couvent de Santa Maria delle Grazie et au Christ de Léonard de Vinci qui fait déjà un geste analogue à celui du jeune paysan au moment précis où il annonce qu'un traître est assis là, à la table de la communion. Un homme porteur de persécution et de mort. Nous n'avons pas besoin de réfléchir longtemps pour comprendre qui est le Judas du *Repas de noce* : c'est, en ces années d'Inquisition, le moine franciscain chargé de poursuivre les hérétiques. On comprend aussi que sur ce tableau, le Christ (ou l'Esprit du Christ) se trouve aussi bien dans le

1. *Cf.* Roger H. Marijnissen qui se réfère aux travaux de Jozef Weyns, *Bruegel*, *op. cit.*, p. 318.

personnage qui verse le vin que dans celui qui distribue les assiettes de gruau. Ce qui nous permet, pour ce tableau, de donner une réponse précise à la question, « *qui* est le Christ ? » : c'est clairement ici la « puissance » de rassasiement des multitudes démunies. Et que si nous – observateur – nous nous asseyons à la droite de « celui qui sert »[1], c'est donc la place du disciple que nous occuperons : celle, lors du dernier repas, de l'apôtre Jean. Et c'est peut-être, en dernière analyse, l'appel le plus profond du tableau : l'appel à agir à la construction commune du Fils de l'homme collectif. Celui qui vit déjà picturalement, sous nos yeux, à la table du rassasiement. Nous nous demandons alors si le geste christique du jeune homme, qu'aucun commentateur n'a à notre connaissance relevé, Bruegel ne l'a pas vu et observé sur des peintures de *La Cène* qui lui étaient beaucoup plus proches que la fresque de Léonard... Et nous songeons alors au *Dernier Repas du Christ*, peint dans la première partie du siècle, par son maître Pieter Coecke van Aelst dont il est devenu le gendre. Un tableau fort célèbre en son temps, qui a eu de nombreuses reproductions et où l'on retrouve le geste archétypique du Christ dont Bruegel a tiré picturalement, dans sa noce paysanne, toute la dimension de *valeur d'usage* : la distribution à souhait, du pain et du vin en direction des déshérités.

Une valeur d'usage que Bruegel retrouve aussi dans la danse et la fête populaire : l'usage de la jouissance des corps repus. La célébration de la table du rassasiement est, en effet, corrélative de la célébration de la fête et *La Danse des paysans* est naturellement associée au *Repas*

1. C'est ainsi que se désigne le Christ lors du dernier repas. Le texte de Luc 22, 24-27 éclaire bien alors, de ce point de vue, *Le Repas de noce* : « Il s'éleva aussi entre eux une contestation : lequel d'entre eux pouvait être tenu pour le plus grand ? Il leur dit : "Les rois des nations leur commandent, et ceux qui exercent l'autorité sur eux se font appeler Bienfaiteurs. Pour vous il n'en va pas ainsi ; au contraire, que le plus grand parmi vous se comporte comme le plus jeune, et celui qui gouverne comme celui qui sert. Quel est en effet le plus grand, celui qui est à table ou celui qui sert ? N'est-ce pas celui qui est à table ? Eh bien ! *moi je suis au milieu de vous comme celui qui sert !*" » (c'est nous qui soulignons).

de noce; deux tableaux de la même époque, de même dimension et qui procèdent du même esprit. Ou du même *Esprit*. Car, comme l'écrit l'apôtre Paul, « qu'ils sont heureux les pieds de ceux qui annoncent la bonne nouvelle » (Épître aux Romains, 10, 15) ! Avec « le ventre », dans *Le Repas de noce*, ou « les pieds » dans *La Danse des paysans*, Bruegel réalise picturalement ce que Bakhtine appelle le « rabaissement ». Et cela au service d'un nouveau commencement, d'une puissance de régénération ou de résurrection :

> Rabaisser, cela veut dire faire communier avec la vie de la partie inférieure du corps, celle du ventre et des organes génitaux, par conséquent avec des actes comme l'accouplement, la conception, la grossesse, l'accouchement, l'absorption de nourriture, la satisfaction de besoins naturels. Le rabaissement creuse la tombe corporelle pour une nouvelle naissance [...]. Il est à la fois négation et affirmation [1].

La Danse des paysans, 1567, 114 × 164 cm, Kunsthistorisches Museum, Vienne.

1. M. Bakhtine, *L'Œuvre de François Rabelais*, *op. cit.*, p. 30.

Et *La Danse des paysans* montre, en effet, des braguettes suggestives, un couple qui s'embrasse, une femme qui, peut-être, attire un homme chez elle, des hommes qui boivent et s'excitent… et des corps en mouvement qui entrent dans la danse au son de la cornemuse. La cornemuse, qui était – selon un code traditionnel – représentée comme l'instrument de la folie dans le dessin de *La Luxure*, a maintenant changé de signe. Dans *Le Repas de noce*, comme dans *La Danse des paysans*, la cornemuse des pauvres (dans *La Cuisine maigre* et *La Cuisine grasse*) participe, bien au contraire, pleinement et légitimement, de la joyeuse fête populaire et à sa communion. Et l'on retrouvera l'instrument, pour le plus grand bonheur des paysans, au pied du Golgotha, dans le dernier grand tableau de Bruegel, *La Pie sur le gibet.* C'est le retournement des signes de la « seconde nature » – déjà évoqué au début de notre réflexion – qui conduit, sur les tableaux de Bruegel, de la négation nihiliste (et boschienne) de la vie à sa puissante affirmation. C'est ainsi, comme l'écrit Max Dvorak, que de ces derniers tableaux, souvent réduits par les commentateurs à de simples peintures de mœurs, se

> dégage ce joyeux et hardi sens de la vie, particulier aux courants religieux les plus avancés du siècle, et qui avait pour but la suppression de la tendance transcendante dans la théologie et la filiation de la religion dans l'humanité naturelle, ne se rattachant à aucun *confiteor*, à aucun dogme de l'Église [1].

De Tolnay poursuit sur le chemin d'une lecture radicalement immanentiste en soulignant que dans la représentation de cette kermesse flamande, « L'homme n'est rien d'autre que la nature agissante » [2]. Une nature et/ou une puissance d'agir à laquelle Bruegel invite, à présent, son spectateur à pleinement « prendre part » ; à le faire, simplement, en dehors de toute Église, en participant seulement, activement, ici-maintenant, à l'alliance éternelle de

1. M. Dvorak, *Pierre Bruegel l'Ancien*, *op. cit.*, p. 23.
2. Charles de Tolnay, *Pierre Bruegel l'Ancien*, *op. cit.*, p. 54.

connaissance et d'amour. Cette alliance était certes déjà à l'œuvre dans ses autres tableaux ; elle l'était dans les "passages" et/ou les "passations" du souffle ou de la puissance *entre* les personnages des *Proverbes*, et aussi entre ceux des *Jeux d'enfants*, ou au milieu du *Portement de croix*... nous avons étudié tout cela. Ces passages ou ces relations constituantes, il s'agit, à présent, de les expérimenter singulièrement, de se les approprier affectivement, de les faire entièrement siens dans une intuition directe du mouvement. Comme l'écrivent Philippe et Françoise Roberts-Jones, ici le spectateur « se trouve en *prise directe* avec le couple qui fait irruption dans le tableau »[1]. Loin de lire cependant cette positivité de la joie commune que Bruegel nous invite à partager et qui fait de *La Danse des paysans* la version la plus radicale de la puissante affirmation plurielle de la vie à lire dans l'œuvre de Bruegel, la grande majorité des commentateurs ne voient, bien au contraire dans ce tableau, qu'une condamnation morale de l'excès de boisson et d'agitation, et aussi de l'indifférence que ces paysans font preuve vis-à-vis de l'église, en fond de tableau, ou de l'étendard de la Vierge qui flotte au-dessus d'eux. C'est, de leur part, disent-ils, le signe du total oubli du motif religieux d'une fête qui risque de verser dans l'orgie ... Mais, d'une part, *La Danse des paysans*, comme *Le Repas de noce*, manifestent dans la joie de la fête et du rassasiement, une simplicité et une décence populaire qui ne méritent pas ces reproches – des reproches que semble partager le personnage en habit sombre au visage désapprobateur que Bruegel, dans *La Danse des paysans*, a placé, en spectateur, en fond auprès d'un fou qui n'est pas encore lui-même entré en action (et peut-être le peintre veut-il signifier par cette proximité que c'est l'un, comme l'autre – le fou comme le censeur – qui sont dans l'excès... et non les paysans !). D'autre part, concernant la dimension religieuse de la fête (que ne respecteraient pas ses protagonistes) peut-être, est-ce dans le tableau de Bruegel lui-même qu'il faut rechercher cette dimension.

1. C'est nous qui soulignons ; Ph. et F. Roberts-Jones, *Pierre Bruegel l'Ancien*, *op. cit.*, p. 271.

Non pas dans le comportement des paysans mais dans *la manière philosophique* dont Bruegel les a peints. Ainsi, c'est le choix pictural d'une ligne d'horizon extrêmement basse (et non pas le choix des paysans eux-mêmes...) qui diminue l'importance du sens que peuvent avoir, sur ce tableau, aussi bien l'église que la bannière de la Vierge, et cela au profit d'une présence prégnante de l'affirmation singulière des corps – qui s'aiment, qui boivent, qui dansent – et du sentiment, pour le spectateur, d'être lui-même l'égal-semblable du joueur de cornemuse, des buveurs ou des danseurs : le nouveau dispositif pictural, à hauteur d'homme – qui implique l'entrée de la puissance d'agir de l'observateur dans la dynamique même du tableau – transformant le spectateur en acteur.

Dans *La Danse des paysans*, comme dans *Le Repas de noce*, la mutation picturale du point de vue prend ainsi un sens éthique (et messianique) qui engage pleinement le spectateur dans la joie du monde, auprès de la multitude des pauvres et des opprimés : là est la pratique ecclésiale puissante et la véritable Parole, la seule qui annonce, en actes, le Royaume des Cieux. Comme l'écrit, alors, Pierre Francastel lui-même – allant bien au-delà de ses propres positions interprétatives (sans suivre, cependant, le cheminement que nous-même avons pris jusqu'ici) –, Pieter Bruegel se trouvait, par le travail de l'œuvre, éthiquement et politiquement, « plus près des dissidents qui vont faire la Hollande que de ceux de ses compatriotes qui, par crainte des foules, se soumettront aux Espagnols et à l'Église éternelle »[1].

Une petite huile sur bois, de 1568, semble confirmer ce jugement et cette prise de parti. Il s'agit de la peinture de *Trois soldats*, en costume d'apparat[2] – dont deux jouent de la musique militaire sur un fifre et un tambour tandis qu'un troisième, en fond, agite un immense étendard. Bruegel ne nous avait pas habitués à traiter

1. P. Francastel, *Bruegel*, *op. cit.*, p. 216.
2. Bien que signée Bruegel MDXVIII, l'attribution des *Trois soldats* est contestée. Huile sur bois, 20,32 × 17,78 cm, New York, The Frick Collection.

ce type de sujet positivement … Larry Silver – par ailleurs fort peu enclin à donner de l'œuvre une lecture critique de son temps et des pouvoirs établis – a expliqué combien cette peinture pourrait être le signe, à la fois manifeste et discret, de l'adhésion du peintre au mouvement d'indépendance alors émergeant. Il s'agit, en effet, dit-il, dans ce petit tableau, de voir une représentation prestigieuse de l'armée dont on peut penser qu'elle vient rallier et encourager les troupes qui résistent à l'Espagnol, comme plus tard, la gravure *Porte-Enseigne* héroïque d'Hendrick Goltzius, de 1587, allait jouer le rôle de « stimulant moral » au cours du développement de la Révolte des Gueux. S'interrogeant ainsi sur la motivation de Bruegel au principe de ce tableau, en cette « terrible année 1568 » où les deux chefs de file hollandais nobles, Egmont et Hornes, ont été éxécutés à Bruxelles par les autorités espagnoles, Larry Silver déclare :

> Il n'y a qu'une seule explication possible, c'est qu'il se soit alors senti partie prenante d'une cause commune, le mouvement d'indépendance émergeant. La petite taille et la technique de la grisaille suggèrent qu'il s'agit d'un message personnel, à partager avec un ami, tout comme on l'a supposé pour les grisailles religieuses [1].

L'amour de la liberté commune et l'indignation face aux crimes et à l'ignominie de l'occupant espagnol, l'auraient donc finalement emporté sur les réticences et les raisons intellectuelles que le peintre-philosophe avait de ne pas choisir un camp dans ce conflit à la fois politique et religieux. Bruegel rejoignait ainsi (du moins à travers le dernier tournant pictural d'une œuvre et d'une vie qui allaient s'achever brusquement quelques mois plus tard) Dirck Coornhert et tous ceux – catholiques, protestants, libertins ou chrétiens sans Église – qui s'étaient déjà engagés dans le mouvement de la Révolte.

1. L. Silver, *Bruegel*, *op. cit.*, p. 387.

conclusion

Dans son *De Mente*, Nicolas de Cues montrait « le philosophe » venant trouver « le profane » pour apprendre à mieux connaître la nature de la pensée. Or celui-ci est paradoxalement occupé à travailler la matière afin de tailler une cuiller dans du bois : « Je m'adonne avec grand plaisir à ces exercices, explique-t-il, qui ne cessent de nourrir à la fois la pensée et le corps »; ce à quoi le philosophe répond : « Tu as parfaitement raison. On lit que Platon lui-même peignait à l'occasion, ce qu'il n'eût jamais fait, on peut le croire, si ce travail s'opposait à la spéculation ». Un « orateur », qui accompagne le philosophe, poursuit le propos : « C'est pour cela sans doute que les exemples tirés de l'art pictural furent familiers à Platon et que par eux il a rendu faciles des vérités importantes » ; une comparaison à laquelle le profane donne son assentiment : « Oui, certes, dans cet art que je pratique, je cherche symboliquement ce que je veux et je nourris ma pensée; je fais des cuillers et je repose mon corps. Ainsi j'atteins suffisamment à tout ce dont j'ai besoin » [1]. Et Nicolas de Cues ne cessera, tout au long de son œuvre, de faire de l'art et de l'acte de peindre, « qui conjugue le geste physique avec l'effort mental » [2], un modèle matériel pour la pensée [3].

1. Nicolas de Cues, *De la pensée* (*De mente*), trad. M. de Gandillac, dans E. Cassirer, à la suite de *Individu et cosmos, op. cit.*, p. 246-247 ; extrait des *Œuvres choisies*, éd. de M. de Gandillac, Paris, Aubier-Montaigne, 1942.

2. Introduction d'Agnès Minazzoli à Nicolas de Cues, *Le Tableau ou la vision de Dieu, op. cit.*, p. 17.

3. La cuiller de bois, équivalent du tableau en peinture, est, nous l'avons vu, une figure récurrente de l'œuvre de Bruegel.

Dans *Le Peintre et le connaisseur*, cette dimension philosophique échappait totalement à l'amateur pressé… À travers ses bésicles de myope, l'amateur d'art réduit spontanément le tableau à la surface de son organisation optique, c'est-à-dire à la figuration et/ou à la petite histoire que celle-ci raconte. La peinture est ramenée à l'anecdote (comme la cuiller de bois à son usage le plus trivial). C'est pour cela que Bruegel interpose, dans son dessin, la présence prégnante du bras (gauche) qui sort de la feuille, et de la main (droite) du peintre, afin d'affirmer la protection, l'indépendance et la singularité de l'acte de peindre face à la domination optique de la représentation qu'imposait, de fait, non seulement le regard de l'amateur mais aussi son drôle de geste : la réduction de l'usage de l'art à une valeur marchande (le « connaisseur » plongeant la main dans sa sacoche pour y trouver l'argent nécessaire à un éventuel achat…). Avec son air niais, ses bésicles et son type de coiffe, l'amateur d'art nous rappelle le complice-voleur de *L'Escamoteur* de Bosch ! Quelle complicité ironique Bruegel a-t-il voulu suggérer entre l'amateur d'art et celui qui-fait-la-bourse au cours de cette séance de jeu de dupes ? Que, dans *Le Peintre et le connaisseur*, le pinceau du peintre, *passe* le bord pour explorer et fouiller le hors champ du dessin n'est pas sans porter une puissante interrogation sur ce Dehors auquel nous ouvre la peinture. Le Dehors de la matérialité du monde (économique, politique, religieux…), avec lequel l'acte de peindre a directement à-faire : la peinture n'étant pas là pour fixer, de manière égocentrique, l'observateur sur elle-même ni sur son auteur (le peintre, sa fortune, sa gloire…), mais pour *pénétrer* singulièrement le réel, pour l'explorer et le connaître en vérité. Et peut-être le transformer. Cette fonction cognitive de l'acte de peindre a fortement été indiquée par Nicolas de Cues dans son *De Icona*, où il entend – à partir de l'observation d'un tableau – introduire ses moines bénédictins de Tegernsee, à un Dehors absolu : celui de Dieu, de sa vision et de son art. Car, comme l'enseigne « le profane » du dialogue, toute pensée, comme toute image peinte, « tient de Dieu, sur le mode où elle le peut, d'être une image parfaite et vivante de l'art infini »[1]. Une image qui est, en premier lieu « regard », comme le tableau de cet omnivoyant (peint sans doute par Van der Weyden) que le Cusain a offert aux moines de Tegernsee en leur écrivant qu'il s'agissait là, rien moins, que du « tableau de Dieu »... ou, ajoute-il – selon une autre métaphore –, de la perception de « la sphère infinie »! Car le regard de Dieu est, poursuit-il, « l'œil de la sphéricité et de la perfection infinie. Il voit donc toutes choses dans un mouvement circulaire et d'en haut et d'en bas en même temps »[2]. Et d'inviter ses moines, après avoir fixé le tableau sur le mur nord du monastère, à se rassembler autour de lui à égale distance de la peinture, et d'expérimenter combien chacun est vu par le regard du tableau que chaque moine, de son propre point de vue, voit aussi; car, dit-il,

> chacun de vous fera l'expérience d'être comme le seul à être vu par lui. Au frère qui se trouve à l'est, il paraîtra regarder vers l'est; à celui qui se trouve au sud, vers le sud, et à celui qui se trouve à l'ouest, vers l'ouest. Vous vous étonnerez en vous demandant d'abord comment il est possible qu'il vous regarde tous ensemble et chacun en même temps[3].

Il s'agit ici du portrait d'un omnivoyant que plusieurs observateurs regardent, faisant ainsi l'expérience, ensemble et *avec la peinture*, de la réelle présence de l'unité spirituelle ubiquiste d'un Corps mystique qui les dépasse et les comprend tous, sans contradiction, dans et par la pluralité des points de vue et des regards (que l'on peut multiplier à l'infini).

Revenons à Bruegel et supposons que le tableau expose, *à l'inverse* – comme c'est le cas de plusieurs panneaux du peintre flamand –, les points de vue divers de la « multitude ». Le tableau « vu » par l'observateur devient alors lui-même une unité autonome et vivante

1. Nicolas de Cues, « De la pensée (De mente) », dans *Individu et cosmos, op. cit.*, p. 293 ; extrait des *Œuvres choisies, op. cit.*
2. Nicolas de Cues, *Le Tableau ou la vision de Dieu, op. cit.*, p. 48.
3. *Ibid.*, p. 32.

de cette multiplicité en acte qui s'ouvre à l'infini ; et cela au fur et à mesure que nous-mêmes (observateurs) voyons cette unité-se-faire au-delà de toute limite. L'unité réelle du tableau ne se fait donc pas « sous » nos yeux (qui l'imposeraient), ce qui serait traiter le tableau comme un simple miroir ; elle ne se fait pas, non plus, sous un regard ubiquiste : nous ne sommes pas le Dieu du Cusain… L'unité *réelle* ne peut se faire que selon l'effectivité dynamique puissante des *relations constituantes* et transversales qui, au-delà du miroir, du regard de Dieu et du panneau peint, s'instaure matériellement « au milieu », *entre* la dynamique consistante « formes/couleurs » de l'œuvre elle-même, et les affects éprouvés, face au tableau, par son (ou ses multiples) observateur(s). Et, comme au monastère de Tegernsee, cela ne peut se produire que selon l'avènement d'un nouveau Corps commun, constitué par l'œuvre et tous ceux qui la regardent et/ou qui en font « usage ». Mais il ne s'agit plus du tout du même corps. Car le « renversement » bruegelien de la « seconde nature » et le point de vue positif du multiple « carnavalesque » qui le caractérise (selon le jeu du « rabaissement » dont parle Bakthine), ne vaut pas seulement vis-à-vis de la sombre théologie augustinienne de Bosch mais aussi vis-à-vis de la pensée, pourtant novatrice, du Cusain que Bruegel radicalise. Ce renversement et cette radicalisation – qui donnent toute sa positivité aux corps et aux images et, dans leur multitude, à leurs relations constituantes dans et par l'aptitude sensible de ces corps de s'affecter mutuellement et de s'unir –, expose la dynamique nouvelle d'une unité matérielle expressive et transversale en perpétuel devenir (selon les observateurs et l'*usage* qu'ils feront du tableau). C'est dans ce « prendre-part », qu'à partir de l'œuvre, une nouvelle sphère infinie se construit. Car « voir » ce n'est plus seulement « comprendre », c'est aussi « être cause », singulièrement ; être cause parmi les causes de la constitution immanente d'un nouveau Corps qui est aussi vaste que le monde : qui *est* le monde même *en vérité*, un monde en devenir dont – du fait de la multiplicité indéfinie des causes – le centre est partout et la circonférence nulle part. Or cette thèse (ou cette opération philosophique) ne peut plus être celle du Cusain pour qui *seul* un Dieu infini peut véritablement être Cause. Chez Nicolas de Cues, en effet, le regard omnivoyant de Dieu (qui demeure finalement un Dieu-personne), est présent à tous les individus qui l'expliquent et l'impliquent dans la coprésence de ces deux mouvements corrélatifs. D'où – nous l'avons montré[1] – la très grande diversité des points de vue du monde qui constituent la multitude cusainienne. Bruegel reprend, certes, cette problématique mais du point de vue, *positif*, de la seconde nature agissante et causale des singuliers, en affirmant picturalement la conciliation dynamique (dans l'*hilaritas* ou la *beatitudo*) de cette puissante diversité conative, soit l'unité strictement immanente d'un être absolu qui comprend tous les êtres dans leur diversité et qui s'explique par l'essence (et/ou la puissance) de chacun. Bruegel posait ainsi la « multitude » non plus comme la simple représentation d'une foule nombreuse sur un tableau mais comme la construction d'un dispositif pictural, matériel et expressif, dont l'usage ouvrait tendanciellement à l'avènement d'une renaissance soit à l'expérimentation d'un monde nouveau selon, *sub specie æternitatis*, une nouvelle alliance de connaissance et d'amour. Celui d'un Dieu-Nature en devenir qui n'est plus tout à fait le Dieu de Nicolas de Cues mais déjà celui de Bruno et de Spinoza.

C'est donc de la puissance en acte de la persévérance des multiples singuliers qu'il fallait repartir, pour « voir », « penser » et « aimer » l'unité expressive vivante du corps puissant de la production du monde. Car c'est la chair de cette activité constituante des singuliers et/ou leur communication que Bruegel n'a eu de cesse de travailler, de peindre, de concevoir et d'approfondir à travers les rectifications de son dispositif pictural : du regard en survol par lequel nous sautons d'un singulier à l'autre, dans et par les relations affectives et transversales de la multiplicité du tableau (jusqu'à la *delectatio* de l'*hilaritas*), à la participation matérielle à la *voluptas*

1. Cf. *supra* (chap. 3, 2), p. 124-128.

de la Parole vivante, au travail de la moisson, au partage du repas de noce et à la danse des paysans… En vérité, chez Bruegel, le tableau ne nous regarde plus. Plus « personne » ne nous regarde. C'est la force agissante, causale, reliante et cognitive des corps des singuliers qui produit le plan d'immanence d'une sphère infinie en train de se faire. Ainsi, si Bruegel est, sans doute, un chrétien sans Église disciple d'Érasme, l'œuvre peint de Pieter Bruegel est déjà celle, philosophique, d'un christianisme sans Dieu, ou, plus précisément, d'une très singulière *philosophia christi* qui se passe du Dieu transcendant de la théologie, des Églises et des religions comme elle se passe de tout pouvoir. Sa découverte picturale et/ou sa construction métaphysique l'en dispense absolument. Découverte du plan d'immanence de la Nature : *Venus genetrix* ou sphère infinie du monde; mais aussi puissance absolument infinie du multiple et/ou d'un Corps christique étrange et resplendissant, à l'œuvre « au milieu »[1] de l'œuvre, inspirant de son omniprésence – comme « celui qui sert »[2] – la logique distributive de sa création. C'est par là que Bruegel est le peintre-philosophe de la puissance d'une multitude-christ qui, non seulement se distribue sur ses panneaux peints mais que l'artiste lie et relie indéfiniment (comme son principe ou sa source) à l'acte même de produire, de penser et de peindre.

En effet, par-delà les évènements et les engagements conjoncturels (il est probable que le peintre ait effectivement sympathisé avec le mouvement de libération et d'indépendance contre l'occupant espagnol), le projet le plus profond de Bruegel – et sans doute son projet éthico-politique le plus secret – aura été d'articuler sa résistance intellectuelle (dans et par sa peinture) avec la revendication (éternelle et infinie) de la multitude des hommes qui ne désirent pas être dominés. Ces paysans, ces hommes du peuple

1. *Cf.* Luc 22, 24-27, cité *supra* (chap. 6, 2), note 1, p. 289.
2. *Ibid.*

(« tout un chacun »), qui résistent tout simplement, en commun, en persévérant dans leur être, fidèles à la terre, en vivant comme bon leur semble et qui continuent, *malgré tout*, à travailler, à aimer et à danser, même sous les gibets. Et cela, il faut le souligner, quand les kermesses, tenues pour des rassemblements subversifs, étaient de fait interdites dans toutes les Flandres : les paysans continuent à festoyer et à danser dans la lumière des campagnes et des places publiques… du moins sur les tableaux de Bruegel. C'est dès 1559, pour la gravure *La Kermesse de la Saint-Georges*, que Bruegel dessine sur la droite de son image une grande bannière sur laquelle on peut lire distinctement l'inscription, *laet die boeren haer kermis houven* : « Laissez les paysans fêter leur kermesse »… Sans doute, ce placard contestataire est-il écrit en réponse directe à l'édit de Philippe II de la même année, réduisant à un seul jour de fête la kermesse de Hoboken[1] ; kermesse très célèbre en Flandres et qui attirait des foules considérables sur plusieurs journées[2]. *Laissez les paysans fêter librement leur kermesse!* clame fortement Bruegel. Car sans ce peuple multiple qui, contre toute fortune, persévère et résiste, qui travaille, qui souffre et se bat, qui souhaite se réunir pour festoyer, manger, boire, jouer et danser *ensemble*, il n'y aurait point de vie humaine, point de monde… ni non plus de pensée, d'art ou de peinture. C'est ce rire sonore et puissant du peuple, aussi bruyant qu'acerbe, tourné contre tous les pouvoirs, que prolonge, en s'en nourrissant, la peinture et la réflexion de Pieter Bruegel : peinture populaire *et* philosophique par excellence.

Car, comme l'a bien vu Daniel Dobbels, c'est ce

> "peuple" qui porte et supporte ce qu'a d'insensé et de démesuré la peinture de Brueghel. Il ne lui manque pas, ne lui fait jamais

1. *La Kermesse de Hoboken* est une autre gravure de Bruegel, d'après un dessin, de 1559, plume et encre brune, 26,5 × 39,4 cm.

2. Pierre Francastel insiste sur la dimension subversive des kermesses devenues, dit-il, avec le temps et les évènements, hérétiques : « C'était, en ce temps-là, être déjà un opposant que d'exalter la tradition. N'oublions pas que les kermesses étaient interdites depuis Charles Quint parce qu'elles favorisaient les réunions populaires, c'est-à-dire subversives », *Bruegel*, *op. cit.*, p. 88, 186 et 213.

> défaut, multiplie les plus invraisemblables points d'accroche, sans lesquels il n'y aurait que de l'irreprésentable. "Uns trädt kein Volk" : cette remarque de Klee mesure l'immensité de la perte, le seul retrait, la seule désolation dont l'histoire de la peinture aurait été l'objet depuis Brueghel (mais déjà avant lui ?) [1].

Un peuple de la bigarrure qui est au principe des plus puissantes créations – de la peinture comme de l'histoire – de par sa persévérance, sa résistance, sa surabondance, sa nature libre et dansante, riante et provocante, bref, son intime complicité avec la puissance intempestive de la vie du monde, de Dieu ou de la Nature… Partir de ceux qui sont légion, les plus pauvres, les plus nombreux, les plus bas, les plus « grotesques », c'était affirmer, de manière provocatrice, toute la puissance d'affirmation, de vie et de vérité, dont est capable cette multitude carnavalesque. *Les Mendiants* culs-de-jatte, que Bruegel a peints en 1568, forment une danse monstrueuse, un corps commun des crucifiés, truculent et résistant, qui tourne tous les pouvoirs établis en dérision. Des queues de renard accrochées sur leur dos dénoncent, comme autant de signes de superstition et de crainte, les moyens à partir desquels tout pouvoir, quel qu'il soit, domine les peuples; un mendiant porte une sorte de mitre d'évêque sur la tête, l'autre la toque de fourrure des riches bourgeois, un autre le bassinet des soldats, le quatrième une pseudo couronne royale… Le cinquième, qui nous tourne le dos, porte lui le bonnet ordinaire du paysan – *l'homme*

1. D. Dobbels, *Brueghel, op. cit.*, p. 90 ; « Chez Brueghel, l'inconnu n'est jamais scellé dans le corps ni dans le diagramme des tableaux. Il se tient, passe, se sous-tend dans ces forces qui viennent incessiblement en étayer l'existence, la consolider, la dresser, parer aux aubes mortelles qui pointent aussi en leur cœur. Ces forces d'étai travaillent depuis un temps immémorial, comme des "membres fantômes" rappelant que la peinture ne pourrait, en son centre, soutenir cette "perte de vue" autour de laquelle elle se matérialise – sans appuis extérieurs. Sans l'appui de forces qu'il faut dire "populaires" – de forces qui savent "peupler", occuper et se pré-occuper d'un espace n'existant pas *a priori*, sans ou hors d'elles. Ce sont elles qui portent corps, portent au cœur (de ce qui œuvre) une vive contradiction : un refus de céder à l'emportement, au vertige nauséeux d'une attirance vide », p. 91.

fidèle à la terre – et il se dresse fièrement immobile sur ses deux béquilles face à l'entrée ouverte de l'enclos, et cela comme pour en défier la terrible réalité qu'il nous force à penser et à « voir » : soit la réalité imaginaire-réelle des dominants qui, au-delà des murs et des bords du tableau, écrase tout… Et dont le peintre donne à lire le simulacre grimaçant en revendiquant joyeusement le droit de dire la vérité effective de ce qui, aux dehors de l'enclos et du tableau, se donne frauduleusement comme la forme raisonnable ou le modèle de vie vraie…

Cette alliance politico-métaphysique du peintre et du peuple multiple des opprimés contre la logique théologico-politique de la domination, était pour Bruegel un parti pris essentiellement pictural et philosophique qui échappait à toute logique de parti. Et par là aussi à toute politique du moment… Dans *Les Proverbes*, nous voyons – dans le coin droit du bas du panneau – qu'après avoir trouvé la bonne lanterne, « tout un chacun » pourrait aussi chercher et trouver, sous sa lumière, la hachette de la révolte… Bruegel n'a pas pris la voie de cette violence qu'il pensait être celle des dominants contre la puissance conciliatrice de l'affirmation de la vie que son œuvre s'est efforcée de méditer, de protéger et de promouvoir; la révolte étant vouée à l'échec spéculaire, et finalement suicidaire d'une négation redoublée (le peintre l'avait particulièrement montré par *La Dulle Griet* et *Le Suicide de Saül*). Quarante ans plus tôt, entre 1524 et 1526 en Allemagne, la révolte populaire, au nom des Évangiles contre les pouvoirs théologico-politiques, s'était terminée par le massacre de plus de cent mille paysans. Et quelques années plus tard, de nombreux anabaptistes flamands, qui avaient rejoint Münster, y ont été aussi massacrés : c'était en 1535… Ce triomphe indéfini de la mort, Bruegel le connaît dans sa chair d'artiste, et il le refuse. Car, comme l'exprime bien la formulation germanique, *Erhebung des gemeinen Mannes*, ce qui s'était produit là-bas, de l'autre côté de la frontière, c'était « le soulèvement de l'homme ordinaire », celui dont parlait Nicolas de Cues, et celui que peint chaleureusement Pieter Bruegel.

Bruegel a souhaité suivre un autre chemin qui fait entendre une voix singulière, celle de la puissance de l'amour intellectuel de la création, inséparable pourtant d'une position politique *populaire* pleinement affirmée, dans la parole lucide et joyeuse d'un exercice *vivant* mais solitaire de la philosophie. Cette voie était celle de son atelier de peinture, de ses couleurs, de ses plumes, de ses encres et de ses pinceaux. Ce que de manière clandestine, Bruegel a alors voulu construire, et ce qu'il a effectivement inventé – à la fois solitaire et solidaire –, c'est un magnifique et puissant dispositif perceptif et spéculatif de résistance active aux pouvoirs théologiques et politiques, pour et par une réforme continuée de l'entendement[1]. De ce dispositif pictural, dans la lumière immanente de la vie commune des hommes, des paysans et des paysages, naissait, indépendamment des Églises et des pouvoirs, une éthique nouvelle qui était aussi, dans l'intention de l'artiste, l'enseignement non exclusif d'une « religion véritable ».

1. C'est cette réforme qui, près d'un siècle plus tard, sera entreprise, à nouveau et à sa manière – dans et par le concept – par Spinoza. Avec la référence aux Actes des Apôtres (17-28) et la lecture que le philosophe hollandais en proposera dans une lettre à Oldenburg (lettre 73), s'ouvre une voie de passage possible de Bruegel à Spinoza dans cette histoire qui est celle, *via* Nicolas de Cues, d'une *problématique de l'amour* qui voit l'immanence prendre une importance de plus en plus grande et, finalement, exclusive. Nous nous permettons, à ce propos, de renvoyer le lecteur à notre étude, « La multitude chez Bruegel et Spinoza : de l'image au concept », *Les Pays-Bas aux* XVII*e et* XVIII*e siècles. Nouveaux regards*, C. Secretan, D. Antoine-Mahut (dir.), Paris, H. Champion, 2015, p. 145-161.

bibliographie

écrits sur Bruegel et sur la peinture

ARASSE D., « Alberti et le plaisir de la peinture : propositions de recherche », *Albertiana* I, 1998.

– *On n'y voit rien, Descriptions*, « Un œil noir », Paris, folio essais, Denoël, 2000.

AUNER M., « Pieter Bruegel. Umrisse eines Lebensbildes », *Jahrbuch der kunsthistorischen Sammlungen in Wien*, LII, 1956.

BELLOSI L., *Pittura di Luce : Giovanni di Francesco e l'arte fiorentina di metà Quattrocento*, Florence, Milan, Casa Buonarotti, 1990.

BESSE J-M., *Voir la Terre*, « La Terre comme paysage : Bruegel et la géographie », Actes Sud, 2000.

BOVE L., « Peinture de l'ordinaire et pensée politique du commun. Machiavel-Bruegel-Spinoza », dans *L'Ordinaire et le politique*, sous la direction de Claude Gautier et Sandra Laugier, Paris, P.U.F., 2006.

– « La multitude chez Bruegel et Spinoza : de l'image au concept », *Les Pays-Bas aux XVIIe et XVIIIe siècles. Nouveaux regards*, sous la direction de Catherine Secretan et Delphine Antoine-Mahut, Paris, H. Champion, 2015.

– « Ce que la peinture pense / Ce que Spinoza peint. De l'émanation à l'immanence », étude à paraître avec les Actes du colloque *Spinoza et les Arts*, qui a eu lieu les 15, 16 et 17 mai 2014, à l'université d'Amiens, l'École Nationale Supérieure des Beaux-Arts de Paris, puis à Paris I-Sorbonne, sous la direction de Lorenzo Vinciguerra et Pierre-François Moreau.

CAILLOT J., « L'espace de la libre marche », in *Le Christ et la femme adultère*, Paris, Desclée de Bouwer, 2001.

DARRIULAT J., *Métaphores du regard. Essai sur la formation des images en Europe depuis Giotto*, Paris, éditions de La Lagune, 1993.

DOBBELS D., *Brueghel*, Paris, Maeght éditeur, 1994.

DVORAK M., *Pierre Bruegel l'Ancien*, traduction Ernest Klaruill, Brionne, Gérard Montfort, 1992.

FRANCASTEL P., *Bruegel*, Paris, Hazan, 1995.

– *Œuvres 1, Peinture et société*, Paris, Denoël-Gonthier, 1977.

FRIEDLÄNDER M. J., *Von Eyck bis Bruegel : Studien zur Geschichte der niederländischen Malerei*, Berlin, J. Bard, 1916.

GADDI S., D.J. LURIE, K. ERTZ, M. MARTENS, *La Dynastie Brueghel*, trad. fr. par C. Tron-Mulder et M. Sanconie, Éditions de la Pinacothèque de Paris, 2013.

GENAILLE R., *Pierre Bruegel l'Ancien*, Paris, éditions Pierre Tisné, 1953.

– « La montée au Calvaire de Bruegel l'Ancien », Jaarbock van het Koninklijk Museum voor Schone Kunsten Antwerpen, 1979.

GIBSON M., *Portement de Croix, Histoire d'un tableau de Pierre Bruegel l'Aîné*, Paris, Noêsis, 1996.

GIBSON W. S., *Pieter Bruegel and the art of Laughter*, Londres, Berkeley et Los Angeles, 2006.

GRAULS J., *Volkstaal en volksleven in het werk van P. Bruegel*, Anvers-Amsterdam, 1957.

HAGEN R. et R-M., *Pieter Bruegel l'Ancien, vers 1525-1569. Paysans, fous et démons*, Köln, Benedickt Taschen, 1994.

HARBISON G., *La Renaissance dans les pays du Nord*, traduction de Denis Collins, Paris, Flammarion, 1995.

HOFMANN C., *Le Globe et son image*, exposition, Bibliothèque Nationale de France, 13 avril-27 mai 1995, catalogue, Paris 1995.

KLEE P., *Théorie de l'art moderne*, édition et traduction établies par Pierre-Henri Gonthier, Paris, Gonthier-Denoël, 1973.

LASCAULT G., *Écrits timides sur le visible*, Paris, Armand Collin, 1992.

LAUNAY M. de, « Nous creusons la fosse de Babel », dans *La Tour de Babel*, Paris, Desclée de Brouwer, 2003.

LE FOLL J., « Le prénom de l'adultère », dans *Le Christ et la femme adultère*, Paris, Desclée de Bouwer, 2001.

LONGHI R., *Piero della Francesca*, trad. Pierre Léglise-Costa, Paris, Hazan, 1989.

MARIJNISSEN R. H. (avec la collaboration de Ruyffelaere P., Van Calster P., Meij A.W.F.M.), *Bruegel. Tout l'œuvre peint et dessiné*, traduction Krings C., Rossbach J., Vincent M., Paris Fonds Mercator, édition Charles Moreau, 2003.

– *Jérôme Bosch, Tout l'œuvre peint et dessiné*, avec la collaboration de P. Ruyffelaere, Paris, édition Charles Moreau, 2007.

MENZEL G. W., *Pieter Bruegel der Ältere*, Leipzig, Seeman, 1966.

MILLA-VILLENA R., « Deux moralités de Peter Bruegel l'Ancien à l'époque de la montée du calvinisme aux Pays-Bas », *Bulletin de l'Association d'étude sur l'humanisme, la Réforme et la Renaissance*, vol. 11, 1980.

MOREL Ph., « "Una cosa rarissima". La Conversion de saint Paul de Parmesan », dans *La Conversion de Paul*, Paris, Desclée de Brouwer, 2001.

MÜLLER J., *Das Paradox als Bildform : Studien zur Ikonologie Pieter Bruegel*, Munich, 1999.

PANOFSKY E., *Essais d'iconologie, Les thèmes humanistes dans l'art de la Renaissance*, Paris, Gallimard, 1967.

– *Les Primitifs flamands*, traduction par Dominique Le Bourg, Paris, Hazan, 2003.

PARIS J., *La Fuite en Égypte*, Paris, Éditions du Regard, 1998.

PHILIPPOT P., *La Peinture dans les Anciens Pays-Bas, XVe-XVIe siècles*, Paris, Flammarion, 1994, 1998.

POPHAM A. E., « Pieter Bruegel and Abraham Ortelius », *Burlington Magazine* 59, 1931.

ROBERTS-JONES Ph. et F., *Pierre Bruegel l'Ancien*, Paris, Flammarion, 1997.

ROCQUET C.-H., « Bosch (Jérôme) », *Encyclopædia Universalis*, t. 3, Paris, 1968, p. 447-452.

– « Bruegel l'Ancien (Pieter) », *Encyclopædia Universalis*, t. 3, Paris, 1968, p. 638-640.

ROMDHAL A., « Peter Bruegel der Altere und sein Kunstschaffen », *Jahrbuch der Kunsthistorischen Sammlungen des Allerhöchsten Kaiserhauses*, volume XXV, 1905.

SCHEFER J.-L., « La Tour de Babel », dans *La Tour de Babel*, Paris, Desclée de Brouwer, 2003.

SELLINK M., *Bruegel, L'Œuvre complet, peintures, dessins, gravures*, traduction Marnix Vincent, Gand, Ludion, 2007.

SHAVE-TAYLOR D. et SCOTT J., *De Bruegel à Rubens, The British Royal Collection*, traduction Johan-Frédérik Hel Guedj, Actes Sud, 2008.

SILVER L., *Bruegel*, trad. J.-Ch. Pharamond et F. Paul, Paris, Citadelles & Mazenod, 2011.

STEINBERG L., *La Sexualité du Christ dans l'art de la Renaissance et son refoulement moderne*, Paris, Gallimard, 1987.

SULLIVAN M., « Proverbs and Process in Bruegel's, "Rabbit Hunt" », *Burlington Magazine* 145, 2003.

SYSBESMA J., « The reception of Bruegel's "Beekeepers" : A matter of choice », *The Art Bulletin*, 73, 3, septembre 1991.

TAVOILLOT P.-H. et F., *L'Abeille (et le) Philosophe. Étonnant voyage dans la ruche des sages*, Paris, Odile Jacob, 2015.

TODOROV T., *Éloge de l'individu, Essai sur la peinture flamande de la Renaissance*, Paris, Adam Biro, 2000-2001.

TOLNAY Ch. de, *Die Ziechnungen, Pieter Bruegels*, Munich, 1925.

– « Studien zu den Gemälden P. Bruegels d. Ä. », *Jahrbuch der kunsthistorischen Smnlungen in Wien*, n.s., VIII, 1934.

– *Pierre Bruegel l'Ancien*, Bruxelles, Bibliothèque du XVI e siècle, Nouvelle Société d'Éditions, 1935.

VAN BASTELAER R. et G. HULIN DE LOO, *Peter Bruegel l'Ancien, son œuvre et son temps, étude historique suivie des Catalogues raisonnés de son œuvre dessiné et gravé*, Bruxelles, G. van Œst, 2 volumes, 1907.

VAN DEN BRINK P., *L'Entreprise Brueghel*, Bonnefanten-museum, Maastricht / Flammarion, éd. Ludion, 2001.

WEYNS J., « Bruegel en het stoffelijk kultuurgoed van zijn tijd », *Vlaanderen*, 103, janvier-février 1969.

– « Bij Bruegel in de leer voor honderd-en-één dagelijkse dingen, *Ons Heem*, XXIII, 3, 1969.

ZIMMERMAN K. W., *One Leg inthe Grave : the miracle of the transplantation of the Black Leg by the Saints Cosmas and Damian*, Maarssen, Elsevier / Bunge 1998.

sources anciennes (jusqu'au XVII e siècle)

– « Copie de la Requeste a la Duchesse de Parme & Regente : le cincquiesme jour D'Avril XV e. Soixantecincq, avant Pasques. Par pluisieurs Gentilzhomes de pardeça. Sur le fait de L'inquisition & l'execution des Placcars de la Religion Catholicques. […] Bruxelles […] », 1566, Knuttel, *Catalogus*, n° 137.

– « Remonstrance à la Majesté du Roy Catholique faite par ses sujets du pays-bas, sur les inconvénients qui se presentent, par l'establissement de l'Inquisition d'Espagne esdits pays », 1566, Knuttel, *Catalogus*, n° 143.

ALBERTI L.B., *De Pictura, La Peinture*, texte latin, traduction latine, version italienne, édition de Thomas Golsenne et Bertrand Prévost, revue par Yves Hersant, Paris, Seuil, 2004.

ARNAULD A., *Livre de Saint Augustin, De Vera Religione, De la véritable religion*, texte latin et traduction par Antoine Arnauld, Paris, chez Antoine Vitré, 1647.

AUGUSTIN (saint), *Les Confessions*, traduction, préface et notes par J. Trabucco, Paris, Garnier-Flammarion 1964.

BIBLE de Jérusalem (La), 20 siècles d'art, traduite en français sous la direction de l'École biblique et archéologique française de Jérusalem, en 3 tomes, Paris, Éditions de la Réunion des musées nationaux, Les éditions du Cerf, 2009.

CALVIN J., *Institution de la religion chrétienne*, texte de 1560, éd. critique, 5 vol., J.D. Benoit éd., Paris, Vrin, 1957.

COONHERT D.V., *Verschooninge van de Roomsche Afgoderye*, 1562, publié avec ses autres écrits (en 3 volumes) à Amsterdam en 1630.

COPERNIC N., *De revolutionibus orbium cœlestium / Des révolutions des orbes célestes*, éd. critique bilingue, dir. de M.-P. Lerner, A.-Ph. Seconds et J.-P. Verdet, 3 vol., Paris, Les Belles Lettres, 2015.

CUES N. de, *La Paix de la foi*, trad. Roland Galibois et Maurice de Gandillac, Sherbrooke-Paris, Université de Sherbrooke-Vrin, 1977.

– *Œuvres choisies*, éd. M. de Gandillac, Paris, Aubier-Montaigne, 1942.

– *Le Tableau ou la vision de Dieu*, traduction, présentation, notes et glossaire d'Agnès Minazzoli, Paris, Les Éditions du Cerf, 2007.

– *La Docte ignorance*, trad. H. Pasqua, Paris, Bibliothèque Rivages, 2008.

– *La Sagesse selon l'Idiot / Idiotia De Sapientia*, édition bilingue, traduction Françoise Coursaget, Introduction et commentaires par Roger Bruyeron, Paris, Hermann Éditeurs, 2009.

DANTE A., *La Divine Comédie*, traduction de Jacqueline Risset (en 3 volumes), Paris, Flammarion, 1985, rééd. 2004.

DUPLESSIS-MORNAY Ph. (Junius Brutus), *Vindicæ contra tyrannos*, 1579, Reproduction Philippe fac-similé de la traduction de 1581, Genève, Droza, 1979.

ÉRASME D. G., *Éloge de la folie*, traduction par Pierre de Nolhac, Paris, GF-Flammarion, 1964.

– *L'Épicurien et autres banquets*, traduction de Jarl-Priel, Encre Marine, 2004.

GERSON J., *Josephina*, introduction, texte critique, scansion, index des termes (...) établis par G. Matteo Roccati, Paris, LAMOP, CD-Rom, 2001.

GUICHARDIN L., *Description de tous les Pays-Bas, autrement appelez la Germanie inférieure ou Basse Allemagne*, Anvers, Plantin, 1582.

La Boetie É. de, *Discours de la servitude volontaire*, texte établi et annoté par André et Luc Tournon, Paris, Vrin, 2002 ; édition de poche, Paris, Vrin, 2014.

Lampsonius D., *Pictorum aliquot celebrium Germaniae Inferioris effigies (Effigies des peintres néerlandais célèbres)*, Anvers 1572.

Lipse J., *Politicorum sive Civilis Doctrinae libri sex*, Anvers, éd. de 1610 (première édition 1589).

Lucrèce, *De la nature, De rerum natura*, traduction et présentation par José Kany-Turpin, Paris, GF Flammarion, 1997.

Machiavel N., *Le Prince*, traduction de Jean-Louis Fournel et Jean-Claude Zancarini, texte italien établi par Giorgio Inglese, Paris, P.U.F., 2000.

– *Œuvres complètes*, édition établie et annotée par Edmond Barincou, Pléiade, 1952.

Montaigne M. de, *Essais*, édition d'Alexandre Micha, Paris, GF Flammarion, 3 tomes.

Münster S., *La Cosmographie universelle, contenant la situation de toutes les parties du monde, avec leurs proprietez et appartenances ...*, Bâle 1552.

Ortelius A., *Theatrum orbis terrarum*, Anvers, Plantin, 1570.

– *Album amicorum*, Cambridge, Pembroke College (édité par J. Puraye, Amsterdam, A. L. Van Gendt & Co, 1969).

Ovide, *Les Métamorphoses*, traduction de Joseph Chamonard, Paris, GF-Flammarion 1966.

Pétrarque F., *L'Ascension du Mont Ventoux et Testament*, traduit du latin par Victor Develay, Marseille, éditions Librairie 43, 1999.

Philon d'Alexandrie, *De posteritate Caini*, introduction, traduction et notes par R. Arnaldez, Paris, éditions du Cerf, 1972.

Platon, *Théétète*, édition de Léon Robin, *Œuvres complètes*, « Bibliothèque de la Pléiade », t. 2, Paris, Gallimard, 1950.

Rabelais F., *Œuvres complètes*, M. Huchon (éd.), « Bibliothèque de la Pléiade », Paris, Gallimard, 1994.

Spinoza B., *Œuvres*, tomes 1 et 4, traduction de Charles Appuhn, Paris, Garnier-Flammarion.

– *Œuvres complètes*, traduction de Roland Caillois, Madeleine Francès et Robert Misrahi, Paris, Gallimard, Bibliothèque de la Pléiade, 1954.

– *Traité de la réforme de l'entendement*, texte, traduction et notes par Alexandre Koyré, Paris, Vrin, 1979.

– *Traité de la réforme de l'entendement*, établissement du texte, traduction, introduction et commentaires par Bernard Rousset, Paris, Vrin, 1991 ; en édition de poche, Vrin, 2002.

– *Éthique*, texte latin et français, traduction de Bernard Pautrat, Paris, Seuil, 1988.

– *Traité théologico-politique*, traduction par Jacqueline Lagrée et Pierre-François Moreau, Œuvres III, Paris, P.U.F., 1999.

– *Traité politique*, traduction Émile Saisset, révisée par Laurent Bove, Paris, Le Livre de Poche, Classiques de la philosophie, LGF, 2002.

THEVET A., *Les Singularitez de la France Antarctique, autrement nommée Amérique*, Paris, chez les héritiers de Maurice de La Porte, 1557, 1558.

VAN MANDER K., *Le Livre des peintres*, traduction Henri Hymans, rééditée par Véronique Gerard-Powell, avec introduction et notes ; tome 1, *Vies des plus illustres peintres des Pays-Bas et d'Allemagne*, Paris, Les Belles Lettres, 2002.

VASARI G., *Vies des artistes (Vies des plus excellents peintres, sculpteurs et architectes)*, traduction de l'italien par Léopold Leclanché et Charles Weiss, revue, annotée et préfacée par Véronique Gerard Powell, Paris, Grasset, 2007.

WESEMBEKE J. de, « La description de l'estat succes et occurrences, advenues au Pais bas au faict de la Religion », 1566, Knuttel, *Catalogus*, n° 146.

– « La requeste des chiefs-villes au conseil de Brabant », 1566.

études de philosophie et d'histoire

ANSALDI S. (dir.), *Spinoza et la Renaissance*, Presses de l'Université Paris-Sorbonne, 2007.

BAIE E., *Le Siècle des gueux. Histoire de la sensibilité flamande sous la Renaissance*, Bruxelles, Librairie Vanderlinden, 1947.

BAKTHINE M., *L'Œuvre de François Rabelais et la culture populaire au Moyen Âge et sous la Renaissance*, traduit du russe par Andrée Robel, Paris, Tel Gallimard, 1970.

BELO F., *Lecture matérialiste de l'Évangile de Marc, Récit-Pratique-Idéologie*, Paris, éditions du Cerf, 1975.

BESSE J-M., *Les Grandeurs de la Terre, Aspects du savoir géographique à la Renaissance*, Lyon, ENS Éditions, 2003.

BLOCH E., *Thomas Münzer, Théologien de la révolution*, traduction de Maurice de Gandillac, Paris, Julliard, 1964.

– *La Philosophie de la Renaissance*, traduction de Pierre Kamnitzer, Paris, Payot, 1972.

BOVE L., *La Stratégie du conatus, Affirmation et résistance chez Spinoza*, Paris, Vrin, 1996 (réédition 2012).

– *Vauvenargues ou le Séditieux, Entre Pascal et Spinoza, Une philosophie pour la seconde nature*, Paris, Champion Classiques, Essais, 2015.

CASSIRER E., *Individu et cosmos dans la philosophie de la Renaissance*, première édition 1927, traduit de l'allemand par Pierre Quillet, Paris, Les éditions de Minuit, 1983.

COMTE-SPONVILLE A., « Montaigne et Épicure, Grandeur et limites de l'hédonisme », conférence donnée au colloque *Le Plaisir des modernes. Épicurisme et pensée morale de la Renaissance à nos jours*, sous la direction de G. Paganini et J. Ch. Darmon, IEA et ENS Paris, 8-9 avril 2016 ; Actes à paraître aux éditions Hermann.

COORNAERT É., « Les chambres de rhétorique en Flandre », *Académie des Inscriptions et Belles-Lettres*, vol. 114, numéro 2, année 1970.

CHRISTIN O., *Une Révolution symbolique, L'iconoclasme huguenot et la reconstruction catholique*, Paris, Les Éditions de Minuit, 1991.

DELEUZE G., *Spinoza et le problème de l'expression*, Paris, Les éditions de Minuit, 1968.

– *Différence et répétition*, Paris, P.U.F., 1972.

DENUCÉ J., *L'Afrique au XVIe siècle et le commerce anversois*, Anvers, De Sikkel, 1937.

DERRIDA J., *L'Écriture et la différence*, « La structure, le signe et le jeu dans le discours des sciences sociales », Paris, Seuil, 1967.

DUCHET-SUCHAUX G. et PASTOUREAU M., *La Bible et les saints*, Paris, Flammarion, 1990, 2006.

DUNETON Cl., *La Puce à l'oreille. Anthologie des expressions populaires avec leur origine*, Paris, Balland, Le Livre de poche, 1990.

FAYE E., *Philosophie et perfection de l'homme : de la Renaissance à Descartes*, Paris, Vrin, 1998.

FEBVRE L., *Le Problème de l'incroyance au XVIe siècle. La Religion de Rabelais*, Paris, Albin Michel, 1942.

FEUILLET M., *Lexique des symboles chrétiens*, Paris, P.U.F., 2004.

FRAISSE S., « Montaigne et les doctrines épicuriennes », Actes du VIII ^e^ Congrès de l'*Association Guillaume Budé*, Paris, Les Belles lettres, 1969.

FREUD S., *Cinq leçons sur la psychanalyse*, trad. Yves Le Lay, Paris, Petite Bibliothèque Payot, 1971.

– « Le créateur littéraire et la fantaisie », *L'Inquiétante étrangeté et autres essais*, Paris, Gallimard, coll. « Folio essais », 1988.

GANDILLAC M. de, *Nicolas de Cues*, Paris, Ellipses, 2001.

HARDT M. et NEGRI A., *Empire*, traduit par Denis-Armand Canal, Paris, Exils, 2000.

KOLAKOWSKI L., *Chrétiens sans Église, La conscience religieuse et le lien confessionnel au XVIIe siècle*, traduction du polonais par Anna Posner, Paris, Gallimard, 1969.

KOYRÉ A., *Du Monde clos à l'univers infini*, traduit de l'anglais par Raissa Tarr, Paris, Gallimard, 1973.

LAGRÉE J., *Juste Lipse, La restauration du stoïcisme*, Paris, Vrin, 1994.

LESTRINGANT F., « Le monde ouvert », dans *L'Europe de la Renaissance, 1470-1560*, Collectif coordonné par Gérald Chaix, Nantes, Éditions du Temps, 2002.

MEINSMA K. O., *Spinoza et son cercle, Étude critique historique sur les hétérodoxes hollandais*, traduit par S. Roosenburg, Paris, Vrin, 1983.

MERCIER Ch., « Les théories politiques des calvinistes dans les Pays-Bas à la fin du XVI ^{e} siècle et au début du XVII ^{e} siècle », *Revue d'histoire ecclésiastique*, 29-1933.

MOREAU P.-Fr., *Spinoza. L'expérience et l'éternité*, Paris, P.U.F., 1994.

– « Les trois étapes du stoïcisme moderne », dans *Le Stoïcisme au XVIe et au XVIIe siècle, Le retour des philosophies antiques à l'âge classique*, Paris, Albin Michel, 1999.

OGILVIE B., *La Seconde nature du politique. Essai d'anthropologie négative*, Paris, L'Harmattan, 2012.

PAULHAN J., *La Marque des Lettres, Œuvres complètes*, Paris, Gallimard, Cercle du Livre précieux, 1966.

PELUS-KAPLAN M.-L., *L'Europe du XVIe siècle*, Paris, Hachette, 1999.

RAHLENBECK Ch., *Mémoires de Jacques de Wesembeke*, Bruxelles-La Haye, 1859.

SAINTON J.-P. (sous la direction de), *Histoire et civilisation de la Caraïbe (Guadeloupe, Martinique, Petites Antilles), t. 1, « Le temps des genèses, des origines à 1685 »*, éd. Maisonneuve et Larose, 2004 (réédité en 2015 à Paris, aux éditions Karthala).

SALINERO G., *Les Empires de Charles Quint*, Paris, Ellipses, 2006.

SECRETAN C., *Les Privilèges, berceau de la liberté. La Révolte des Pays-Bas : aux sources de la pensée politique moderne (1566-1619)*, Paris, Vrin, 1990.

TALLON A., *L'Europe de la Renaissance*, Paris, P.U.F., 2006.

VIALLON-SCHONEVELD M. (études réunies et présentées par), *La Fête au XVIe siècle*, Publications de l'université de Saint-Étienne, 2003.

– *Le Boire et le manger au XVIe siècle*, (études réunies et présentées par), Publications de l'université de Saint-Étienne, 2004.

[illegible] *[illegible]*, [illegible] trad. [illegible] par Anne [illegible], Paris, Gallimard, [illegible].

[illegible] *[illegible]*, [illegible] de l'anglais [illegible], Paris, [illegible].

[illegible], Paris, Vrin, [illegible].

[illegible] *[illegible]*, [illegible] de la [illegible], Paris, [illegible], traduit [illegible] par [illegible].

[illegible] *[illegible]*, [illegible] Paris, [illegible].

[illegible] dans les [illegible], [illegible].

[illegible], Paris, PUF, [illegible].

[illegible] Paris, [illegible].

[illegible] Paris, L'Harmattan, [illegible].

[illegible], Paris, Gallimard, [illegible].

[illegible] Paris, [illegible].

[illegible] *[illegible]*, [illegible].

[illegible] *[illegible]* [illegible] de la [illegible].

index nominum

illustrations

Les Jeux d'enfants, 1560, Huile sur bois, 116 × 161 cm. Kunsthistorisches Museum Verband, Vienne. Photo © BPK, Berlin, Dist. RMN-Grand Palais / Hermann Buresch

Les Mendiants, 1568, Huile sur bois, 18,5 × 21,5 cm. Musée du Louvre, Paris. Photo © RMN-Grand Palais (musée du Louvre) / Gérard Blot

La Pie sur le gibet, 1568, Huile sur bois, 45,9 × 50,8 cm. Hessisches Landesmuseum, Darmstadt. Photo © Wolfgang Fuhrmannek, Hessisches Landesmuseum Darmstadt.

La Conversion de Saül, 1567, Huile sur bois, 108 × 156 cm. Kunsthistorisches Museum, Vienne. Photo © Bridgeman Images

Elck ou Un chacun. Illustration de Proverbes, 1558, Plume et encre brune, 21 × 29,3 cm. Londres, British Museum. Photo © The British Museum, Londres, Dist. RMN-Grand Palais / The Trustees of the British Museum

Le Dénombrement de Bethléem, 1566, Huile sur bois, 115,3 × 164,5. Musées Royaux des Beaux-Arts de Belgique, Bruxelles. Photo © Bridgeman Images

Les Proverbes, 1559, Huile sur bois, 117,5 × 163,5 cm. Gemäldegalerie (SMPK), Berlin. Photo © BPK, Berlin, Dist. RMN-Grand Palais / Jörg P. Anders

Le Peintre et le connaisseur, vers 1565, Plume et encres brun gris et brun clair, Graphische Sammlung, Albertina, Vienne. Photo © BPK, Berlin, Dist. RMN-Grand Palais / image BPK

Le Portement de croix, 1564, Huile sur bois, 124 × 170 cm. Kunsthistorisches Museum, Vienne. Photo © Bridgeman Images

Le Printemps, 1565, Plume et encre brune, 223 × 289 cm. Graphische Sammlung Albertina, Vienne. Photo © Bridgeman Images

La Tentation de Saint Antoine, 1556, Plume et pinceau, encres brune et gris brun, 21,6 × 32,6 cm. Ashmolean Museum, University of Oxford. Photo © Bridgeman Images

Le Combat de Carnaval et Carême, 1559, Huile sur bois, 118 × 164,5 cm. Kunsthistorisches Museum Verband, Vienne. Photo © BPK, Berlin, Dist. RMN-Grand Palais / Hermann Buresch

Le Suicide de Saül ou *La Bataille du mont Gelboé*, 1562, Huile sur bois, 33,5 × 55 cm. Kunsthistorisches Museum, Vienne. Photo © BPK, Berlin, Dist. RMN-Grand Palais / Hermann Buresch

La tour de Babel, vers 1565, Huile sur bois, 114 × 155 cm. Kunsthistorisches Museum Verband, Vienne. Photo © BPK, Berlin, Dist. RMN-Grand Palais / Hermann Buresch

Les Apiculteurs, 1568, Plume et encre brune, 20,3 × 30,9 cm. Kupferstichkabinett (SMPK) , Berlin. Photo © BPK, Berlin, Dist. RMN-Grand Palais / Jörg P. Anders

Le Dénicheur, 1568, Huile sur bois, 59 × 68 cm. Kunsthistorisches Museum, Vienne. Photo © Bridgeman Images

Le Misanthrope, 1568, Détrempe sur toile, 86 × 85 cm. Museo Nazionale di Capodimonte, Naples. Photo © Archives Alinari, Florence, Dist. RMN-Grand Palais / Rafaello Bencini

Le Massacre des innocents, vers 1566, Huile sur bois, 109,2 × 165,7 cm. The Royal Collection, Her Majesty Queen Elizabeth II, Hampton Court Palace, Londres. Royal Collection Trust © Her Majesty Queen Elizabeth II, 2018. Photo © Bridgeman Images

L'Adoration des mages, 1564, Huile sur bois, 111 × 83,5 cm. National Gallery, Londres. Photo © The National Gallery, Londres, Dist. RMN-Grand Palais / National Gallery Photographic Department

Le Repas de Noce, 1567, Huile sur bois, 114 × 164 cm. Kunsthistorisches Museum Verband, Vienne. Photo © BPK, Berlin, Dist. RMN-Grand Palais / image BStGS

La Danse des paysans, 1568, 114 × 164 cm. Kunsthistorisches Museum, Vienne. Photo © Bridgeman Images

table des matières

Achevé d'imprimer en juin 2019 par

15 rue Francis de Pressensé
93210 La Plaine Saint-Denis

Numéro d'impression : 146076

Imprimé en France